AKAL BÁSICA DE BOLSILLO **382**

AF276819

Diseño interior y cubierta: RAG

© Loreto Casado, 2025

© Ediciones Akal, S. A., 2025
Sector Foresta, 1
28760 Tres Cantos
Madrid - España
Tel.: 918 061 996
Fax: 918 044 028
www.akal.com

ISBN: 978-84-460-5560-7
Depósito legal: M-6.315-2025

Impreso en España

Loreto Casado

Manifiesto del surrealismo
cien años después

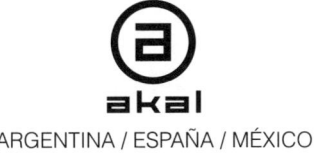

akal

ARGENTINA / ESPAÑA / MÉXICO

A una barca varada en la hierba,
«PILOMONAMAIMACHU»
(Pipa, Lole, Mónica Nacho, Maisi,
Maru, Chus, hermanos).
Y a nuestros padres.

Agradecimientos

A Ediciones Akal y a Javier Arnaldo por haber confiado en mí para este libro. A quienes me han apoyado y seguido a través de su elaboración. En primer lugar, a Lydia Vázquez, amiga, compañera durante toda la experiencia docente e investigadora, por su lectura, la de una traductora excepcional del francés, la mejor lectura con que puede contar un comentario, por sus sugerencias y correcciones. A Jesús Ortiz, Alberto Supiot y Nicolas Bersihand, también amigos y lectores desde su experiencia de la edición, la escritura y práctica de la oralidad del lenguaje. A Rafael Berganza y a María Jesús Casado por su ayuda en la reproducción de las imágenes. A los que contribuyeron a mi formación en Filología Francesa y en mi descubrimiento de la literatura y de la poesía: Francisco Javier Hernández, Julián Mateo, José Ignacio Velázquez, Yves Cosson, Daniel Briolet. A Marceau Vasseur y Lorand Gaspar, compartiendo experiencias de teatro y traducción con el primero, acudiendo a mis clases el segundo. En el campo de la Historia, a Jean Marie Goulemot y, específicamente en el surrealismo, a Radovan Ivsic y Annie Le Brun por todo lo que me han aportado.

Y a mis estudiantes, que estamparon unas camisetas con el poema de Pierre Reverdy, «La saveur du réel» («El sabor de lo real»):

*Il marchait sur un pied sans savoir où il poserait l'autre.
Au tournant de la rue le vent balayait la poussière et sa bouche
avide engouffrait tout l'espace.*

*Il se mit à courir espérant s'envoler d'un moment à l'autre,
mais au bord du ruisseau les pavés étaient humides et ses bras
battant l'air n'ont pu le retenir. Dans sa chute il comprit qu'il
était plus lourd que son rêve et il aima, depuis, le poids qui
l'avait fait tomber*[1].

---

[1] «Avanzaba con un pie, sin saber dónde apoyaría el otro. Al doblar la esquina el viento levantaba el polvo y su ávida boca engullía todo el espacio. / Se echó a correr esperando despegar en cualquier momento, pero al borde del arroyo las piedras estaban húmedas y sus brazos aleteando no pudieron retenerlo. En su caída comprendió que era más denso que su sueño, y, desde entonces, amó el peso que lo había hecho caer».

Introducción

Un jour la poésie vous tombe dessus et vous couvre comme
un manteau, et c'est un manteau de cour.
Yves Cosson

«Un día, la poesía te cae encima y te cubre con un manto,
y es un manto real». El doble sentido de este adjetivo, «real»,
en cuanto manto de realidad y manto de realeza, puede servir de punto de partida para presentar un texto que se dice
manifiesto sin pronunciar nunca esta palabra, y que se leyó
hace un siglo como indicador de una respuesta a una situación histórica concreta y que precisa una lectura histórica.
Histórica, es decir, política y poética.

El *Manifiesto* en sí se disuelve en el fenómeno de lo que
se definió en su día, y se ha seguido definiendo, como «surrealismo», hasta hoy. Innumerables son los estudios e interpretaciones de aquel movimiento de vanguardia que entre
dos guerras mundiales venía a cuestionar todos los planteamientos vitales del ser humano en relación con el mundo:
su realidad social, cultural, individual, psicológica, su dimensión imaginaria.

Pero apenas se incide, sino recientemente, en que dicho
escrito nació como prólogo de un ejercicio de escritura auto-

mática en forma de fragmentos, unos fragmentos en prosa poética que André Breton denominó «historietas» y que se reúnen bajo el título de *Poisson soluble (Pez soluble)*.

La primera pregunta a la hora de concebir este trabajo fue si debía considerar ese hecho e incluir dicho texto automático en toda su extensión. Decidí, al igual que con respecto a los otros manifiestos, el segundo y el esbozo de un tercero, ceñirme al escrito de 1924 y dejarle hablar en toda su densidad, abordando de esta forma los contenidos del programa del surrealismo y, prioritariamente, la contribución de aquellos miembros del grupo que allí estaban en el momento de su lanzamiento. Dado que los contenidos a los que me refiero se han ido precisando a lo largo de la vida del autor y sus escritos, es evidente que una prolongación del movimiento en el tiempo y en el espacio debía ser tenida en cuenta, y es así como he organizado la sucesión de los diferentes capítulos.

Tras presentar al lector la traducción del *Manifiesto,* he dedicado un primer acercamiento al mismo a través de un recorrido que se inicia con unos apuntes biográficos del autor que repercuten en su declaración de principios en torno al surrealismo. Pero la trayectoria que se describe de Breton teje los acontecimientos de su vida con las ideas que guían la redacción del *Manifiesto.* Así, incluiré en este primer capítulo el análisis de *Poisson soluble,* de *Nadja,* jalones entre las fechas de 1922 y 1928, y también haré dialogar los pensamientos desgranados en el texto programático con el comentario de poemas o citas imprescindibles para su lectura. Confrontaré igualmente el *Manifiesto* de 1924 con la entrega del segundo y tercero, por hacer referencia al desarrollo vital, intelectual y político del autor.

En un segundo capítulo he querido recordar, dada la importancia que se le concede al papel del «sueño» en el pensamiento surrealista, los antecedentes culturales en que se fundamenta esa predilección. Remontándose al romanticismo, a un romanticismo que se inscribe en la filiación que, lejos de aquellos consagrados –Lamartine, por ejemplo–, arranca con los poetas considerados menores y que marcan una línea directa de Gérard de Nerval y Baudelaire al surrealismo, pasando por las vanguardias del siglo xx representadas sobre todo por Apollinaire, Pierre Reverdy y Dada. Especial relieve en esta línea de ruptura fue el descubrimiento de Lautréamont y la herencia de Rimbaud en su concepción de una poesía no solo inseparable de la acción, sino yendo por delante de ella, lo que conduce a un tercer capítulo en el que analizo la actividad política del surrealismo.

En él abordo la configuración de un credo político que intenta mantener a lo largo de los años y hasta el final una independencia de espíritu y un repudio de toda etiqueta. Su postura se define a través de su adhesión y posterior rechazo a compaginar su ideario con el triunfo del comunismo en su afianzamiento estalinista. El capítulo contempla distintas secciones de acuerdo con la evolución histórica. De 1925 a 1935 se gesta el pensamiento revolucionario, el acercamiento al comunismo, integración en el partido y abandono, con la división entre Aragon, que opta por Rusia, y Breton, que denuncia la traición a los ideales de 1917. Entre 1936 y 1945, la actividad surrealista se proyecta en la Guerra de España y el exilio a México de Breton, quien refuerza su contacto con el líder comunista Lev Trotski, según él, verdadero heredero de Lenin. Al estallar la Segunda Guerra Mundial, Breton se encuentra en Estados Unidos. De 1946 a 1966, la óptica del surrealismo cambia sobremanera. Un nuevo grupo se genera en torno a Breton, pero la situación intelectual y política obedece a otros parámetros que llevan al fundador del surrealismo a inclinarse por otras orientaciones utópicas y culturales. El surrealismo está presente en diferentes publicaciones hasta la muerte de Breton y muestra una continuidad en los acontecimientos de 1968, hasta proclamar su disolución como movimiento un año más tarde.

El *Manifiesto* invita a una transformación de la sociedad o, mejor, del mundo, un cambio que suponga una nueva forma de pensamiento y de acción. La literatura, en cuanto vehículo de una cultura de tradición racionalista, es particularmente condenada. Se precisan nuevas formas de expresión de acuerdo con la idea de un ser no dividido entre la realidad y el sueño. Ello supone concebir una modalidad de escritura que requiera otros mecanismos no observados hasta ese momento, como corresponde al dictado del inconsciente. Por ello el automatismo, la analogía, el pensamiento antropológico y otros recursos de la imaginación son objeto del siguiente episodio, «La escritura del pensamiento», donde intento profundizar en la teoría y puesta en práctica de dichos instrumentos.

Una vez observada la propuesta literaria (o antiliteraria) surrealista, se requiere atender a los presupuestos que rigen en el campo del arte, constituyendo la pintura una esfera particularmente viva dentro del movimiento. El propio Breton le dedica un libro: *Le Surréalisme et la peinture (El surrealismo y la pintura),* un texto tan decisivo como el *Manifiesto* en cuanto a su repercusión. En el capítulo de mi trabajo «Una búsqueda artística» desfilan aquellos autores que forman el grupo más cercano al fundador y que se reúnen en París, según aparecen citados en el *Manifiesto.* Pero hay que tener en cuenta la mayor independencia con respecto al «programa», algo que caracteriza a los pintores y su obra, sobre todo comparados con los escritores. Por ello he tratado de manera diferente las singularidades de sus formas de expresión, muy distintas del lenguaje poético que determina las voces de aquellos que se debaten con una tradición lingüística, imposible de trasladar al arte. Los protagonistas se remontan a los años veinte y se presentan agrupados según afinidades y contactos entre ellos. He dedicado especial atención a Dalí por inventar uno de los métodos valorados por Breton en la exploración de la psiquis, la «paranoia crítica». Me detengo también en Buñuel, el mayor representante del cine surrealista, y en dicho capítulo analizo también el papel que desempeña el exilio en la producción de aquellos artistas, que, habiendo pasado por París, prosiguen su creación en otros países.

En efecto, si bien todo parte de la capital francesa, si la escritura y la publicación del *Manifiesto* de 1924 tuvieron la función de dar una forma oficial al proyecto gestado, este mismo hecho está en la base de su exportación fuera del país. El carácter internacional era una de sus características. París ejerce el poder de atraer a los artistas vanguardistas europeos y del otro lado del Atlántico. Habrá, pues, que distinguir aquellas formas de colaboración directa con el desarrollo de la actividad generada en torno al grupo parisino antes de la publicación del texto fundador y aquellas otras que tuvieron lugar más tarde en las asimilaciones nacionales del movimiento. Esto supone tener en cuenta qué se entiende por «surrealismo», de acuerdo con lo expuesto en los capítulos anteriores, de los que se deduce una organización colectiva, un programa definido, una actitud política comprometida, elementos todos ellos que variarán de acuerdo con la evolución histórica que se vivirá en cada uno de los espacios. Por ello a este capítulo le he dado el título de «Más allá de París».

Después de haber citado a Picasso, Henri Michaux, Max Ernst, Marcel Duchamp, Tzara, hay que insistir en que cada uno representa un caso único dentro de la formación, y da muestra de su cosmopolitismo: España, Bélgica, Alemania, Estados Unidos, Suiza, Rumanía están presentes en París desde la Primera Guerra Mundial e incluso antes. La circulación de lo que se va a denominar «surrealismo» se realiza a través de colaboraciones en revistas, traducciones, intercambio entre los artistas de las diferentes capitales europeas y entre continentes. No obstante, resulta imposible en este estudio examinar cada una de las manifestaciones que pueden caber bajo la noción de surrealismo según su localización geográfica y cultural. Por ello me detendré en la esfera del hispanismo, que abarca una extensión y variedad de propiedades adecuadas para conocer un poco más el complejo fenómeno ideológico, político y artístico determinante en la progresión histórica y sociocultural del siglo xx.

Pero ¿dónde situar dicha progresión después de la Segunda Guerra Mundial, el exilio de Breton, su muerte y el anuncio de la disolución del grupo en 1969? Las opiniones son muy diferentes en cuanto a la esencia de lo que se vivió en 1924. «¿Qué pasa después?», ¿qué es lo que desaparece y qué es lo que queda? Convoco aquí comentarios y testimonios de quienes estuvieron cerca de Breton hasta su fallecimiento, pero también las reacciones que suscitó su exilio durante la guerra, la triste suerte de aquellos que sucumbieron a ella y el clima intelectual y político donde la prolongación de los principios del movimiento se hace o no posible y para quién, así como las afirmaciones de aquellos que protagonizaron la nueva etapa del movimiento, ya en otro momento de la historia. Especial relieve cobra en esas páginas el relato de los últimos días de Breton por el poeta croata Radovan Ivsic y la clara postura de Annie Le Brun sobre la actualidad o inactualidad del surrealismo a finales del siglo xx. Esto permite una referencia a sus libros que hasta hoy día ofrecen una respuesta a dicho dilema.

Precisamente, respondiendo a la mentalidad de la época actual, un siglo después de la publicación del *Manifiesto,* he dedicado la última parte a la presencia o ausencia femenina en la vida del surrealismo, ya que es una cuestión reiteradamente planteada en la sociedad de hoy, atendiendo a sus intereses políticos y culturales. «Ellas, dentro y fuera del bosque» se refiere a esas mujeres que bajo distintas formas participaron en la aventura emprendida. Integra por una parte a la figura femenina precursora de unos presupuestos a través de referencias culturales, a las artistas propiamente surrealistas y así consideradas o no por sus obras, a las que fueron esposas de Breton en diferentes fases de su vida y su evolución vital, y a temas dominantes de la mujer desde una perspectiva imaginaria: la «mujer niña» o la «mujer fatal» y hasta «criminal». Algo importante de considerar en este último capítulo es la integración de poemas, rasgo que he intentado mantener a lo largo del libro, como enunciación clarificadora y compensadora de lo que fue el soporte teórico del *Manifiesto*. Aprovecho aquí para indicar que, salvo en casos que se precisan, he traducido yo misma los que se citan, de acuerdo con la idea perseguida en todo este texto: la aportación de una lectura personal. Y también señalo que he recurrido solo a las notas a pie de página, cuando lo he considerado necesario para la compresión de los contenidos enunciados, no queriendo sobrecargar el texto y deseando facilitar el acceso al mismo.

Loreto Casado
Madrid, 2025

MANIFIESTO DEL SURREALISMO
(1924)

Tanto va la creencia a la vida, a lo que la vida tiene de más precario, la vida *real,* quiero decir, que al final dicha creencia se pierde[1]. Al hombre, ese soñador definitivo, cada día más insatisfecho con su suerte, le cuesta pasar revista a los objetos[2] de los que se ha servido, y que ha obtenido gracias a su indolencia, o a su esfuerzo, casi siempre a su esfuerzo, pues ha consentido en trabajar, o al menos no ha sido reacio a tentar esa suerte (¡lo que él llama «suerte»!). Ahora se ha vuelto modesto: sabe qué mujeres ha poseído y en qué ridículas aventuras se ha visto enredado; tanto su fortuna como su pobreza le resultan indiferentes, sigue siendo en esto como un recién nacido, y en cuanto a la aprobación por parte de su conciencia moral, admito que la obvia sin ningún problema. Si conserva cierta lucidez, solo le queda volverse hacia su propia infancia, que, por muy torturada que haya sido debido a sus adiestradores, no por ello deja de parecerle llena de encantos. En esa época, la ausencia de cualquier rigor conocido le ofrece la perspectiva de llevar varias vidas a la vez; se enraíza en esta ilusión; solo quiere conocer la facilidad instantánea y extrema de todas las cosas. Cada mañana hay niños que parten sin preocupación alguna. Todo está cerca, las peores condiciones materiales

---

[1] Variación del proverbio «Tanto va el cántaro a la fuente que al final se rompe»; en francés: *«Tant va la cruche à l'eau qu'à la fin elle se brise».*
[2] *«Objet»,* en francés. Breton lo utiliza en sentido genérico, válido para objetos, pero también para personas o situaciones.

resultan excelentes. Los bosques son blancos o negros, no se dormirá nunca.

Pero es cierto que no se puede llegar muy lejos, y no es solo una cuestión de distancia. Las amenazas van en aumento, se cede, se renuncia a parte del terreno por conquistar. Entonces, a esa imaginación, que no conocía límites, ya solo se le permite actuar según las leyes de una utilidad arbitraria, y como es incapaz de asumir este papel inferior durante mucho tiempo, prefiere, en general, abandonar al hombre, hacia los veinte años, a su destino sin luz.

Cuando, más tarde, este hombre, que nota la pérdida progresiva de toda razón de vivir, al sentirse incapaz de encontrarse a la altura de una situación excepcional como el amor, intente una reacción, sea del tipo que sea, ya no lo conseguirá. Pues en adelante pertenece, en cuerpo y alma, a una imperiosa necesidad práctica que no permite que se la pierda de vista. Todos sus gestos carecerán de amplitud, y todas sus ideas, de envergadura. De todo lo que le ocurra o pueda ocurrirle, solo tomará en cuenta lo que relacione este acontecimiento con una multitud de otros análogos en los que no ha participado, acontecimientos *fallidos*. Es más, juzgará ese acontecimiento con respecto a alguno de aquellos que, por sus consecuencias, resulte más tranquilizador que los otros. Bajo ningún pretexto verá en él su salvación.

Querida imaginación, lo que más aprecio de ti es que no perdonas.

Lo único que aún me exalta es la palabra libertad. La creo capaz de mantener indefinidamente el viejo fanatismo humano. Responde, sin lugar a duda, a mi única aspiración legítima. Entre tantas desgracias heredadas, hemos de reconocer que también se nos ha dejado *la mayor libertad* de espíritu. De nosotros depende, seriamente, no malgastarla. Someter la imaginación a esclavitud, aun cuando fuere en provecho de lo que se entiende burdamente como felicidad, significa alejarse de esa justicia suprema que se encuentra en el fondo de nosotros mismos. Solo la imaginación me indica lo que *puede ser* y esto es ya suficiente para levantar en parte la terrible prohibición; también para que yo me abandone a ella sin temor a equivocarme (como si pudiéramos equivocarnos más aún). ¿Dónde comienza a hacerse peligrosa y dónde se detiene la seguridad de la mente? Para el espíritu, la posibilidad de errar ¿no supone más bien la contingencia del bien?

Queda la locura, «la locura a la que se encierra», como se ha dicho acertadamente[3]. Esa o la otra… Todo el mundo sabe, en efecto, que a los locos únicamente se les encierra a causa de unos pocos actos reprimidos por la ley, y que, fuera de esos actos, su libertad (la parte visible de su libertad) no está en peligro. Que sean en cierta medida víctimas de su imaginación, puede que sí, en el sentido en que los empuja a saltarse ciertas reglas, sin las que el género humano se siente amenazado, y que todo hombre está obligado a saber. Pero la profunda despreocupación que demuestran por las críticas que les hacemos o por las diversas correcciones que se les infligen permite suponer que encuentran un gran consuelo en su imaginación, que disfrutan tanto de su delirio que no se les ocurre que sea válido tan solo en su caso. Y, de hecho, las alucinaciones, las ilusiones, etc., son una fuente de goce nada despreciable. La sensualidad mejor entendida extrae de ahí su provecho y sé que muchas noches, amaestraría esa bonita mano que, en las últimas páginas de *De la inteligencia* de Taine, se dedica a realizar curiosas travesuras[4]. Me pasaría la

---

[3]   Quien lo «dice» es Arthur Rimbaud en *Une saison en enfer (Una temporada en el infierno)*.

[4]   Probablemente Breton consultó la edición francesa de 1870 (Hachette) de *De l'Intelligence* de H. Taine. En el tomo I de esta edición, dentro del Libro II de dicha obra («Les Images»), capítulo I («Nature et réducteurs

vida provocando las confidencias de los locos. Son gente de escrupulosa honradez y cuya inocencia solo se iguala con la mía. Fue necesario que Colón se embarcara con locos para descubrir América. Y hay que ver cómo ha tomado cuerpo esta locura y lo que ha perdurado.

No será el miedo a la locura lo que nos obligue a dejar a media asta la bandera de la imaginación.

Tras la causa emprendida contra la actitud materialista, urge el juicio contra la actitud realista. Aquella, de hecho, más poética que esta, implica la existencia de un orgullo, monstruoso, es cierto, del hombre, pero no una nueva y más completa decadencia. Conviene ver en ella ante todo una afortunada reacción contra algunas tendencias irrisorias del espiritualismo. A fin de cuentas, no es incompatible con cierta elevación de la poesía.

Por el contrario, la actitud realista, inspirada en el positivismo desde santo Tomás hasta Anatole France, me parece hostil a todo vuelo intelectual y moral. Me horroriza por componerse de mediocridad, odio y ramplona suficiencia. Es ella la que engendra hoy esos libros ridículos, esas obras insultantes. Extrae su fuerza constantemente de los periódicos y contrarresta la ciencia y el arte, preocupándose por halagar a la opinión pública y sus gustos más bajos: la claridad rayana con la estulticia, la vida de los perros[5]. La acti-

---

de l'image»), Taine explica «el extremo parecido entre la imagen y la sensación» (p. 88), y lo ilustra con varios ejemplos, uno de los cuales es el efecto de esa mano traviesa, *«chatouilleuse»* («cosquilleante»), al acercarse a una persona sensible a esta excitación; «la persona imagina tan intensamente el efecto cercano que sufre ataques de nervios, los mismos ataques que si la sensación hubiera tenido lugar» (pp. 89-90).

[5]   Aquí recuerda Breton, sin duda, un poema de Charles Baudelaire, «Le Chien et le Flacon» («El perro y el frasco»), en el que un perro rechaza un excelente perfume, ante lo cual el dueño exclama: «¡Ah, miserable can!

vidad de las mentes más brillantes se resiente; la ley del mínimo esfuerzo acaba por imponérseles como a las demás. Una consecuencia risible de esta situación, en literatura, por ejemplo, es la abundancia de novelas. Todo el mundo da su «opinión». Ante la necesidad de depurar, Valéry proponía recientemente reunir en una antología el mayor número posible de comienzos de novela, de cuya insanidad esperaba mucho. Habría contado con la contribución de los más famosos autores. Semejante idea sigue honrando a Paul Valéry, quien, tiempo antes y refiriéndose a la novela, me aseguraba que, en cuanto a él, nunca se le ocurriría escribir: *La marquesa salió a las cinco de la tarde*. Pero ¿ha cumplido su palabra?

Si el estilo pura y simplemente informativo, del que la citada frase es un ejemplo, es el dominante y casi único en las novelas, ello se debe, hay que reconocerlo, a que la ambición de los autores no va muy lejos. El carácter circunstancial, inútilmente particular, de todas sus anotaciones me lleva a pensar si no se estarán riendo de mí. No me ahorran ninguna duda acerca del personaje: ¿será rubio?, ¿cómo se llamará?, ¿nos las veremos con él en verano? Preguntas, todas ellas, que finalmente quedan respondidas, para alivio de todos; así que no me queda más alternativa que cerrar el libro, lo que siempre hago, a eso de la primera página. ¡Y las descripciones! Nada puede compararse con su vacuidad; no son sino superposiciones de imágenes de catálogo que el autor utiliza cada vez más a sus anchas, aprovechando para endosarme sus tarjetas postales, para obligarme a estar de acuerdo con él sobre lugares comunes tales como:

Si te hubiera ofrecido un montón de excrementos, los habrías husmeado con delicia, devorándolos tal vez. Así tú, indigno compañero de mi triste vida, te pareces al público, a quien nunca se ha de ofrecer perfumes delicados que le exasperen, sino basura cuidadosamente elegida».

La reducida habitación donde fue introducido el joven tenía las paredes revestidas de amarillo. Cortinas de muselina pendían ante sus ventanas, adornadas con macetas de geranios; en aquel momento, el sol poniente iluminaba la habitación… Pero la pieza no tenía nada de particular. El mobiliario, decrépito, de madera clara, se componía de un sofá enorme, de respaldo curvado, una mesa ovalada colocada ante el sofá, un tocador con espejo, varias sillas adosadas a las paredes y dos o tres grabados sin ningún valor, que representan señoritas alemanas, cada una con un pájaro en la mano. Eso era todo[6].

Me siento incapaz de admitir que una mente pueda representarse semejantes *motivos,* ni siquiera de modo pasajero. Me dirán que este dibujo escolar aparece en el momento adecuado, y que en ese pasaje del libro el autor tiene sus razones para incomodarme. Con todo, pierde el tiempo, pues no pienso entrar en su cuarto. La pereza, el cansancio de los demás no me retienen. Tengo una idea demasiado inestable de la continuidad de la vida como para querer equiparar mis mejores momentos con los bajos, con los depresivos. Que la gente se calle cuando deje de sentir. Y entiéndase que no estoy incriminando la falta de originalidad *por* la falta de originalidad. Digo solamente que no voy a mencionar los momentos nulos de mi vida, y que puede resultar indigno para todo hombre cristalizar los que le parezcan tales. Que se me permita *saltarme* esa descripción de una habitación, junto con muchas otras.

¡Caramba! Me he topado con la psicología, tema sobre el que no se me ocurriría bromear.

---

[6] Dostoievski, *Crimen y Castigo [N. de Breton].*
Para la cita, hemos acudido a la traducción de Rafael Cansinos Assens (Madrid, DeBolsillo, 2009).

El autor escoge un carácter dado para su héroe y luego hace peregrinar a este por el mundo entero. Pase lo que pase, ese héroe, cuyas acciones y reacciones están admirablemente previstas, no puede desviarse de los cálculos de que es objeto, aunque aparentemente sí lo haga. Por mucho que la corriente de la vida lo arrastre, lo haga rodar, caer, solo corresponderá a ese tipo humano ya *formado*. Simple partida de ajedrez que no me interesa en absoluto, pues ese hombre, quienquiera que sea, resultará para mí un mediocre adversario. Lo que no puedo soportar son esas mezquinas discusiones relativas a tal o a cual jugada, cuando no se trata ni de ganar ni de perder. Y si el juego no vale la pena, si la razón objetiva perjudica terriblemente, como es el caso, a quien recurre a ella, ¿no valdría más hacer abstracción de dichas categorías? «La diversidad es tan amplia que todos los tonos de voz, todas las maneras de andar, de toser, de sonarse, de estornudar…»[7]. Si un racimo no tiene dos granos de uva iguales, ¿por qué debería yo describir este grano en lugar de otro, de todos los demás, que haga de él un único grano comestible? La intransigente manía consistente en reducir lo desconocido a lo conocido, a lo clasificable, adormece los cerebros. El afán de analizar triunfa sobre los sentimientos[8]. De ahí que resulten

[7] Pascal *[N. de Breton]*.
Se trata de *Pensamientos diversos I*, Fragmento n.º 12/37. El «pensamiento» completo reza así: «La diversidad es tan grande que todos los tonos de voz, todas las formas de caminar, toser, sonarse la nariz, estornudar [son diferentes]. Se distingue la fruta de las uvas, y entre ellas la uva de moscatel, y la de Condrieu, la de Desargues, y además este injerto. Pero no acaba aquí. Esta ¿ha producido alguna vez dos racimos idénticos? ¿Y un racimo de uvas tiene dos bayas idénticas?, etc. Nunca he juzgado una misma cosa exactamente de la misma manera. No puedo juzgar una obra mientras la ejecuto. Tengo que hacer como los pintores y distanciarme de ella, pero no demasiado. ¿Cuánto? Adivine».
[8] Barrès, Proust *[N. de Breton]*.

exposiciones interminables, cuya fuerza de persuasión se basa únicamente en su propia extrañeza y que solo se imponen respecto al lector debido a su vocabulario abstracto, de hecho, bastante mal definido. Si las ideas generales que la filosofía se ha propuesto debatir hasta ahora supusieran la incursión definitiva en más amplios dominios, sería el primero en alegrarme. Pero se trata tan solo, por el momento, de «marivaudage»[9]; hasta aquí, las ocurrencias y otras buenas prácticas nos ocultan a cada cual mejor el verdadero pensamiento que se busca a sí mismo en lugar de dedicarse a hacer solitarios[10]. Me parece que todo acto se justifica por sí mismo, al menos para quien ha sido capaz de perpetrarlo, y posee, además, un poder de irradiación que la mínima glosa tiende por naturaleza a debilitar, llegando, incluso a anularlo. Dicho poder no gana nada al verse así distinguido. Los héroes de Stendhal se desdibujan tras las apreciaciones de este autor, apreciaciones más o menos acertadas, pero que no añaden nada a su gloria. Los reencontramos allí donde Stendhal los pierde.

Seguimos viviendo bajo el reinado de la lógica: a esto quería yo llegar, claro está. Pero en nuestros días los procedimientos lógicos ya no se aplican sino a la resolución de problemas de interés secundario. El racionalismo absoluto, que sigue de moda, solo permite considerar hechos que derivan directa-

---

[9] Término alusivo a Marivaux, autor de comedias del siglo XVIII, conocido por sus juegos lingüísticos.

[10] «*Réussites*», en francés. Juega aquí Breton con el doble sentido de esta palabra: «éxitos» y «solitarios» (de naipes), para insistir en el hecho de que, en dichos casos, se trata de una escritura lúdica y superficial, además de ser un medio para alcanzar el éxito mundano por parte del escritor.

mente de nuestra experiencia. Los objetivos lógicos, por el contrario, se nos escapan. Inútil añadir que se han impuesto límites incluso a la experiencia: da vueltas en una jaula de donde es cada vez más difícil hacerla salir. Se apoya, también ella, en la utilidad inmediata, y está custodiada por el sentido común. So pretexto de civilización, de progreso, se ha logrado eliminar de la mente todo lo que puede tildarse, con razón o sin ella, de superstición, de quimera, y se ha proscrito todo método de investigación de la verdad que no esté de acuerdo con la práctica establecida. En apariencia, se debe a un auténtico azar que, recientemente, haya salido a la luz una parte del mundo intelectual, y la más importante en mi opinión, a la que ya no se prestaba atención. Hay que dar las gracias a los descubrimientos de Freud. Basándose en dichos descubrimientos, se perfila por fin una corriente de opinión que hará avanzar las investigaciones del explorador de lo humano, al verse autorizado a no tener únicamente en cuenta las realidades someras. Quizá la imaginación está a punto de reconquistar sus derechos. Si las profundidades de nuestra mente ocultan extrañas fuerzas capaces de aumentar las de la superficie, o de luchar victoriosamente contra ellas, interesa sobre todo captarlas, captarlas primero, para someterlas después, si ha lugar, al control de nuestra razón. Los analistas serán los primeros en ganar con ello. Pero es importante subrayar que no hay ningún procedimiento designado *a priori* para la prosecución de tal empresa, que, hasta nuevo orden, puede ser incumbencia tanto de poetas como de sabios, y cuyo éxito no depende de las vías más o menos caprichosas que se sigan.

Con toda razón, Freud ha centrado su crítica en el sueño. Es inadmisible, en efecto, que esta parte considerable de la actividad psíquica (teniendo en cuenta que, al menos desde el nacimiento del hombre hasta su muerte, el pensamiento no presenta ninguna solución de continuidad, y que la suma de los momentos de sueño, medidos como tiempo, y considerando solo el sueño puro, cuando se duerme, no es inferior a la suma de los momentos de realidad –digamos mejor, de los momentos de vigilia–) haya suscitado tan poca atención. La extrema diferencia de importancia, de seriedad, que presentan para el observador ordinario los acontecimientos de la vigilia y los del sueño, me ha sorprendido siempre. Se debe a que el hombre, cuando cesa de dormir, es sobre todo juguete de su memoria, y que en estado normal esta se complace en recordarle vagamente las circunstancias del sueño, en privar a este último de toda consecuencia inmediata, y en hacer partir el único *determinante* del punto en que cree haberlo dejado unas horas antes: esa firme esperanza, esa inquietud. Alberga la ilusión de que prosigue algo que merece la pena. El sueño queda así limitado a un paréntesis, como la noche. Y todo el mundo sabe que consultar algo con la almohada no suele servir de nada. Tan singular estado de cosas merece algunas reflexiones:

1.ª Dentro de los límites en que se ejerce (pasa por ejercerse), según toda apariencia el sueño es continuo y da muestras de cierta organización. Solo la memoria se arroga el derecho de efectuar cortes, de no tener en cuenta transiciones, y de representarnos más una serie de sueños que el *sueño*. Asimismo, de las realidades tenemos siempre una figuración separada cuya coordinación es una cuestión de voluntad[11].

---

[11] Hay que considerar *el espesor* del sueño. En general solo retengo lo que me llega de las capas más superficiales. Lo que más me gusta contemplar es lo que se hunde al despertar, todo lo que no me queda del empleo del día anterior, follajes oscuros, ramas idiotas. En la «realidad» también prefiero *caer* [N. de Breton].

Lo que importa destacar es que nada nos permite deducir[12] una mayor dispersión de los elementos constitutivos del sueño. Lamento expresarme siguiendo una fórmula que, en principio, excluye el sueño. ¡Cuándo habrá lógicos y filósofos durmientes! Querría dormir para entregarme a los durmientes, como me entrego a los que me leen, con los ojos bien abiertos; para acabar con el hecho de que prevalezca en esta materia el ritmo consciente de mi pensamiento. Tal vez mi sueño de la pasada noche sea la continuación del de la noche precedente y a su vez esté seguido por el de la próxima noche, con un rigor encomiable. *Es muy posible,* como suele decirse. Y como no está probado que, al suceder tal cosa, la «realidad» que me ocupa subsista en estado de sueño, que no se pierda en lo inmemorial, ¿por qué no otorgaría al sueño lo que niego a veces a la realidad, es decir, ese valor de certeza que, cuando tiene lugar, nunca se expone a mi reprobación? ¿Por qué no esperaría yo del indicio del sueño más de lo que espero de un grado de conciencia cada día más elevado? ¿No puede emplearse también el sueño en resolver los problemas fundamentales de la vida? Estas preguntas son aplicables a ambos casos, y ¿acaso no se plantean ya en el sueño? ¿Por qué el sueño se vería menos sancionado que el resto de las acciones? Estoy envejeciendo, y más que esta realidad a la que creo someterme, quizá sea el sueño, la indiferencia a la que lo he reducido, lo que me hace envejecer.

2.ª Retomo de nuevo el estado de vigilia. No tengo más remedio que considerarlo un fenómeno de interferencia. No solo la mente da pruebas, en estas condiciones, de una extraña tendencia a la desorientación (es la historia de los lapsus y

---

[12] Breton utiliza *«induire à»* que, según el diccionario *Littré,* se usa en el sentido de «extraer una consecuencia».

errores de todo tipo, cuyo secreto empieza a sernos revela-
do), sino que hasta en su funcionamiento normal parece obedecer solo a sugestiones procedentes de esa noche profunda
cuya contribución invoco. Por bien amueblada que esté[13], su
equilibrio es relativo. Apenas osa expresarse y, si lo hace, es
para limitarse a constatar que determinada idea, determinada
mujer le *hacen efecto.* Sería incapaz de precisar de qué efecto
se trata, dando con ello la medida de su subjetivismo, y nada
más. Esa idea o esa mujer la *perturba,* la lleva a ser menos
severa. Esta idea, esta mujer, actúan aislándola por un segundo de su disolvente y la depositan en el cielo como bello pre-
cipitado[14] que podría ser y que es. Por desesperación, invoca
entonces el azar, divinidad más oscura que las otras, a quien
atribuye todos sus extravíos. Y ¿quién me dice que el ángulo
bajo el que se presenta esa idea que lo impresiona, o lo que
aprecia en los ojos de esa mujer, no es *precisamente* lo que la
vincula a su sueño, lo que la encadena a datos perdidos por
su culpa? Y, si no fuera así, ¿de qué otras cosas, quizá, podría
ser capaz? Me gustaría darle las llaves de ese pasaje.

3.ª La mente del hombre que sueña se siente plenamente satisfecha con lo que le ocurre. La angustiosa cuestión de
la eventualidad ya no se plantea. Mata, vuela más deprisa,
ama cuanto te plazca. Y, si mueres, ¿acaso no estás seguro de
despertarte de entre los muertos? Déjate llevar. Los acontecimientos no toleran que los difieras. No tienes nombre. Todo
es tan fácil que parece normal.

¿Qué razón, pregunto, una razón que debería ser mucho
mayor que la otra, confiere al sueño ese aire natural que me

---

[13] Todo el párrafo se refiere al «*esprit*», a la mente.
[14] La imagen de la reacción química sirve a Breton para imaginar un «espíritu», una mente, que pasaría del estado de disolución al estado sólido.

hace admitir sin reservas una multitud de episodios cuya extrañeza me fulminaría en el momento en que escribo? Pues por esa razón ahora puedo creer a mis ojos y a mis oídos; este hermoso día ha llegado, esta bestia ha hablado.

Si el despertar del hombre es más brusco, y, por consiguiente, rompe demasiado bien el hechizo, es porque se le ha hecho formarse una mala idea de la expiación[15].

4.ª En cuanto se someta el sueño a un examen metódico, en cuanto, gracias a medios por determinar, se llegue a transmitirnos el sueño en su integridad (y aunque esto suponga una disciplina memorística que exigirá generaciones, comencemos, de todos modos, por registrar los hechos más destacados), en cuanto su curva se desarrolle con una regularidad y una amplitud sin precedentes, es de esperar que los misterios que no lo son darán paso al gran Misterio. Creo en la resolución futura de estos dos estados en apariencia tan contradictorios como son el sueño y la realidad, en una especie de realidad absoluta, una *superrealidad,* por así decirlo. A su conquista me encamino, seguro de no tener éxito, pero demasiado despreocupado por mi muerte como para no anticipar las alegrías de tal posesión.

Se cuenta que, hace tiempo, Saint-Pol-Roux colocaba un letrero en la puerta de su casa solariega de Camaret, cuando se iba a dormir, que rezaba: EL POETA TRABAJA.

Habría aún mucho que decir, pero solo he querido abordar de pasada un tema que precisaría por sí mismo una presentación muy larga y un rigor de otro tipo; volveré sobre ello. Esta vez mi intención era condenar ese *odio a lo maravilloso* que cunde entre ciertos hombres, así como el ridículo

---

[15] Aquí Breton reivindica la expiación como catarsis que se realizaría gracias al sueño.

en que quieren encasillarlo. Decidámonos de una vez: lo maravilloso es siempre bello, cualquier maravilla es bella, y, es más, solo lo maravilloso es bello.

En el ámbito literario, solamente lo maravilloso es capaz de fecundar obras de un género inferior como la novela, y, en líneas generales, todas las que resulten de lo anecdótico. *El monje* de Lewis[16] constituye una prueba admirable. La inspiración de lo maravilloso anima todo el libro. Mucho antes de que el autor liberase a sus personajes principales de toda atadura temporal, se intuye que están dispuestos a actuar con un orgullo sin precedentes. Esta pasión por la eternidad que los eleva sin cesar presta acentos inolvidables a su tormento y al mío propio. Quiero decir que esta obra exalta, de principio a fin, y de la manera más pura posible, solo aquella parte del espíritu que aspira a despegar del suelo y que, una vez despojado de esa insignificante porción de afabulación novelesca, que sigue la moda de la época, constituye un modelo de exactitud y de inocente grandeza[17]. Me parece que nunca se ha hecho nada mejor, y que el personaje de Mathilde en particular es la creación más conmovedora con la que pueda contar ese modo *figurado* en literatura. Más que un personaje, es una tentación continua. Y si un personaje no es una tentación, ¿qué es? Una tentación extrema. La frase «nada es imposible para quienes se atreven»[18], adquiere en *El monje* su plena

---

[16] *The Monk* (1796) es una novela gótica inglesa, cuyo autor es Matthew Gregory Lewis. Conocida es la reivindicación por parte de los surrealistas, en general, y de Breton, en particular, de la literatura gótica inglesa de finales del siglo XVIII, que, según Annie Le Brun (*Les Châteaux de la subversion,* 1982) supondría la constatación de la derrota de la razón filosófica del Siglo de las Luces frente a la imaginación.

[17] Lo admirable en lo fantástico es que desaparece lo fantástico: solo existe lo real *[N. de Breton]*.

[18] Matthew G. Lewis, *El monje,* traducción de Francisco Torres Oliver, Barcelona, Bruguera, 1979.

y convincente envergadura. Las apariciones desempeñan en este relato un papel lógico puesto que el espíritu crítico no las aprehende para refutarlas. Del mismo modo el castigo de Ambrosio se trata de forma legítima, puesto que finalmente el espíritu crítico lo acepta como desenlace natural.

Puede parecer arbitrario que proponga este modelo, tratándose de lo maravilloso, del que se han nutrido sin cesar las literaturas nórdicas y orientales, por no hablar de las literaturas propiamente religiosas de todos los países. Pero es que la mayor parte de los ejemplos que hubieran podido darme estas literaturas están empañados de puerilidad, por la sencilla razón que se destinan a los niños. Estos dejan de mamar muy pronto lo maravilloso. Y más adelante ya no conservan la indispensable virginidad de espíritu para sentir un placer extremo leyendo *Piel de asno*. Por encantadores que sean los cuentos de hadas, el hombre se sentiría rebajado alimentándose de ellos, y estoy de acuerdo en que no todos son adecuados para su edad. El tejido de las adorables inverosimilitudes ha de ser cada vez más fino a medida que se crece, y todavía estamos a la espera de ese tipo de arañas... Pero las facultades no cambian radicalmente. El miedo, la atracción por lo insólito, las oportunidades, el gusto por el lujo, son resortes a los que nunca se recurrirá en vano. Quedan por escribir cuentos para adultos, cuentos todavía casi azules[19].

Lo maravilloso no es igual en todas las épocas; participa oscuramente de una especie de revelación general de la que nos llega tan solo algún detalle: las *ruinas* románticas, el *ma-*

---

[19] Los «cuentos azules» reciben ese nombre porque la colección en la que se publicaban los cuentos de hadas en el siglo XVII tenía la portada azul y se llamaba «Bibliothèque bleue». Más adelante, se entiende por «cuento azul» todo relato breve imaginario, no solo de hadas ni únicamente para un público infantil. Recordemos *Les contes bleus du Chat perché,* de Marcel Aymé, «para niños entre 4 y 75 años».

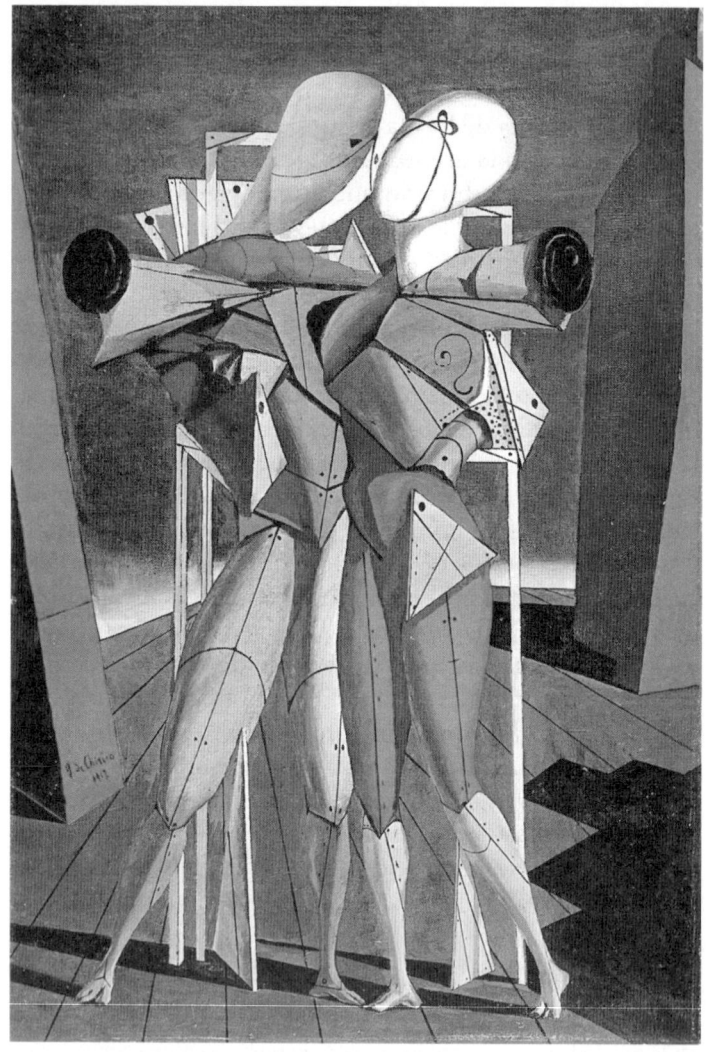

Figura 1. *Héctor y Andrómaca,* de De Chirico.

niquí moderno o cualquier otro símbolo capaz de conmo-
ver la sensibilidad humana durante un tiempo[20]. Dentro de
esos marcos que nos hacen sonreír, aparece siempre esboza-
da, sin embargo, la irremediable inquietud humana, y por
eso los tomo en cuenta y los considero inseparables de algunas producciones geniales, que se ven especialmente afectadas
por dichos antecedentes. Me refiero a los patíbulos de Villon,
las griegas de Racine[21], los divanes de Baudelaire. Coinciden
con un eclipse del gusto que puedo soportar sin problema,
yo que me figuro el gusto como una gran mancha. En el mal
gusto de mi época, procuro superar a los demás. De haber
vivido en 1820, habría sido el primero en apuntarme a «la
monja sangrante»[22], yo no me hubiera ahorrado el hipócri-

---

[20] Es importante para Breton delimitar históricamente «lo maravilloso»,
del maniquí y el autómata del siglo xviii a las ruinas románticas (empezando por las del pintor Hubert Robert) pues habría que reconstruir,
empezando por los antecedentes, el listado de obras maravillosas. El *Manifiesto* de 1924 presenta el maniquí como uno de los objetos más suscep-
tibles de provocar la «maravilla» surrealista. Una de las referencias fundamentales en el imaginario del maniquí son las piezas de De Chirico,
como su *Hector et Andromache (Héctor y Andrómaca),* entre 1914 y 1917
(Fig. 1). Pasando por *La Poupée* (1933-1934) de Hans Bellmer hasta los
maniquíes que jalonaban la «calle» de la Exposition internationale du
surréalisme de 1938, las figuras de cera y plástico puntuaron las manifestaciones del surrealismo.
[21] Aquí Breton asocia los dos sentidos de la palabra «grecque»: griega y
greca, adorno. Según Marguerite Bonnet el propio autor aporta esta aclaración y con ello querría trasmitir la monotonía de la arquitectura de la Antigüedad recordando los versos de Apollinaire en su poema «Zone»: *À la fin
tu es las de ce monde ancien / Tu en as assez de vivre dans l'antiquité grecque
et romaine* («Al final estás cansado de ese mundo antiguo / Estás harto de
vivir en la Antigüedad griega y romana»). Breton, *Œuvres,* I, p. 1350, n. 3).
[22] Leyenda medieval alemana, retomada en *El monje* de Lewis, que conocerá una renovación artística en el siglo xix, destacando la ópera de Gou-
nod, *La monja sangrienta* (1854).

ta y trivial «Disimulemos» de que habla el parodiador Cuisin, yo, yo habría recorrido con metáforas gigantescas, como dice, todas las fases del «Disco argénteo»[23]. Hoy por hoy pienso en un *castillo* cuya mitad no está forzosamente en ruinas; ese castillo me pertenece, y lo veo en un lugar agreste, no lejos de París. Tiene infinitas dependencias, y, en cuanto al interior, está cuidadosamente restaurado de modo que resulta extremadamente cómodo. Hay automóviles aparcados frente a su puerta, oculta por la sombra de los árboles. Algunos de mis amigos se han instalado ahí como huéspedes estables. Louis Aragon que se marcha, apenas tiene tiempo de saludar; Philippe Soupault se levanta con las estrellas y Paul Éluard, nuestro gran Éluard, todavía no ha vuelto. Y están también Robert Desnos y Roger Vitrac, descifrando en el parque un antiguo edicto sobre el duelo; Georges Auric, Jean Paulhan; Max Morise, que rema tan bien, y Benjamin Péret, con sus ecuaciones de pájaros; y Joseph Delteil; y Jean Carrive; y Georges Limbour, y George Limbour (hay toda una hilera de Georges Limbour); y Marcel Noll; y ahí está T. Fraenkel, que nos hace señas desde su globo cautivo, y Georges Malkine, Antonin

---

[23] Referencia a la novela *Les Ombres sanglantes* de J. P. R. Cuisin (1820): «Por consiguiente, en este hermoso proyecto à la Young, en esta galería funeraria de pomposos funerales —me señalará tal vez este desdeñoso misántropo— va a exhumar con pluma de plagiario todos los ensueños nocturnos de la sepulcral RADCLIFFE, de *El monje,* de *La monja sangrienta* y de *Los misterios de Udolfo* […]. Nos ubicará sin duda en la Torre Norte, o en el ala sur del Castillo; no nos ahorrará el taimado y banal DISIMULO; se esmerará en conducirnos por largos corredores de ecos siniestros, por oscuros sótanos donde el resplandor de una lámpara moribunda extiende sus colores verdes sobre un cadáver lívido… Y, utilizando metáforas gigantescas para recorrer todas las fases del Disco argénteo, nos escribirá cuentos infantiles para no dormir… ¡Vamos, vamos, señor compositor elegíaco, cree que sus melodramas anecdóticos nos darán escalofríos, pero su inverosimilitud solo nos hará reír con desdén!».

Artaud, Francis Gérard, Pierre Naville, J. A. Boiffard, y Jacques Baron y su hermano, apuestos y cordiales, y tantos otros, y mujeres arrebatadoras, en serio[24]. Estos jóvenes ¿por qué iban a renunciar a nada? Sus deseos de riqueza son órdenes. Francis Picabia viene a vernos y la semana pasada, en la galería de los espejos, hemos recibido a un tal Marcel Duchamp, a quien todavía no conocíamos. Picasso se dedica a cazar por los alrededores. El espíritu de *desmoralización* se ha instalado en el castillo y tenemos que vérnoslas con él cada vez que nos relacionamos con nuestros semejantes, pero las puertas están siempre abiertas, y ya se sabe que no se empieza por «hacer la venia» a la gente. Por lo demás, grande es la soledad y no nos reunimos a menudo. Pero ¿no es lo esencial que seamos nuestros propios amos, señores de nuestras mujeres y también del amor?

Acabarán convenciéndome de que he dicho una mentira poética: todos se irán repitiendo que vivo en la rue Fontaine y que no se tragan mi historia. ¡Qué demonios! Pero ¿quién puede afirmar que este castillo, del que soy el anfitrión, sea tan solo una imagen? ¿Y si este palacio existiera, a pesar de todo? Ahí están mis huéspedes para contestar, su capricho es la ruta luminosa que conduce hasta él. *Cuando estamos allí,* vivimos realmente según nuestra fantasía. Y ¿cómo lo que

---

[24] De ellos, se hablará más adelante en este libro. El *Manifiesto* contiene seis listas surrealistas: la lista de los veinticinco huéspedes de este castillo surrealista, espacio imaginario donde el encierro comporta la libertad de sus huéspedes, bajo la tutela de Breton; la lista de los diecinueve surrealistas que han expresado el surrealismo absoluto, quedando sin resolver el caso de Isidore Ducasse; la lista de veinte poetas, vivos o muertos, que han expresado el surrealismo relativo, aparte de Young; la lista de catorce pintores, vivos o muertos, que han manifestado un cierto surrealismo; una serie de seis frases automáticas; una serie de ocho imágenes surrealistas. Con todas estas listas, André Breton demuestra que la investigación poética y filosófica del *Manifiesto* se inscribe en un marco colectivo.

hace uno podría molestar al otro, en un sitio donde se está protegido de toda persecución sentimental, a merced de las citas ocasionales?

El hombre propone y dispone. Solo depende de él ser completamente dueño de sí mismo, es decir, mantener en estado anárquico la horda cada vez más formidable de sus deseos. La poesía se lo enseña. Es la compensación perfecta a las miserias que sufrimos. También puede poner orden en el caso de que se haga una tragedia de una decepción poco íntima. ¡Llegará la hora en que decrete el fin del dinero y parta ella sola el pan del cielo para la tierra! Seguirá habiendo asambleas en las plazas públicas y *movimientos* en los que nadie esperaba intervenir. ¡Adiós a las absurdas selecciones, a los sueños abismales, a las rivalidades, a las largas esperas, a la fuga de las estaciones, al orden artificial de las ideas, a la rampa del peligro, al tiempo para todo! Esforcémonos tan solo en *practicar* la poesía. ¿No nos corresponde a nosotros, que ya vivimos de ella, intentar que prevalezca lo que consideramos nuestro más amplio saber?

No importa la desproporción que pueda haber entre esta defensa y la ilustración que seguirá[25]. Se trataba de remontarnos a las fuentes de la imaginación poética, y, sobre todo, de atenerse a ellas. No pretendo haberlo conseguido. Hay que tener mucho control sobre sí mismo para querer establecerse en esas recónditas regiones donde todo parece, en un principio, ir muy mal, y sobre todo si se quiere llevar a alguien.

---

[25] Se refiere aquí Breton a la *Defensa e ilustración de la lengua francesa* de Joachim du Bellay, manifiesto literario del siglo XVI dirigido a los poetas de La Pléiade y en el que se dictaban los principios a seguir en la composición literaria, en aquel momento la prioridad del uso de la lengua francesa sobre el latín y el olvido de la Antigüedad como fuente de inspiración.

Por otra parte, tampoco está uno seguro de encontrarse efectivamente allí. Puestos a estar a disgusto, se puede ir a parar a cualquier otro lugar. Sea como sea, ahora una flecha apunta en dirección a esos países, y alcanzar la meta solo depende del aguante del viajero.

El camino emprendido es más o menos conocido. Me dediqué a contar, en el transcurso de un estudio sobre el caso de Robert Desnos titulado: *ENTRADA DE LOS MEDIUMS*[26], que me sentí impulsado a «fijar la atención en frases más o menos parciales, que, en completa soledad y a punto de caer dormido, se hacen perceptibles al espíritu sin que sea posible descubrir en ellas un factor determinante previo». Acababa entonces de intentar la aventura poética con poquísimas perspectivas, en otras palabras, mis aspiraciones eran las mismas que hoy, pero confiaba en una elaboración lenta para ponerme a cubierto de contactos inútiles, contactos que desaprobaba tajantemente. Había en ello un pudor de pensamiento que todavía conservo en parte. Al final de mi vida me costará sin duda llegar a hablar como se habla, a disculpar mi voz y el reducido número de mis gestos. La virtud del habla (y de la escritura más aún) me parecía residir en la facultad de abreviar de forma llamativa la presentación (ya que tenía que haber una presentación) de un pequeño número de hechos poéticos o no poéticos, de los que yo extraía la sustancia. Me imaginé que Rimbaud no procedía de otra manera. Persiguiendo una variedad digna de mejor suerte, compuse los últimos poemas de *Mont de piété (Monte de piedad)*, de suerte que, de las líneas en blanco de ese libro, conseguí sacar un partido increíble. Dichas líneas suponían cerrar los ojos ante operaciones del pensamiento que creía tener que ocul-

---

[26] Véase *Los pasos perdidos*, N[ouvelle] R[evue] F[rançaise] *[N. de Breton].*

tar al lector. No era una trampa sino esa inclinación mía por zarandear a los demás. Me procuraba la ilusión de una complicidad posible de la que cada vez podía prescindir menos. Me puse a tratar con sumo mimo las palabras en función del espacio que admitían a su alrededor, o por sus contactos tangenciales con otras innumerables palabras que yo no pronunciaba. El poema «Forêt noire» («Selva negra») corresponde exactamente a ese estado de ánimo. Tardé seis meses en escribirlo y créanme si les digo que no descansé ni un solo día. Pero lo que estaba en juego en ese momento era mi autoestima, aunque sé que no basta, espero que se me entienda. Me gustan estas confesiones estúpidas. En aquella época, intentaba implantarse la seudopoesía cubista, pero había salido inerme del cerebro de Picasso, y en lo que a mí respecta, se me consideraba (y todavía es así) más aburrido que una ostra. Tenía mis dudas, de hecho, sobre si, desde un punto de vista poético, no estaría yendo por mal camino, pero me salvé como pude, afrontando el lirismo a base de definiciones y recetas (los fenómenos dada no tardarían en producirse) y fingiendo buscar una aplicación de la poesía en la publicidad (pretendía que el mundo terminaría, no con un buen libro, sino con un bello anuncio del cielo o del infierno).

Al mismo tiempo, un hombre, al menos tan aburrido como yo, Pierre Reverdy, escribía:

> La imagen es una creación pura del espíritu.
>
> No puede nacer de una comparación sino del acercamiento de dos realidades más o menos distantes.
>
> Cuanto más lejanas y justas sean las relaciones de las dos realidades en contacto, más intensa será la imagen –y tendrá más fuerza emotiva y mayor realidad poética…–[27].

---

[27] *Nord-Sud*, marzo de 1918 *[N. de Breton]*.

Estas palabras, aunque sibilinas para los profanos, eran profundamente reveladoras y las medité durante mucho tiempo. Pero la imagen se me escapaba. La estética de Reverdy, toda *a posteriori,* me hacía tomar los efectos por causas. Fue entonces cuando me vi obligado a renunciar definitivamente a mi punto de vista.

Una noche, pues, antes de dormirme, oí, claramente articulada hasta el punto de que era imposible cambiar una palabra, pero ajena sin embargo al sonido de cualquier voz, una frase bastante extraña, que me llegaba sin tener nada que ver con los acontecimientos que, según mi conciencia, me rodeaban en esos momentos; frase que me pareció insistente, frase, me atrevería a decir, *que llamaba a la ventana.* La apunté inmediatamente, y me disponía a pasar a otra cosa cuando su naturaleza orgánica me retuvo. A decir verdad, la frase me sorprendió; desgraciadamente no la he conservado hasta la fecha, era algo así como: «Hay un hombre partido en dos por la ventana». Y no podía ser equívoca pues iba acompañada por una tenue representación visual[28] de un hombre ca-

---

[28] Si hubiera sido pintor, sin duda esta representación visual hubiera primado sobre la otra. Seguro que mis previas disposiciones fueron decisivas. Desde ese día he logrado concentrar voluntariamente mi atención en similares apariciones y me consta que no ceden un ápice en nitidez a los fenómenos auditivos. Provisto de un lápiz y de una hoja en blanco, me resultaría fácil trazar sus contornos. Y es que no se trata de dibujar, *no se trata sino de calcar.* De este modo podría figurar un árbol, una ola, un instrumento de música, cosas, todas ellas, de las que soy incapaz de proporcionar el bosquejo más esquemático. Me internaría, con la certidumbre de volver a encontrarme, en un dédalo de líneas que al principio no parecen llevar a ninguna parte. Y al abrir los ojos tendría una fortísima impresión de algo «nunca visto». La prueba de lo que digo ha sido realizada muchas veces por Robert Desnos: para convencerse, solo hay que hojear el número 36 de *Feuilles Libres* que contiene varios dibujos suyos («Ro-

minando y cortado por la mitad por una ventana perpendicular al eje de su cuerpo. Se trataba sin duda de la simple recomposición en el espacio de un hombre asomado a la ventana. Pero como la ventana había seguido el desplazamiento del hombre, me di cuenta de que me encontraba ante una imagen bastante extraña y enseguida se me ocurrió incorporarla a mi material de construcción poética. Nada más dar crédito a esa frase, esta dejó paso a una sucesión intermitente de otras que me sorprendieron igualmente, y me dejaron una impresión de tal gratuidad que el dominio que hasta entonces había tenido sobre mí mismo me pareció ilusorio, y ya no pensé más que en poner fin a la interminable lucha que se desarrollaba en mi interior[29].

---

meo y Julieta», «Un hombre ha muerto esta mañana») considerados por esta revista dibujos de locos y publicados inocentemente como tales *[N. de Breton]*.

[29] Knut Hamsun atribuye al *hambre* ese tipo de revelación de la que yo estaba preso, y probablemente tenga razón. (De hecho, no comía todos los días, en esa época). Seguramente se refiere a experiencias de ese tipo cuando relata en estos términos:

«Al día siguiente me levanté temprano. Todavía era de noche. Tenía los ojos abiertos desde hacía un tiempo cuando oí que el reloj del piso de abajo daba las cinco. Quise volver a dormirme, pero no lo conseguí, estaba completamente despierto y mi cabeza daba vuelta a miles de cosas.

»De pronto me vinieron a la mente unos cuantos segmentos que podían servir muy bien para un apunte, en un relato; de pronto encontré por azar frases muy hermosas, frases como nunca había escrito, eran excelentes. Me las repetía lentamente, palabra por palabra. Y llegaban continuamente. Me levanté, cogí papel y un lápiz de la mesa que estaba detrás de mi cama. Era como si una vena hubiera estallado dentro de mí, una palabra seguía a la otra, se ponía en su lugar, se adaptaba a la situación, las escenas se acumulaban, la acción se desarrollaba, las réplicas surgían en mi cerebro, disfrutaba de forma prodigiosa. Las palabras acudían a mí con tal rapidez y continuaban fluyendo de for-

Ocupado como estaba todavía con Freud en esa época, y familiarizado con sus métodos de examen que había tenido la ocasión de practicar algunas veces con enfermos durante la guerra, decidí obtener de mí mismo lo que buscaba en ellos, es decir, un monólogo de flujo lo más rápido posible sobre el que el espíritu crítico del sujeto no pudiera emitir juicio alguno, que no se viera obstruido después por ninguna reticencia, y que fuera, de la manera más precisa posible, el *pensamiento hablado*. Me pareció, y me sigue pareciendo –la forma en que se me había presentado la frase del hombre partido en dos lo demostraba–, que la velocidad del pensamiento no es superior a la de la palabra, y que no desafía forzosamente a la lengua, ni siquiera al trazo de la pluma. Así es como Philippe Soupault, con quien había compartido mis primeras conclusiones, y yo nos pusimos a emborronar hojas de papel con encomiable indiferencia por lo que literariamente pudiera resultar de esa empresa. La facilidad de ejecución hizo el resto. Al final del primer día, pudimos leernos unas cincuenta páginas escritas de este modo, y comenzar a comparar nuestros resultados. En conjunto, las de Soupault y las mías presentaban una notable analogía: los mismos defectos de construcción, los mismos fallos, pero también, por ambas partes, la ilusión de una inspiración verbal extraordinaria, una emoción desbordante, una considerable variedad de imágenes de tal calidad que no hubiésemos sido capaces, por mucho tiempo que hubiéramos empleado, de conseguir una

---

ma tan abundante que se me escapaban multitud de detalles sutiles porque el lápiz no podía ir tan deprisa, a pesar de que yo me apresuraba, la mano siempre en movimiento, sin perder un minuto. Las frases continuaban brotando en mí, estaba en plena posesión de mi tema». Apollinaire afirmaba que los primeros cuadros de De Chirico fueron pintados bajo el influjo de trastornos cinestéticos (migrañas, cólicos) *[N. de Breton]*.

sola por separado, un acento pintoresco muy especial, y de vez en cuando, una aguda bufonada. Las únicas diferencias entre los dos textos me parecían residir, esencialmente, en nuestros distintos humores, el de Soupault más estático que el mío, y, si se me permite una ligera crítica, en que él había cometido el error de colocar en la cabecera de algunas páginas, sin duda por espíritu de mistificación, palabras a modo de título. Sin embargo, he de hacerle justicia, por oponerse siempre, y con todas sus fuerzas, al mínimo retoque, a la mínima corrección a lo largo de todo un pasaje que me parecía más bien poco logrado. Y en esto tuvo razón[30]. Es muy difícil, en efecto, apreciar en su justo valor los diversos elementos que intervienen, se puede incluso decir que es imposible apreciarlos en una primera lectura. A usted, que escribe, estos elementos, aparentemente, le resultarán *tan extraños como a cualquier otro,* y, como es natural, desconfiará. Poéticamente hablando, se distinguen sobre todo por un grado muy elevado de *absurdo inmediato,* siendo lo propio de ese absurdo, si se analiza con más profundidad, ceder el paso a todo cuanto hay de admisible y legítimo en el mundo: la divulgación de cierto número de propiedades y hechos, no menos objetivos, en definitiva, que los demás.

Como homenaje a Guillaume Apollinaire, que acababa de morir y que, más de una vez, nos pareció obedecer al mismo tipo de impulso, sin por ello sacrificarse a servirse de mediocres recursos literarios, Philippe Soupault y yo desig-

---

[30] Cada vez creo más en la infalibilidad de mi pensamiento con respecto a mí mismo, y lo veo realmente fundado. Con todo, en esta *escritura del pensamiento,* donde se está expuesto a cualquier distracción exterior, pueden producirse «popurrís». No tendría disculpa intentar disimularlos. El pensamiento, por definición, es fuerte e incapaz de engañarse a sí mismo. Las evidentes debilidades hay que atribuirlas a las sugestiones que le vienen de fuera *[N. de Breton].*

namos con el nombre de SURREALISMO la nueva forma de expresión de que disponíamos y que anhelábamos compartir con nuestros amigos. Creo que ya no hay que insistir hoy sobre la palabra y que la acepción que nosotros le hemos dado ha prevalecido en general sobre la apollinariana. Con más razón todavía habríamos podido adoptar SUPERNATURALISMO, término utilizado por Gérard de Nerval en la dedicatoria a *Les Filles du feu (Las hijas del fuego)*[31]. Parece, en efecto, que Nerval[32] hizo completamente suyo ese *espíritu* con el que nos identificamos, mientras que Apollinaire, por el contrario, solo llegó a poseer *la letra,* aún imperfecta, del surrealismo y se mostró incapaz de formular una visión teórica que nos atrapara. Estas frases de Nerval me parecen muy significativas al respecto:

> Permítame que le explique, mi querido Dumas, el fenómeno que ha mencionado antes. Hay, como usted sabe, ciertos narradores que no pueden inventar sin identificarse con los personajes de su imaginación. Usted conoce la convicción con la que nuestro viejo amigo Nodier contaba cómo había tenido la desgracia de ser guillotinado durante la Revolución; la gente se convencía tanto que se pre-

---

[31] Y también por Thomas Carlyle en *Sartor Resartus* (capítulo VIII: «Supernaturalismo natural», 1833-1834) *[N. de Breton].*
En esta obra, Thomas Carlyle postulaba que la existencia es una urdimbre de hechos maravillosos que la ciencia no puede explicar y que los milagros, contra lo que alega la teología cristiana, no son una transgresión de las leyes de la naturaleza, sino su confirmación.

[32] *Las hijas del fuego* (1854) está compuesto por ocho historias, cada una de ellas con un nombre de mujer. A través de distintos géneros literarios –epistolar, novela corta, prosa poética y humorística, poesía, ensayo, teatro–, errando por los sombríos caminos del fracaso y la locura, Nerval emprende la búsqueda del amor y del tiempo perdido.

guntaba cómo había conseguido que le volvieran a pegar la cabeza.

… Y ya que ha sido tan imprudente como para citar uno de los sonetos compuestos en este estado de ensoñación SUPERNATURALISTA, como dirían los alemanes, debe conocerlos todos. Los encontrará al final del volumen. Son apenas más oscuros que la metafísica de Hegel o los MEMORABLES de Swedenborg, y perderían su encanto al ser explicados, si eso fuera posible. Concédame al menos el mérito de la expresión…[33].

Con muy mala fe se nos podría discutir el derecho a utilizar la palabra SURREALISMO, en el muy particular sentido que nosotros le damos, pues está claro que no tuvo fortuna antes de que nosotros la usáramos. La defino, así pues, de una vez por todas:

SURREALISMO: sustantivo masculino. Automatismo psíquico puro por el que se pretende expresar verbalmente, por escrito o de cualquier otro modo, el funcionamiento real del pensamiento. Dictado del pensamiento en ausencia de todo control ejercido por la razón y al margen de toda preocupación estética o moral.

ENCICLOPEDIA: *Filos.* El surrealismo se basa en la creencia en la realidad superior de ciertas formas de asociación no tenidas en cuenta antes, en la omnipotencia de los sueños y en el juego desinteresado del pensamiento. Tiende a arruinar definitivamente los demás mecanismos psíquicos y a suplantarlos en la resolución de los principales problemas de la vida. Han hecho acto de SURREALISMO ABSOLUTO los siguientes señores: Aragon, Baron, Boiffard, Breton, Carrive, Crevel,

---

[33] Cfr. también el IDEORREALISMO de Saint-Pol-Roux [*N. de Breton*].

Delteil, Desnos, Éluard, Gérard, Limbour, Malkine, Morise, Naville, Noll, Péret, Picon, Soupault, Vitrac[34].

Estos serían los únicos hasta el momento, y no hay lugar a error salvo en el apasionante caso de Isidore Ducasse, sobre el que carezco de datos. Y es cierto que, contemplando solo por encima sus resultados, buen número de poetas podrían pasar por surrealistas, empezando por Dante y, en sus mejores tiempos, Shakespeare. *En mis diversas tentativas de reducción de lo que abusivamente se denomina genio, no he encontrado nada que se pueda atribuir a un proceso distinto de este.*

Las *Noches* de Young son surrealistas de cabo a rabo; por desgracia, es un sacerdote el que habla, un mal sacerdote, sin duda, pero sacerdote.

Swift es surrealista en la maldad.

Sade es surrealista en el sadismo.

Chateaubriand es surrealista en el exotismo.

Constant es surrealista en política.

Hugo es surrealista cuando no es tonto.

Desbordes-Valmore es surrealista en el amor[35].

---

[34] Las «entradas», tanto de diccionario como enciclopédica (donde hasta el listado de quienes han hecho «acto de surrealismo absoluto» aparece ordenado por orden alfabético), demuestra la aspiración de Breton a ennoblecer el surrealismo, inscribiéndolo en la lengua y en la historia de las ideas.
[35] Marceline Desbordes-Valmore (1786-1859), poetisa francesa del romanticismo, fue reconocida por Baudelaire y se incluye en la obra de Verlaine *Les Poètes maudits (Los poetas malditos).*

Bertrand es surrealista en el pasado[36].

Rabbe es surrealista en la muerte[37].

Poe es surrealista en la aventura.

Baudelaire es surrealista en la moral.

Rimbaud es surrealista en la práctica de la vida y en lo demás.

Mallarmé es surrealista en la confidencia.

Jarry es surrealista en la absenta.

Nouveau es surrealista en el beso[38].

Saint-Pol-Roux es surrealista en el símbolo.

Fargue es surrealista en la atmósfera.

Vaché es surrealista en mí.

---

[36] Se refiere a Aloysius Bertrand (1807-1841), nombre artístico de Louis Jacques Napoléon Bertrand, poeta francés del romanticismo autor de la colección de poemas *Gaspar de la Nuit* que Breton comenta en *Les pas perdus (Los pasos perdidos)* refiriéndose a su idea del poema en prosa.

[37] Alphonse Rabbe (1784-1830) es autor de una *Philosophie du desespoir,* conocida como el *Álbum de un pesimista,* precedida por versos de Victor Hugo; Chateaubriand y Baudelaire lo admiran por su «estilo eterno».

[38] Germain Nouveau (1851-1920) fue poeta simbolista francés, amigo de Rimbaud y Verlaine. Varias de sus composiciones tienen como tema «El beso».

Reverdy es surrealista en su casa.

Saint-John Perse es surrealista a distancia.

Roussel es surrealista en la anécdota.

Etcétera.

Insisto en que no son siempre surrealistas, por cuanto distingo en ellos cierto número de ideas preconcebidas a las que –muy ingenuamente– se agarraban. Y lo hacían porque no habían *oído la voz surrealista,* la que continúa predicando en vísperas de la muerte, por encima de las tormentas, y porque no querían servir tan solo para orquestar una bella partitura. Eran instrumentos demasiado orgullosos, por ello no siempre emitieron sonidos armoniosos[39].

Pero nosotros, que no hemos llevado a cabo la menor filtración, que nos hemos hecho en nuestras obras sordos receptáculos de tantos ecos, modestos *aparatos registradores* que no se hipnotizan ante el trazado que registran, servimos, quizá, a una causa aún más noble. Reproducimos con probidad el «talento» que se nos presta. Que me hablen, si se quiere, del talento de este metro de platino, de este espejo, de esta puerta, y hasta del cielo.

Nosotros no tenemos talento. Que le pregunten a Philippe Soupault:

---

[39] Podría decir lo mismo de algunos filósofos y pintores, limitándome a citar entre estos últimos a Uccello en la época antigua, y en la época moderna a Seurat, a Gustave Moreau, a Matisse (en *La música,* por ejemplo) a Derain, a Picasso, el más puro con diferencia, a Braque, a Duchamp, a Picabia, a De Chirico (admirable durante mucho tiempo), a Klee, a Man Ray, a Max Ernst, y tan cerca de nosotros, a André Masson *[N. de Breton].*

Las manufacturas anatómicas y las casas baratas destruirán las ciudades más altas.

A Roger Vitrac:

Apenas invoqué al mármol-almirante cuando este giró sobre sus talones como un caballo que se encabrita ante la estrella polar, designándome en el plano su bicornio una región donde yo debía pasarme la vida.

A Paul Éluard:

Cuento una historia conocida, releo un poema famoso: estoy apoyado contra un muro, con orejas reverdecidas y labios calcinados.

A Max Morise:

El oso de las cavernas y su compañero el alcaraván, el volován y el viento su guardián, el gran canciller con su cancela, el espantapájaros de gorriones y su compadre el gorrión, la probeta y su hija la aguja, el carnívoro y su hermano el carnaval, el barrendero y su monóculo. El Misisipi y su perrito faldero, el coral y su cántaro de leche, el Milagro y su buen Dios tienen que desaparecer de la faz del mar.

A Joseph Delteil:

¡Ay! Creo en la virtud de los pájaros. Y basta una pluma para hacerme morir de risa.

A Louis Aragon:

Durante una interrupción de la partida, mientras los jugadores se reunían en torno a un bol de ponche flameado, pregunté al árbol si seguía conservando su cinta roja.

Y a mí mismo, que no he podido impedir escribir las líneas serpentinas, alarmantes, de este prefacio.

Que se pregunte a Robert Desnos, quizá, de todos nosotros, el que más se haya acercado a la verdad surrealista, el que, en sus obras aún inéditas[40] y a lo largo de los múltiples experimentos a los que se ha prestado, ha justificado plenamente la esperanza que yo tenía en el surrealismo y me conmina a esperar todavía mucho más. Hoy Desnos *habla surrealista* a su antojo. La prodigiosa agilidad con que sigue oralmente su pensamiento compone para nosotros espléndidos discursos, que se pierden, pues Desnos tiene mejores cosas que hacer antes que fijarlos. Lee en sí mismo como en un libro abierto y no hace ningún esfuerzo por atrapar las hojas que se le vuelan con el viento de su vida.

SECRETOS DEL ARTE MÁGICO SURREALISTA

Redacción surrealista escrita, primer y último borrador

Procúrese usted con qué escribir, después de instalarse en un lugar lo más favorable posible para la concentración de su mente. Colóquese en el estado más pasivo, o receptivo, que pueda. Haga abstracción de su propio genio, de los talentos,

---

[40] *Nouvelles Hébrides, Désordre formel, Deuil pour Deuil [N. de Breton].*

tanto de los propios como de los ajenos. Convénzase de que la literatura es uno de los caminos más tristes que conducen a todo. Escriba deprisa sin tema preconcebido, lo bastante deprisa como para no retener nada ni caer en la tentación de releerse. La primera frase saldrá sola, porque a cada segundo hay una frase, ajena a nuestro pensamiento consciente, que solo pide salir. Es bastante difícil saber qué ocurrirá con la siguiente frase; sin duda, participa a la vez de nuestra actividad consciente y de la otra, si se admite que el hecho de haber escrito la primera conlleva un mínimo de percepción. Poco debe importarle, sin embargo; ahí radica en gran medida el interés del juego surrealista. El hecho es que la puntuación se opone sin duda a la continuidad absoluta del flujo que nos ocupa, aunque parezca tan necesaria como la distribución de nudos en una cuerda vibrante. Continúe cuanto le plazca. Confíe en la naturaleza inagotable del murmullo. Si el silencio amenaza con instalarse porque ha cometido un fallo, un fallo, digamos, de inatención, rompa sin vacilar con una línea demasiado clara. Después de la palabra cuyo origen le parezca sospechoso, ponga una letra cualquiera, la letra *l* por ejemplo, siempre la letra *l,* volviendo de nuevo a lo arbitrario, al imponer esa letra como inicial de la palabra siguiente.

Para no aburrirse en compañía

Es muy difícil. No está usted para nadie, y cuando alguien no se dé por enterado, interrumpiéndole en plena actividad surrealista, diga, cruzándose de brazos: «Da igual, sin duda hay cosas mejores que hacer o que no hacer. El interés de la vida carece de fundamento. La cosa es muy sencilla: ¡también me fastidia lo que me tiene ocupado!» o cualquier otra indignante banalidad.

Para pronunciar discursos

Que el individuo se inscriba, la víspera de las elecciones, en el primer país que juzgue oportuno proceder a este tipo de consultas. Todo el mundo tiene madera de orador: pañuelos de colores y abalorios de palabras. Gracias al surrealismo, desvelará la desesperación en toda su pobreza. Una tarde, subido a un estrado, descuartizará él solo el cielo eterno, esa Piel de Oso. Prometerá tanto, que cumplir con lo mínimo resultaría consternador. Dará a las reivindicaciones de todo un pueblo un giro parcial e irrisorio. Hará comulgar a los más irreductibles adversarios con un deseo secreto que hará saltar en pedazos las patrias. Y llegará a esto dejándose elevar solo por la palabra inmensa que se funde en piedad y rueda en odio. Incapaz de fallar, jugará sobre el tapete de todos los fallos. Será elegido de verdad y las mujeres más tiernas lo amarán apasionadamente.

Para escribir falsas novelas

Quien quiera que sea usted, y si se lo pide el cuerpo, queme unas hojas de laurel y sin preocuparse por mantener el débil fuego, empiece a escribir una novela. El surrealismo se lo permitirá; basta con cambiar la aguja que marque «Buen tiempo» a «Acción», este es el truco. Se dan cita personajes de aspecto bastante dispar: escribirá sus nombres con mayúscula, y ellos se comportarán con la misma soltura delante de los verbos activos que el pronombre impersonal *se* delante de palabras como *necesita, busca, cuenta,* etc. Los dirigirán, por así decirlo, y cuando la observación, la reflexión y las facultades de generalización no le sean a usted de ninguna ayuda, seguro que ellos le sugerirán mil intenciones que no se le habían ocurrido. Así dotados de un número reducido de características físicas y morales, estos seres, que en realidad le deben tan poco, no se apartarán más de cierta línea de conducta, y ya no tendrá que ocuparse usted de nada. Resultará una intriga más o menos lograda en apariencia, que justificará punto por punto el desenlace conmovedor o tranquilizador, que a usted bien poco le importa. Su falsa novela simulará de maravilla una novela verdadera; se hará rico y todos coincidirán en que «tiene usted algo en las tripas», pues si en algún sitio se encuentra ese algo, es precisamente ahí.

Asimismo, por análogo procedimiento, y a condición de ignorar todo aquello que vaya a reseñar, podrá dedicarse con éxito a la falsa crítica.

Para quedar bien ante una mujer que pasa por la calle

. . . .
. . . .
. . . .
. . . .
. . . .

Contra la muerte

El surrealismo lo introducirá a usted en la muerte, que es una sociedad secreta. Le enguantará la mano y sepultará dentro la profunda M con que comienza la palabra Memoria. No deje de tomar venturosas disposiciones testamentarias: en cuanto a mí, pido que se me lleve al cementerio en un camión de mudanzas. Que mis amigos destruyan hasta el último ejemplar de la edición del *Discurso sobre la poca realidad.*

El lenguaje le fue dado al hombre para que hiciera de él un uso surrealista. En la medida en que le es indispensable hacerse comprender, logra expresarse más o menos bien, asegurándose así la realización de algunas de las funciones más básicas. Hablar, escribir una carta, no le plantean ninguna dificultad real, con tal de que al hacerlo no se proponga una meta superior al término medio, es decir, siempre que se limite a conversar (por el placer de conversar) con alguien. No se preocupa por las palabras que le saldrán ni por la frase que seguirá a la que está terminando. Será capaz de contestar a bocajarro a preguntas muy sencillas. Si no ha contraído *tics* en el trato con los demás, puede pronunciarse espontáneamente sobre unos cuantos temas; no necesita para ello «darle siete vueltas a la lengua antes de hablar», ni prepararse nada con antelación. ¿Quién le habrá hecho creer que la facultad de decir lo primero que se le ocurre le perjudica cuando se trata de relaciones más delicadas? No hay nada sobre lo que deba negarse a hablar, a escribir profusamente. Escucharse, leerse, eso solo consigue obstaculizar todo lo oculto, todo apoyo admirable. No tengo prisa por entenderme (¡qué va! Siempre me entenderé). Si tal o cual frase mía me provoca en el momento una ligera decepción, confío en la frase siguiente para enmendar sus errores y me cuido mucho de rehacerla o perfeccionarla. Lo único fatal sería para mí la mínima pérdida de impulso. Las palabras, los grupos de palabras *que se suceden* son sumamente solidarios entre sí. No es función mía favorecer a unos en detrimento de otros. Le corresponde intervenir a una milagrosa compensación –y así lo hace–.

Este lenguaje sin reservas, que siempre trato de hacer válido y que me parece adaptado a todas las circunstancias de la vida, no solo no me priva de ninguno de mis medios, sino que me presta una lucidez extraordinaria, y ello en el terreno en que menos lo esperaba. Me atrevería a pretender que hasta me instruye, y en efecto, a veces he utilizado surrealmente palabras cuyo significado había olvidado. Después he podido verificar que el uso que había hecho de ellas correspondía exactamente a su definición. Esto nos lleva a creer que no se «aprende», que lo único que hacemos es «reaprender». Así he convertido en familiares muchos giros lingüísticos acertados. Por no hablar de la *conciencia poética de los objetos,* que no he podido adquirir sino a través del contacto espiritual con ellos, reiterado una y mil veces.

El lenguaje surrealista se adapta mejor al diálogo. En él se enfrentan dos pensamientos; mientras que uno se manifiesta, el otro solo se ocupa del primero, pero ¿cómo se ocupa? Si suponemos que este último asimila a aquel, ello equivaldría a admitir que, durante un tiempo, le es posible vivir por completo de ese otro pensamiento, lo que resulta altamente improbable. Y, de hecho, la atención que le presta es completamente exterior; tiene solo la oportunidad de aprobar o reprobar, generalmente reprobar, con todas las consideraciones de que es capaz el hombre. Ese modo de lenguaje no permite, desde luego, abordar un tema en profundidad. Mi atención, captada por una exhortación que honradamente no puede rechazar, trata el pensamiento adverso como enemigo; en la conversación corriente, lo «retoma» en sus propias palabras o figuras, y fuerza a sacar partido de ellas en la réplica, desnaturalizándolas. Esto es tan cierto que en ciertos estados mentales patológicos en que los trastornos sensoriales absorben toda la atención del paciente, este, al seguir respondiendo a las preguntas, se limita a recuperar la última palabra pronunciada ante él, o el último segmento de frase surrealista que ha dejado rastro en su mente:

—¿Qué edad tiene usted?

—Usted *(Ecolalia)*.

—¿Cómo se llama usted?

—Cuarenta y cinco casas *(Síntoma de Ganser o de las respuestas laterales)*.

No hay conversación en la que no surja, en mayor o menor medida, este desorden. Solo la voluntad, así como la costumbre, de sociabilidad que prima en tales casos consigue disimularlo, al menos temporalmente. La gran debilidad del libro es entrar en conflicto permanente con la mente de sus mejores, y con ello quiero decir más exigentes, lectores. En el brevísimo diálogo que he improvisado más arriba entre el médico y el paciente, es este último quien sale ganando, puesto que se impone con sus respuestas a la atención del médico que lo examina –y no es él quien hace las preguntas–. ¿Quiere decir eso que su pensamiento es en ese momento el más fuerte? Tal vez. Es libre de ignorar su edad y su nombre.

El surrealismo poético, objeto de este estudio, se ha esforzado hasta ahora por devolver al diálogo su verdad absoluta, liberando a los dos interlocutores de las obligaciones de la cortesía. Cada uno de ellos se limita a proseguir su soliloquio, sin pretender obtener de él ningún placer dialéctico particular ni imponerlo en lo más mínimo a su vecino. Las observaciones que hacen no pretenden, como suele pasar, desarrollar una tesis, por insignificante que sea, y son de lo más desinteresadas. En cuanto a la respuesta que esperan, no tiene nada que ver, en principio, con el amor propio del orador. Las palabras, las imágenes, tan solo se ofrecen como trampolines para la mente del oyente. Así es como deben entenderse, dentro de *Les Champs magnétiques (Los campos magnéticos),* primera obra puramente surrealista, las páginas agrupadas bajo el título *Barrières (Barreras)* en las que Soupault y yo mostramos a esos interlocutores imparciales.

El surrealismo no permite a sus practicantes abandonarlo cuando les venga en gana. Todo induce a creer que actúa sobre la mente del mismo modo que los estupefacientes; como ellos, crea cierto estado de necesidad y puede empujar al hombre a terribles revueltas. También es, si se quiere, un auténtico paraíso artificial, y el gusto que nos produce debería ser objeto de la crítica de Baudelaire, igual que los otros. Por ello, el análisis de los efectos misteriosos y de los placeres particulares que pueda generar –en muchos aspectos el surrealismo se presenta como un *vicio nuevo* que no debe ser prerrogativa de unos pocos hombres; puede, como el hachís, satisfacer a los más refinados– no puede faltar en un estudio como este.

1.º Las imágenes surrealistas son como esas imágenes de opio que el hombre no evoca, «sino que se le ofrecen espontánea y despóticamente. No puede despedirlas, pues la voluntad no tiene fuerza ni gobierna las facultades»[41]. Queda por saber si alguna vez las imágenes han sido «evocadas». Si nos atenemos, como hago yo, a la definición de Reverdy, no parece que sea posible acercar voluntariamente lo que él denomina «dos realidades distantes». El acercamiento se produce o no se produce, y ya está. Niego, por mi parte, del modo más categórico, que las siguientes imágenes de Reverdy:

En el arroyo fluye una canción.

---

[41] Baudelaire *[N. de Breton]*.
Cita de *Los paraísos artificiales* (1860).

o:

El día se desplegó como un mantel blanco.

o:

El mundo cabe en una bolsa.

demuestren el menor grado de premeditación. Para mí, es falso pretender que «la mente ha captado las relaciones» de las dos realidades implicadas. Para empezar, no ha captado nada conscientemente. De la unión un tanto fortuita de dos términos ha surgido una luz especial, la *luz de la imagen,* a la que nos mostramos infinitamente sensibles. El valor de la imagen depende de la belleza de la chispa obtenida. Se da en función de la diferencia de potencial entre los dos conductores. Cuando esta diferencia apenas existe, como en la comparación[42], la chispa no se produce. Ahora bien, en mi opinión, no está al alcance del hombre unir dos realidades tan distantes. El principio de asociación de las ideas, tal como lo concebimos, se opone a ello. O habría que volver a un arte elíptico que Reverdy condena como yo. Hay que admitir, pues, que los dos términos de la imagen no los deduce la mente con vistas a la chispa que debe producirse, sino que son productos simultáneos de la actividad que llamo yo surrealista, y que la razón se limita a comprobar y valorar el fenómeno luminoso.

E igual que la duración de la chispa se prolonga en la medida en que se produce a través de gases licuados, la atmósfera surrealista creada por la escritura mecánica que he intentado poner al alcance de todos se presta especialmente

---

[42] Cfr. la imagen en Jules Renard *[N. de Breton].*

bien a producir las más bellas imágenes. Cabe decir incluso
que, en esa carrera vertiginosa, las imágenes figuran como el
único timón de la mente. Esta se va convenciendo poco a
poco de la suprema realidad de dichas imágenes. Al principio se contenta con soportarlas, pero pronto se da cuenta de
que enaltecen su razón, al mismo tiempo que aumentan su
conocimiento. Toma conciencia de las ilimitadas extensiones
donde se manifiestan sus deseos, donde los pros y los contras se reducen sin cesar, donde su oscuridad no lo traiciona.
Avanza, impulsado por esas imágenes que lo fascinan, que
apenas le dejan tiempo de soplar sobre el fuego de sus dedos.
Es la más bella de las noches, *la noche de los relámpagos:* a su
lado, el día es noche.

Los innumerables tipos de imágenes surrealistas exigirían
una clasificación que, hoy por hoy, no me propongo intentar. Agruparlas según sus particulares afinidades me lleva-
ría demasiado lejos; en esencia, quiero tener en cuenta sus
virtudes comunes. Para mí, confieso, la más poderosa es la
que presenta el grado más elevado de arbitrariedad; la que se
tarda más tiempo en traducir a un lenguaje práctico, bien
porque encubre una enorme dosis de contradicción aparente, bien porque uno de sus términos es curiosamente escurri-
dizo, bien porque, aunque promete ser sensacional, parece
deshacerse sin fuerza (cerrando bruscamente el ángulo de su
compás), bien porque deriva de ella misma una justificación
formal irrisoria, bien porque pertenece al tipo de imágenes
alucinatorias, bien porque con la mayor naturalidad presta a
lo abstracto la máscara de lo concreto, o a la inversa, bien
porque implica la negación de alguna propiedad física ele-
mental, o porque provoca risa. He aquí, por orden, algunos
ejemplos:

El rubí del champagne[43]. Lautréamont.

Bello como la ley que detiene el desarrollo del pecho en los adultos, cuya propensión al crecimiento no es proporcional a la cantidad de moléculas que asimila su organismo. Lautréamont.

Una iglesia se erguía estruendosa como una campana. Philippe Soupault.

En el sueño de Rrose Sélavy hay un enano que sale de un pozo para comerse el pan de noche. Robert Desnos

En el puente se mecía el rocío con cabeza de gata. André Breton.

Algo a la izquierda, en mi firmamento adivinado, percibo —pero sin duda solo es un vapor de sangre y de crimen— el brillo deslustrado de las perturbaciones de la libertad. Louis Aragon.

En el bosque incendiado,
los leones estaban fríos. Roger Vitrac.

El color de las medias de una mujer no es necesariamente el mismo que el de sus ojos, lo que ha hecho decir a un filósofo cuyo nombre no cabe mencionar: «Los cefalópodos tienen más motivos que los cuadrúpedos para odiar el progreso». Max Morise.

---

[43] La imagen no es tan surreal como pretende Breton, puesto que el champán, hasta bien entrado el siglo XIX, era preferentemente de color rubí. También llamado «ojo de perdiz», era la bebida preferida de los libertinos de siglo XVIII, como Sade o Casanova.

Se quiera o no, hay material de sobra para satisfacer diversas exigencias de la mente. Todas estas imágenes parecen probar que la mente está madura para cosas más importantes que las tibias alegrías a las que generalmente se entrega. Solo así puede sacar rédito de la cantidad ideal de acontecimientos que lleva dentro[44]. Estas imágenes le dan la medida de su disipación habitual y de los inconvenientes que conlleva. No está mal que al final la desconcierten, pues desconcertar la mente es ponerla ante la evidencia de su error. Las frases que he citado contribuyen a ello en gran medida. Pero la mente que las saborea está segura de que va por *buen camino.* No podría ser culpable de ninguna argucia; nada tiene que temer, pues, ya que, además, se cree capaz de abarcarlo todo.

2.º La mente que se sumerge en el surrealismo revive con exaltación lo mejor de su infancia; es un poco como la certeza del que, ahogándose, repasa en menos de un minuto todos los obstáculos insalvables de su vida. Se me objetará que no es muy alentador. Pero no tengo el menor interés en alentar a quienes me digan eso. De los recuerdos de infancia y de algunos otros emana una sensación de algo no acaparado, a la

---

[44] No olvidemos que, según la fórmula de Novalis, «hay series ideales de acaecimientos que corren paralelos a los reales. Rara vez coinciden; por lo general, los hombres y las circunstancias modifican la serie ideal perfecta, y sus consecuencias son por lo tanto igualmente imperfectas. Tal ocurrió con la Reforma: en vez del protestantismo tuvimos el luteranismo» *[N. de Breton].*
En realidad, Breton extrae la nota del epígrafe del relato de Edgar Allan Poe «Le Mystère de Marie Rogêt» («El misterio de Marie Rogêt») traducido por Baudelaire [ed. cast.: *Cuentos,* trad. de Julio Cortázar, Madrid, Alianza, 1970]. El epígrafe corresponde a uno de los fragmentos del poeta alemán, *Moral Ansichten.*

vez que *extraviado,* que me parece de una extraordinaria fecundidad. Quizá sea la infancia lo que más se acerca a la «verdadera vida»; la infancia tras la cual el hombre, aparte de su propio salvoconducto, solo dispone de algunas entradas gratuitas; la infancia en la que todo concurría a la posesión eficaz, y sin riesgos, de uno mismo. Gracias al surrealismo, parece que vuelven estas oportunidades. Es como si siguiéramos corriendo hacia nuestra salvación o nuestra pérdida. Revivimos en la sombra un inestimable terror. A Dios gracias, no es más que el purgatorio. Cruzamos, temblando, lo que los ocultistas llaman *paisajes peligrosos.* Mis pasos despiertan monstruos acechantes; aún no son maliciosos conmigo, y no estoy perdido, puesto que los temo. Son «los elefantes con cabeza de mujer y los leones voladores» con los que un día temimos toparnos Soupault y yo; y también el «pez soluble» que todavía me asusta un poco. Pez soluble. ¿¡No soy yo el pez soluble, nacido bajo el signo de Piscis y el hombre soluble en su pensamiento!? La fauna y la flora del surrealismo son inconfesables.

3.º No creo en la instauración próxima de un tópico surrealista. Las características comunes a todos los textos de este tipo, incluidos los que acabo de mencionar y muchos otros que solo un análisis lógico y gramatical minucioso podría revelarnos, no se oponen a cierta evolución de la prosa surrealista a lo largo del tiempo. Prueba evidente de ello son las historietas que componen el resto de este volumen y que son el resultado de cantidad de pruebas que he llevado a cabo desde hace cinco años, y que, por debilidad, considero extremadamente desorganizadas. Pero por ello no las considero ni más dignas ni más indignas de mostrar al lector los beneficios que la aportación surrealista proporcionaría a su conciencia.

Por lo demás, deberían propagarse los medios surrealistas. Todo vale a la hora de obtener de ciertas asociaciones la inmediatez requerida. Los papeles pegados de Picasso y de Braque tienen el mismo valor que la introducción de un lugar común en el desarrollo literario del más pulido estilo. Incluso es lícito denominar POEMA a lo que se obtiene ensamblando lo más gratuito posible (fijémonos, si se quiere, en la sintaxis) de títulos y fragmentos de títulos recortados de los periódicos.

POÈME[45]

Un éclat de rire
de saphir dans l'île de Ceylan

Les plus belles pailles
ONT LE TEINT FANÉ
SOUS LES VERROUS

dans une ferme isolée
AU JOUR LE JOUR
s'aggrave
l'agréable

---

[45] «Poema // Una carcajada / de zafiro en la isla de Ceilán // *Las más bellas pajas* / Tienen la tez marchita / Bajo los cerrojos // en una granja aislada / Día a día / empeora / lo agradable //

Une voie carrossable
vous conduit au bord de l'inconnu

le café
prêche pour son saint
L'ARTISAN QUOTIDIEN DE VOTRE BEAUTÉ

MADAME,

une paire
de bas de soie
n'est pas

Un saut dans le vide
UN CERF

L'Amour d'abord
Tout pourrait s'arranger si bien
PARIS EST UN GRAND VILLAGE

Un camino transitable / te conduce al borde de lo desconocido // el café / predica por su santo / El artesano cotidiano de vuestra belleza // Señora, // un par / de medias de seda / no es // Un salto en el vacío / Un ciervo // *Primero el amor* / Todo podría salir tan bien / París es un pueblo grande //

Surveillez

Le feu qui couve

LA PRIÈRE

Du beau temps

Sachez que

Les rayons ultra-violets

ont terminé leur tâche

Courte et bonne

LE PREMIER JOURNAL BLANC

DU HASARD

Le rouge sera

Le chanteur errant

OÙ EST-IL?

dans la mémoire

dans sa maison

AU BAL DES ARDENTS

Je fais

en dansant

Ce qu'on a fait, ce qu'on va faire

Vigilad / Los rescoldos del fuego / La oración / Del buen tiempo // Sabed que / Los rayos ultravioletas / han acabado su tarea *Breve y buena* // El primer diario blanco / Del azar / El rojo será // El cantor errante / ¿Dónde está? / en la memoria / en su casa / En el baile de los ardientes // Hago / al bailar / Lo que se ha hecho, lo que se va a hacer».

Y se podrían multiplicar los ejemplos. Incluso el teatro, la filosofía, la ciencia llegarían a integrarse. Me apresuro a añadir que las futuras *técnicas* surrealistas no me interesan.

Más serias me parecen, como ya he insistido en varias ocasiones, las aplicaciones del surrealismo a la acción[46]. Por supuesto, no creo en la virtud profética de la palabra surrealista. «Es oráculo lo que digo»[47]: sí, *si así lo quiero,* pero ¿qué es el oráculo en sí?[48]. La compasión de los hombres no me

---

[46] Independientemente de las reservas que pueda tener sobre la responsabilidad en general y sobre las consideraciones medicolegales pertinentes en la determinación del grado de responsabilidad de un individuo: responsabilidad total, irresponsabilidad o responsabilidad limitada *[sic],* por difícil que me resulte admitir el principio de una culpabilidad cualquiera, me gustaría saber cómo serán *juzgados* los primeros actos delictivos cuyo carácter surrealista no ofrezca dudas. ¿El acusado será absuelto o solo se beneficiará de circunstancias atenuantes? Lástima que los delitos de prensa ya casi no se repriman, porque podríamos asistir pronto a un proceso del tipo siguiente: el acusado ha publicado un libro que atenta contra la moral pública; algunos de los ciudadanos «más honorables» lo acusan también de difamación; sobre él pesan también todo tipo de denuncias abrumadoras tales como injurias al ejército, incitación al crimen y a la violación, etc. El acusado, por otra parte, se muestra inmediatamente de acuerdo con la acusación para «envilecer» la mayor parte de las ideas expresadas. Se limita a alegar en su defensa que no se considera autor de su libro, ya que este solo puede pasar por ser una producción surrealista, que excluye toda idea de mérito o falta de mérito del firmante, que se ha ceñido a copiar un documento sin emitir su opinión y que es por lo tanto tan ajeno al texto incriminado como el mismo presidente del tribunal. Lo que es verdad sobre la publicación de un libro será un día aplicable a miles de otros actos el día en que los métodos surrealistas comiencen a gozar de cierto favor del público. Entonces será necesario que una nueva moral sustituya a la moral actual, causa de todos los males *[N. de Breton].*
[47] Rimbaud *[N. de Breton].*
[48] Sin embargo, SIN EMBARGO… Habría que saberlo con certeza. Hoy, 8 de junio de 1924, hacia la una, la voz me susurraba: «Béthune, Béthune». ¿Qué quería decir? No conozco Béthune y solo tengo una vaga idea de la ubicación de ese punto en el mapa de Francia; Béthune no me evoca

engaña. La voz surrealista que estremecía Cumas, Dodona y Delfos es la misma que dicta mis palabras menos rabiosas. Mi *tiempo* no debe ser el suyo, entonces ¿por qué me ayudaría ella a resolver el pueril problema de mi destino? Por desgracia, finjo actuar en un mundo en el que, para poder tener en cuenta sus sugerencias, me vería obligado a pasar por dos tipos de intérpretes, unos para traducirme sus frases, otros, imposibles de encontrar, para imponer mi comprensión de las mismas a mis semejantes. En este mundo donde soporto lo que soporto (no quieran saberlo), en este mundo moderno, en fin, ¡demonios!, ¿qué quieren que haga? La voz surrealista quizá se calle, he dejado de contar mis desapariciones. No entraré, ni lo más mínimo, en el maravilloso balance de mis años y mis días. Me pasará como a Nijinsky, a quien llevaron el año pasado al Ballet ruso y no comprendió a qué tipo de espectáculo estaba asistiendo. Me quedaré solo, muy solo dentro de mí mismo, indiferente a todos los ballets del mundo. Lo que he hecho, lo que no he hecho, se lo doy a todos ustedes.

Y, por consiguiente, siento un gran deseo de considerar con indulgencia la ensoñación científica, tan indecorosa, a fin de cuentas, en todos los aspectos. ¿La sin hilos[49]? Bien ¿La

---

nada, ni siquiera una escena de los *Tres mosqueteros.* Habría tenido que ir a Béthune, donde quizás algo me estaba esperando; habría resultado demasiado simple, francamente. Me han contado que en un libro de Chesterton hay un detective que, para encontrar a alguien que estaba buscando en una ciudad, se contenta con visitar a fondo todas las casas cuyo exterior presenta algún detalle ligeramente anormal. Un sistema válido como cualquier otro. De igual manera, en 1919, Soupault entraba en gran cantidad de inmuebles imposibles para preguntar a la portera si allí vivía Philippe Soupault. No se habría asombrado, creo yo, ante una respuesta afirmativa pues habría llamado a su propia puerta… *[N. de Breton].*

[49] «Sans fil» en el original. Sobre el sentido de esta imagen y las traducciones de esta, véase *infra,* p. 168, p. 270 nn. 5 y 6, y p. 316.

sífilis? Como quieran. ¿La fotografía? No tengo inconveniente. ¿El cine? ¡Vivan las salas oscuras! ¿La guerra? Bien nos reíamos. ¿El teléfono? Al aparato. ¿La juventud? ¡Bonitas canas! Traten de hacerme decir gracias: «Gracias». Gracias… Si el vulgo tiene en gran estima las investigaciones de laboratorio es porque estas han contribuido al lanzamiento de una máquina o han descubierto un suero, cosas que cree le interesan directamente. No duda ni un instante que con ello se haya querido mejorar su suerte. No sé exactamente en qué medida las aspiraciones humanitarias entran en el ideal de los sabios, pero no me parece que sean un dechado de bondad. Hablo, por supuesto, de los verdaderos sabios, y no de los vulgarizadores de todo tipo provistos de un diploma. Creo, en este campo como en otros, en la pura alegría surrealista del hombre que, consciente de los sucesivos fracasos de los demás, no se da por vencido, parte de donde quiere y por cualquier camino que no sea el *razonable,* llega hasta donde puede. Tal o cual imagen que tendrá a bien utilizar para señalizar su marcha, y que tal vez le granjee el reconocimiento público, me es, lo confieso, totalmente indiferente. Tampoco me preocupa el material que tenga que usar: sus tubos de vidrio o mis plumillas metálicas. En cuanto a su método, lo considero tan bueno como el mío. He visto cómo trabajaba el inventor del reflejo cutáneo plantar; manipulaba todo el tiempo a sus pacientes. Su práctica difería mucho de un «examen»: *estaba claro que ya no seguía ninguna directriz.* De vez en cuando hacía alguna observación, tomando sus distancias, sin soltar su aguja y mientras el martillo seguía su labor. Delegaba en otros la fútil tarea de tratar a los enfermos. Él estaba totalmente entregado a esa fiebre sagrada.

El surrealismo, tal como lo concibo, afirma con claridad suficiente nuestro *inconformismo* absoluto como para que pueda ser citado, en el juicio contra el mundo real, como testigo de descargo. Al contrario, solo sabría justificar el estado completo de distracción al que esperamos llegar aquí abajo. La distracción de la mujer en Kant, la distracción «de las uvas» de Pasteur, la distracción de los vehículos en Curie, son, a este respecto, profundamente sintomáticas[50]. Este mundo solo está hecho a la medida del pensamiento de un modo muy relativo, y los incidentes de este tipo no son sino los episodios más destacados de una guerra de independencia en la que me enorgullezco de participar. El surrealismo es «el rayo invisible» que un día nos permitirá vencer a nuestros adversarios. «Ya no tiemblas, esqueleto»[51]. Este verano las rosas son azules; la madera es vidrio. La tierra, envuelta en su verdor, me causa tan poca impresión como un fantasma. Vivir y dejar de vivir son soluciones imaginarias. La existencia está en otra parte.

[50] El mundo real no está a la altura del pensamiento. Así explica Breton en qué medida grandes genios como Kant, Pasteur o Curie aparecen instalados en la «distracción». El primero en su soltería; el segundo, de acuerdo con una anécdota contada en libros de principios de siglo sobre la vida de Pasteur, ilustrados para niños, según la cual el filósofo, en una cena, tras insistir en lavar las uvas por estar sulfatadas, él mismo las lavaba, pero se bebía el agua; el tercero al resbalar y abrirse la cabeza contra la rueda de un vehículo, absorto como estaba en sus pensamientos (cfr. Marguerite Bonnet en André Breton, *Œuvres complètes*, I, Gallimard 1988, p. 1364).

[51] Expresión que se atribuye al mariscal de Turena (1611-1675) para darse valor en el campo de batalla. Según la leyenda, y tal como señala Bonnet, Turena habría añadido: «Y temblarías aún más si supieras adónde te llevo», al lanzarse al combate.

Cien años después

I. El *Manifiesto del surrealismo* en la trayectoria de André Breton

El recorrido que se describe a continuación a través de las páginas del *Manifiesto* toma como punto de partida algunos apuntes biográficos de André Breton que redundan en su declaración de principios en torno al surrealismo.

¿Quién era André Breton antes de 1924? Nace en 1896 en Tinchebray (Orne), no se sabe bien si el 18 o el 19 de febrero. El acta de nacimiento corresponde al 19, y otra razón para considerarlo es, según pensaba Breton, que esta fecha entraba ya en el signo del zodiaco de Piscis, cuando en realidad el cambio se fija en el día 20. Nacido el 18 sería aún Acuario. Y fuentes cercanas a su persona, así como testimonios del propio Breton preferirían en determinados momentos situar su venida al mundo ese día 18, de acuerdo con su horóscopo: ascendente Libra, Saturno y Urano en conjunción, Marte y Venus en conjunción, Júpiter en el centro del cielo. Puede retenerse de este hecho el interés de Breton por la astrología, y el descontento del poeta con su horóscopo.

Más tarde su familia se instalará en Pantin (París) en donde asiste a la escuela pública. Siempre conservará un especial recuerdo de los cuadernos con ilustraciones en color. En este soporte redactará sus historietas reunidas en *Poisson soluble (Pez soluble)*.

Si, como se dice en el *Manifiesto,* la infancia es el tiempo de la imaginación reinante, el más cercano a lo que puede considerarse la «verdadera vida», Breton no habla de paraíso perdido ni mitifica la infancia biográfica. En su caso más bien podría deducirse que no gozó de unos años felices en este periodo de su vida. Pero, según él, incluso una niñez torturada puede vislumbrar, a través de recuerdos o impresiones, la posibilidad de una existencia diferente. Breton no habla de su infancia. Este silencio autobiográfico parece obedecer a un principio de universalidad que guía su pensamiento poético. Un pensamiento que supera la individualidad. Ciertos detalles sobre sus primeros años pueden deducirse de sus escritos: sus vacaciones en Bretaña, lugar privilegiado de su geografía, en compañía de su abuelo, un bretón taciturno pero buen narrador, que le iniciará al conocimiento de las plantas. Breton no es hombre de un lugar geográfico concreto. Su inclinación bretona será cultural: es el país legendario de la «materia de Bretaña medieval», y su mitología le hace presentir la fuerza de emancipación que subyace en un imaginario gestado antes de la romanización y el cristianismo. Tampoco es hombre de mar ni de aventuras lejanas. Cuando le preguntan qué quería ser de mayor, en ningún momento se veía en una carrera de oficial de la Marina. Breton se va definiendo como hombre de viaje interior. Más que atraída por las lejanías, su sensibilidad se reconoce en la vegetación forestal: el musgo, la madreselva, los helechos. Breton es un hombre del bosque. Y su curiosidad por las plantas solicita a su vez el gusto por los insectos, las piedras. Despiertan su mirada fascinada por la belleza natural y las sensaciones que le procura. Como dice en *Les Champs magnétiques (Los campos magnéticos):*

> *[…] j'ai commencé à aimer les fontaines bleues devant lesquelles on se met à genoux. Quand l'eau n'est pas troublée*

[...] on voit jaillir des pierres les parcelles d'or qui fascinent les crapauds[1].

Por supuesto estas impresiones infantiles que se plasman en una escritura formada y que transmiten vivencias, sensaciones, despertares de la imaginación, se suman a las procedentes de las primeras lecturas de la edad escolar acompañadas de ilustraciones de libros y cuadernos, decisivas en la formación de una sensibilidad poética. Desempeñan un papel fundamental, por ejemplo, las aventuras de Rocambole, personaje literario, aventurero y ladrón creado por Alexis Ponson du Terrail, escritor francés del siglo XIX. Representan la transición entre la novela gótica y el folletín. Hoy bastante olvidado, se mantiene vigente el carácter extraordinario, exagerado, fantástico de dicha figura en el adjetivo «rocambolesco». Por otra parte, el Oeste americano, con sus Pieles Rojas, nutre la personalidad infantil de la época, proporcionando modelos de heroicidad y libertad. Pero en el caso de Breton, también la calle. Por ser hijo único y en tanto que su madre era de temperamento autoritario, nada amable, se le impide salir a jugar con los chicos del barrio. Marcado por estas limitaciones durante su primer contacto social con el mundo, puede hablarse de una infancia solitaria.

De los años del bachillerato en el colegio de Chaptal, Breton solo retiene su opacidad, el aburrimiento de las clases, la incomprensión de los profesores, con algunas excepciones que le permitieron descubrir a Baudelaire y Mallarmé, y sopesar las posibilidades del uso de las palabras. Fue buen alumno con excelentes resultados en francés, en histo-

---

[1] «[...] empecé a apreciar las fuentes azules ante las que hay que arrodillarse. Cuando el agua no está revuelta [...] se ve surgir de las piedras parcelas de oro que fascinan a los sapos».

ria y en alemán. En relación con esta lengua más de una vez visitó la Selva Negra. Un poema con este título es mencionado en el *Manifiesto*.

> *FORÊT-NOIRE*
>
> *Out!*
>
> *Tendre capsule etc. melon*
>
> *Madame de Saint Gobain trouve le temps long seule*
> *Une côtelette se fane*
> *Relief du sort*
> *Où sans volets ce pignon blanc*
> *Cascades*
> *Les schlitteurs sont favorisés*
>
> *Ça souffle*
> que salubre est le vent *le vent des crémeries*
>
> *L'auteur de l'Auberge et de l'Ange Gardien*
> *L'an dernier est tout de même mort*
> *À propos*
>
> *De Tubingue à ma rencontre*
> *Se portent les jeunes Kepler Hegel*
> *Et le bon camarade!*[2].

---

[2] «Out! / Tierna crápula etc. melon / A Madame de Saint Gobain sola se le hace el tiempo muy largo / Una chuletilla se marchita / Relieve de la suerte / Donde sin postigos ese frontón blanco / Cascadas / Donde se favorece a los patinadores / Sopla / *qué saludable es el viento* el viento de las queserías / El autor del Albergue del Ángel de la Guardia / Acabó muriendo el año pasado / A cerca / De Tubinguen a mi encuentro / salen los jóvenes Kepler Hegel / y el buen camarada».

Este poema aparece en *Mont de piété (Monte de piedad)* señalado con un asterisco que indica: «habla Rimbaud». Se refiere al verso tipográficamente distinto en la composición y que dice «qué salubre es el viento», cita de otro poema rimbaldiano, uno de los preferidos de Breton, y sobre el que se volverá más adelante, «La rivière de Cassis» («El río de Cassis»).

Son varias las razones que se imponen en esta cita. Por una parte, es la primera alusión a Rimbaud en el *Manifiesto,* precisamente en lo que la escritura poética parece tener de común con el desarrollo del pensamiento inconsciente. En el discurso incoherente de «Selva Negra», las elipses, locuciones, citas, palabras sueltas, confluyen diferentes elementos que reflejan la idea del lirismo de Breton en 1919. Cabe resaltar la continuidad entre la vida propia y la poesía al partir de un paisaje común, vivido e imaginado. El poema recuerda la confrontación de Rimbaud y Verlaine cuando los dos poetas estaban en Stuttgart. Pero más interesante aún es que se refiera a un momento crítico en la vida de Rimbaud; cuando el poeta sopesa dedicarse a la escritura u orientarse a otras cosas más serias: la astronomía de Kepler, la filosofía de Hegel o el saber histórico y literario del poeta romántico Uhland («el buen camarada»), interpretación posible por su referencia a la Universidad de Tubinga, de donde procedían estos autores.

Breton aquí se identifica con Rimbaud a la hora de marcar la orientación de su vida.

Consigue atenuar los sinsabores de la adolescencia entablando amistad con Théodore Frankel, hijo de emigrados rusos socialistas. Los dos se inclinan por la poesía y escriben versos. Breton también se interesa por la filosofía y descubre las artes plásticas: Gustave Moreau, Bonnard, Vuillard y los primitivos. En esto puede reconocerse un interés paralelo por la escritura y la creación artística. Comparte desde muy pronto con Baudelaire el culto por las imágenes. Visita exposiciones, museos y galerías. A la vez, responde políticamente a las manifestaciones de la primavera de 1913 contra la ley de un servicio militar de tres años, organizadas por la Confederación General del Trabajo (CGT) y el Partido Socialista, y simpatiza con las oposiciones revolucionarias y el anarquismo.

Breton es receptivo a las ideas que se divulgan a principios de siglo y determinan el clima previo a la guerra. Pero él mismo reconoce no tener en esos momentos una conciencia política determinada e ignorar tanto las teorías del anarquismo de Bakunin como las del socialismo de Marx. Tampoco verá en la guerra el resultado de los enfrentamientos imperialistas; tampoco están entre sus intereses las discusiones sobre los medios de lucha para cambiar la sociedad, la necesidad de organización ni el movimiento sindical. Sin embargo, uno de los pocos recuerdos de su juventud es particularmente revelador: la visita a un cementerio en el que descubre, entre los monumentos funerarios, la simple lápida de granito y letras en rojo con las palabras de Louis Auguste Blanqui: «Ni dios, ni amo», título de una revista suya creada en 1880 y, después, lema de los anarquistas franceses.

La divisa lapidaria encuentra un eco en su persona y responde ya al sentido de la rebelión que acompañará siempre al creador del surrealismo.

Nietzsche y Stirner, el individualismo absoluto, la necesidad de la destrucción, forman parte del contexto intelectual del Breton adolescente. Mucho más tarde admitirá cómo, antes de su definición, cuando solo se trataba de un grupo de individuos de acuerdo en su rechazo a las presiones sociales y morales del momento, el surrealismo estaba ya en el «espejo negro» del anarquismo.

Con respecto a sus aficiones literarias, ya se ha indicado, es Mallarmé quien lo marca a sus diecisiete años. Le impresiona el erotismo velado de su poesía, la construcción innovadora tanto sintáctica como tipográfica de la obra *Un coup de dés (Un golpe de dados)*. Antes de 1914 entra en contacto con Paul Valéry e inicia una correspondencia con Apollinaire. Entre tanto ha decidido estudiar medicina. Cuando estalla la guerra se encuentra en Lorient. Escribe entonces a su amigo Fraenkel sentirse «dolorosamente emocionado por el asesinato de Jean Jaurès» y juzga ridículo el entusiasmo beligerante. Es incorporado a un regimiento de artillería en el que permanecerá cuatro meses tras los cuales es enviado a Nantes como enfermero militar. Allí conoce a Jacques Vaché, en 1916, internado en el hospital donde se recupera de una herida en la pierna. Le fascina la personalidad de este joven pelirrojo, rebelde y despegado de todo, continuador de Alfred Jarry creador de la patafísica, ciencia que intenta teorizar la deconstrucción de lo real y su reconstrucción por medio de lo absurdo. Jacques Vaché representa un paso decisivo en la evolución poética de Breton. Y también un giro en su pensamiento. Jacques Vaché no deja de ser un misterio en el fundador del surrealismo. En el momento de su desaparición, en 1919, por accidente o suicidio a causa de una sobredosis de opio, Breton nunca dudó de la segunda solución. Vaché le decía en una de sus *Lettres de guerre (Cartas de guerra)*: «En tiempos de guerra, me opongo a que me maten». Pero no deja de ser un personaje enigmático. Breton transmite de él una imagen desencarnada, teatralizada. No habla de su vida de grupo en Nantes, grupo lector de grandes poetas, aficionado al esoterismo, a las cuestiones del lenguaje, ni de su clarividencia en torno a la emoción artística vinculada a la infancia y al primitivismo, puntos estos que contienen los principios del surrealismo. André Breton en el *Manifiesto del surrealismo* escoge para él la mejor de las definiciones: «Jacques Vaché es surrealista en mí».

Admitido en el Centro neuropsiquiátrico de Saint Dizier, considera orientar su carrera como psiquiatra tras leer diferentes obras que le llevan hasta Freud. A partir de entonces profundiza en el tratamiento de la locura y su poder creativo. Contactos con otros poetas van perfilando su idea del lirismo, su apertura a la sensibilidad y belleza modernas. En esa época, después de la guerra, escribe a Tristan Tzara y lee entusiasmado el *Manifiesto dada*. Se consolida en él también la práctica de una escritura automática, cuyo ejercicio con Philippe Soupault se plasma en la publicación de *Les Champs magnétiques (Los campos magnéticos)*. Es el momento de gran dinamismo en torno a experiencias, espectáculos, representaciones de obras de teatro, sesiones de hipnotismo con Robert Desnos. En el *Manifiesto* se remite a dichas experiencias relatadas en el estudio «Entrada de los médiums» (1922) que aparecerá en su publicación *Les Pas perdus (Los pasos perdidos)*. Es un periodo de tensiones. En contra de la opinión de Desnos, y asustado por las consecuencias incontrolables que desatan, Breton decide espaciar los encuentros hipnóticos. Las discusiones sobre la legitimidad del trabajo literario o periodístico suponen otro de los desacuerdos.

Si en un primer momento Breton se suma a Dada compartiendo su insurrección contra los valores de la sociedad burguesa y simpatizando con su espíritu provocador, alimentado a la vez por la recuperación de Lautréamont y su revelación poética sin precedentes, las visiones diferentes del papel del arte en la sociedad provocan la ruptura. Breton acusa al dadaísmo de destruir sin construir, de no proponer nada concreto, mientras que los surrealistas quieren una verdadera acción.

En esta fase de tumultos y acusaciones en el grupo, Breton multiplica sus encuentros con pintores. Francis Picabia le causa una gran impresión por su inteligencia y humor, y en el arte, su deseo de movimiento. Autor de un *Manifiesto ca-*

níbal, Breton se prestará a leerlo a la vez que los de Tzara en las reuniones en torno a la actividad surrealista. Al mismo tiempo que se aleja de Dada, Breton sigue interesándose por «el espíritu nuevo», una idea aún en formación y que acoge diferentes proyecciones y muy diversas. Convoca un «Congreso internacional para la determinación de las directrices y la defensa del espíritu moderno» que enfrentará a Tzara y Breton, conflicto que será recogido en «Après Dada» («Después de Dada», en *Los pasos perdidos,* febrero de 1924).

Volviendo a la exploración del lenguaje semiconsciente en las sesiones con los médiums, es preciso vincular el texto citado a la moda del espiritismo en 1922. Pero más que a la comunicación con los muertos, en esas sesiones el grupo surrealista presta atención al discurso liberado de la razón en él pronunciado y a la naturaleza de dicho discurso. Se trata para Breton de una especie de *dictado mágico,* ecos de lo que podría tomarse como una conciencia universal o mensajes escapados de una «boca de sombra», imagen inspirada en Victor Hugo.

También en *Los pasos perdidos* se atiende a la conferencia pronunciada por Breton en el Ateneo de Barcelona el 17 de noviembre de 1922, «Caracteres de la evolución moderna», en la que intenta hacer balance sobre los valores que dirigen su proyecto. Prolongando el «Espíritu nuevo» de Apollinaire apunta a la compatibilidad entre las ciencias y el espíritu poético, y a la continuidad entre ideas y sensaciones. Elogia particularmente a Picasso como ejemplo entre la cohesión del pensamiento y la vida, como representante de un arte «fuera de la ley». Y condena sobre todo la literatura de análisis psicológico, idea también decisiva en el *Manifiesto.*

En cuanto a la segunda impresión de este escrito, en 1929, hay que mencionar la *Lettre aux voyantes (Carta a las videntes),* escrita en 1925, e introducida en esa nueva edición entre el *Manifiesto* y *Pez soluble.*

Pez soluble

Para el fundador del surrealismo *Pez soluble* consiste en una ilustración poética de la teoría expuesta en el *Manifiesto* publicado en 1924 y concebido como declaración oficial del movimiento. Los textos en él comprendidos fueron escritos entre 1921 y 1922, y utilizan como soporte unos cuadernos escolares. La práctica de la escritura automática que caracteriza esta composición es difícil de calificar, pues, como en *Los campos magnéticos,* varía de un texto a otro y en el interior de cada «historieta».

Pez soluble se presenta vinculado a Piscis, signo de Breton según lo declara él en el escrito. Hace circular la idea de una disolución del hombre en el pensamiento poético, real. El lenguaje se organiza de acuerdo con ese fluir de los mensajes del inconsciente, sin limitaciones de forma, ni sustancia, ni lógica. A pesar de esta libertad total de la escritura, los textos dialogan entre sí, se reconocen en los grandes temas de la poética de Breton: la mujer, el deseo, el amor, el sueño, el mito.

En la enunciación del *Manifiesto* ni el amor ni la mujer merecen especial atención. En *Pez soluble,* sí. La figura responde a una caracterización propia de la época: es la mujer hada, maga, misteriosa y deseable. Breton dice haberse inspirado en Gustave Moreau.

La mujer es ante todo presencia femenina en el mundo, estrechamente unida a la naturaleza, permeable, mediadora entre el hombre y las cosas. Estos atributos se expresan con un lenguaje poético de la fluidez, la transparencia, teñida de erotismo y ensoñación animal y vegetal. Es el mundo del satén, la seda, el terciopelo, ya sean césped, corcho o ceniza; de la avispa, la mariposa, la estrella de mar o la luciérnaga, las conchas, las algas, así como la feminización del agua: nieve, lluvia, cascada, fuente.

Julien Gracq, escritor y amigo de Breton, incluye entre sus preferencias literarias una composición suya, unas páginas, según dice, que sorprenden por su ligereza contagiosa. Propone el texto n.º 13 para percibir con especial nitidez dicho dinamismo poético. Una joven, temiendo que los hombres la sigan, se maquilla con tiza, una brasa de carbón y un diamante verde:

> *Dans son lit, après avoir soigneusement rejeté les draps de coque d'œuf, elle plissa sa jambe droite de manière à poser le talon droit sur le genou gauche et, la tête tournée du côté droit, elle s'apprêta à toucher du charbon ardent la pointe de ses seins autour de laquelle se produisirent les choses suivantes: une sorte de halo vert de la couleur du diamant se forma et dans le halo vinrent se piquer de ravissantes étoiles, puis des pailles donnèrent naissance à des épis dont les grains étaient pareils à ces paillettes des robes de danseuses[3].*

Que *Pez soluble* sea ilustración del *Manifiesto,* o lo contrario, ya sea el primero materia e inspiración del segundo o a la inversa, se deja percibir en este texto concreto, el n.º 13. Un

---

[3] «En la cama, tras echar cuidadosamente a un lado las sábanas de cáscara de huevo, dobló la pierna derecha de forma que el talón se posara en la rodilla izquierda, e inclinada la cabeza hacia la derecha, se dispuso a tocar las puntas de sus pechos con la brasa del carbón entorno a lo cual se produjo lo siguiente: se formó una especie de halo verde del color del diamante y en el halo se engancharon fascinantes estrellas, y luego unas pajitas dieron lugar a espigas cuyos granos eran similares a esas lentejuelas de los trajes de las bailarinas».

ejemplo de continuidad entre ambos escritos la proporciona la figura del cuento de *Piel de Asno,* motivo en torno a la infancia, al que hace referencia el *Manifiesto.* Si enlaza con el cuento de Perrault en cuanto a la relación de los niños con lo maravilloso, lo hace criticando a La Fontaine y su composición «El poder de las fábulas», cuya moraleja apunta a la eficacia superior del cuento sobre todo discurso serio a la hora de persuadir a un auditorio; y que los adultos son como los niños, que necesitan cuentos para distraerse. Breton considera en cambio que ese privilegio es exclusivo de la infancia. Por ello, requiere que se escriban cuentos para adultos, no desprovistos empero de componente irracional, al contrario, pero que estarán tejidos por arañas aún por llegar. Dichos cuentos serán «casi azules»[4], es decir, fantásticos, en todo caso composiciones que despierten la imaginación.

Pues bien, a dichos cuentos corresponden las historietas de *Pez soluble.* Y la prolongación de *Piel de Asno* de Perrault se procura en el texto escogido. La muchacha del *Pez soluble,* tras lanzar el diamante de su maquillaje contra la ventana, muerde las varitas de tiza y estas escriben en la pizarra de la boca la palabra amor. Convertido todo en un pequeño castillo de tiza, se lo come, después de lo cual se echa por los hombros un manto de petigrís y, calzándose con dos pieles de ratones, se dispone a bajar la escalera de la libertad.

Es evidente que en este escenario de cuento también está Cenicienta, calzada, no con zapatos de cristal, sino con zapatos de piel[5].

---

[4] Sobre los «cuentos azules», véase *supra,* p. 33 n. 19.

[5] En el núcleo de la polémica sobre el material de los zapatos de Cenicienta, de cristal o de piel, está la homofonía en francés entre *«vair»* (piel), y *«verre»* (cristal). Según las diferentes versiones e interpretaciones del cuento autores o comentaristas se decantan por una u otra forma.

La visión mágica del universo poético de *Pez soluble* no aparece tan clara a los ojos de Marguerite Bonnet, a quien seguimos básicamente en este estudio. El examen de los personajes los diluye en una especie de nebulosa que raramente se detiene en atributos físicos; son seres vagos que planean en un espacio incierto. En la observación de la temática dominante, si es cierto que el protagonismo se reserva al campo amoroso, a la mujer, el tratamiento es ambivalente en cuanto a la parte de sombra que conlleva. Parece que con el tiempo Breton manifestó cierto rechazo a *Pez soluble.* Conversaciones con sus allegados confirman su rencor y alejamiento del libro. Manteniéndose fiel a los principios que no deja de ilustrar, esta obra le llega a resultar indigerible (como cuando, de niño, comía demasiadas hojas de acacia).

No hay que perder de vista que, para el escritor, este texto es una forma de probar el funcionamiento de la escritura automática. En ella se mezclan reminiscencias culturales, históricas, legendarias, recuerdos de poetas, elementos todos interiorizados en su memoria. Preciso es señalar el poder germinador del lenguaje: contaminación fonética, asociaciones semánticas, construcciones analógicas, todo ello configurando un proceso de transformación que especifica el automatismo de dicha escritura. Este pone en evidencia el sueño en que se basa: la agilidad total, la capacidad de escapar a los problemas de la forma y la sustancia de lo que se enuncia. Y lo que le interesa a Breton es el «proceso», el estímulo que empuja dicho ejercicio del sueño.

En su libro *Le Surréalisme et le rêve (El surrealismo y el sueño),* Sarane Alexandrian aporta una tercera opinión basándose en el malentendido que el texto representó en el momento de su publicación, eclipsado por el *Manifiesto,* eclipsado a la vez por *Los campos magnéticos* en cuanto ejercicio de escritura automática. La autora subraya, para su consideración, por una parte, el rechazo de Breton a los recursos literarios y, por otra, derivada de la anterior, la intención de captar, como ya se ha indicado, una escritura onírica «en acción», lo que hay que vincular a las observaciones de Freud en el análisis de los sueños. Así, Alexandrian propone su método de lectura, reteniendo procedimientos de la actividad del inconsciente tales como la condensación y desplazamiento de las imágenes y las palabras, su rechazo o su represión en la escritura espontánea. De forma que, mucho más que una práctica del sinsentido y de la incoherencia que permitía la liberación del lenguaje, el *Pez soluble,* su lirismo, revela en su funcionamiento una síntesis poética de operaciones psíquicas.

Manifiesto del surrealismo

¿Qué circunstancias precisas llevaron a Breton a decidir transformar el prefacio de unos textos de escritura automática en un manifiesto? Unas se relacionan con sus contactos con el grupo; otras, en torno a la propia noción del término «surrealismo». La elección del manifiesto obedece a una voluntad de principios, y es una voluntad ofensiva. Habla de un momento en que la iniciación de la aventura emprendida necesita fijarse, saber con quién y con qué cuenta. Es ya la voz de una personalidad de indiscutible autoridad y seguro de su empresa, pero consciente también de que tiene que seguir buscando.

El *Manifiesto* no llevó a la creación del grupo surrealista. Ya se había gestado un núcleo en torno a la revista *Littérature* y el final de Dada. 1924 no supone una ruptura con las actividades llevadas a cabo en 1922. Pero sí que cumple una función dentro del grupo. Por muy entusiastas que sean los momentos poéticos vividos o las exploraciones mediúmnicas, la vida del grupo se desgasta. Por momentos cunde la desmoralización. El excesivo aislamiento social, la marginalidad radical y la penuria económica de que dependen sus miembros plantean la necesidad de colaboraciones con revistas u otras formas que den salida a una situación insostenible. A pesar de ello, la actividad literaria se condena más que nunca como sumisión al orden social. Breton y sus amigos viven la contradicción de respetar sus principios y solo contar con la escritura para defenderlos. Breton se siente superado por los conflictos, pero nunca cuestiona desconvocar al grupo, sin duda incapaz de verse solo en un mundo inaceptable, incapaz también de vivir sin estar rodeado de gente. De ahí su deseo de reanimar la actividad colectiva a través de un proyecto más concreto y que no se base tan solo en el rechazo de la realidad circundante. La idea del *Manifiesto* permite aclarar la posición de unos y otros cara al proyecto común.

También se hace necesario definir lo que se entiende por «surrealismo», otro elemento susceptible de reforzar la actividad del movimiento. Se asimilaba en torno a 1920 a la creación verbal espontánea, y se atribuye su primera utilización a Guillaume Apollinaire en su prefacio a la obra de teatro *Les Mamelles de Tirésias (Las tetas de Tiresias)*. El autor, para explicar su propuesta de un arte nuevo, escoge una imagen: para inventar otra forma de andar el hombre crea la rueda, muy diferente de la pierna, y sin saberlo hace «surrealismo».

Breton utiliza la denominación en la «Entrada de los médiums», en 1922, designándolo como una actividad general del espíritu cuyo campo de acción no está aún bien definido. Pero en 1924 estalla la querella, y esto es precisamente lo que favoreció la cristalización del contenido del término en el *Manifiesto*.

La ofensiva parte de varios adversarios de Breton, Picabia, entre ellos, producto de la crisis que se ha ido gestando en el círculo próximo al fundador. Se parodia sobre los «ismos» (simbolismo, cubismo, dadaísmo, surrealismo), etiquetas de los distintos momentos de la agitación intelectual y artística de la época. La batalla cobra especial relevancia cuando interviene el poeta Yvan Goll. Este reprocha a Breton haberse apropiado del espíritu de Apollinaire, y le acusa de monopolizar el movimiento artístico iniciado por este último. Goll reclama para sí mismo la utilización de la palabra en el prefacio de una obra suya, *Matusalén,* en 1919, y saca una revista de un solo número con el título de *Surrealismo.* La publicación del *Manifiesto* y del primer número de *La Révolution surréaliste* acaban poniendo fin a la polémica y a los ojos del público no queda ninguna duda de atribuir el surrealismo a André Breton.

Sin embargo, a esto hay que añadir que en ese mismo momento Aragon está escribiendo *Une vague de rêves (Una ola de sueños),* en el que define la surrealidad como una relación entre el azar, lo fantástico y el sueño, siendo el surrealismo una forma mental a la que se accede por medio del lenguaje. Hubiera podido ser la referencia de los partidarios del programa en aras de concretización si no hubiera habido un retraso editorial en *Commerce* (2, otoño de 1924) que publica el texto a finales de año, con lo cual será a Breton a quien se lea en primer lugar.

La aparición del *Manifiesto,* ya sea su acogida favorable o no, impone una presencia de Breton y del surrealismo tal como él lo concibe. No solo como una técnica de escritura, sino por la búsqueda de lo maravilloso en su programa. Así lo vería por ejemplo el poeta Henri Michaux, escéptico ante el *Pez soluble,* pero admirativo ante la formulación de un proyecto que incluso si solo accediera a un maravilloso superficial, ya sería un auténtico rejuvenecimiento.

Y es que el *Manifiesto,* como se ha intentado mostrar en un primer acercamiento, no solo pretende llegar a las fuentes originarias de un pensamiento poético. Es mucho más que eso: descubre un horizonte nuevo y conduce a otra idea de la condición humana. Tampoco solo es un atentado contra la razón. El título, por lo pronto, no se corresponde con lo que se expone a lo largo de sus páginas.

Los manifiestos tienen por objeto exponer una doctrina o comunicar ideas revolucionarias. Ejemplos de ello son el *Manifiesto comunista* de Karl Marx y Friedrich Engels en 1848, o el *Manifiesto futurista* del escritor italiano Filippo Tommaso Marinetti en 1909, el *Manifiesto dada* de Tristan Tzara en 1918. En la redacción del suyo propio, Breton no persigue solo la denuncia; apoya sus ideas en poetas que le ofrecen garantías, comenzando por Du Bellay o Jean de La Fontaine como ya se ha visto, pasando por los románticos, Arthur Rimbaud o Gérard de Nerval, directamente precursores del surrealismo.

La defensa de la imaginación y la locura las enfoca el autor como vías de conocimiento. De ahí la ilustración de esta idea con la aventura de Cristóbal Colón, viaje peligroso e incierto pero que desemboca en un descubrimiento. La imaginación no es la facultad de crear ficciones, sino una fuerza mayor que combate la realidad para sobrepasar sus límites. Por ello también su rechazo a la novela, a la descripción y otras técnicas narrativas.

El viaje peligroso e incierto se confunde así pues, en la aventura surrealista, con la búsqueda de lo maravilloso. La fe en la fuerza de la imaginación y del sueño determinan esta noción.

Nadja

El sentido que define la maravilla en el programa surrealista se percibe sobre todo en la narración de *Nadja.* Este libro aparece en 1928 y refleja un momento decisivo en la vida de Breton; hay que situar la entrada en escena de la mujer en 1926 y la revelación que supuso este espíritu apasionado. Acerca de la experiencia real en que se basa la escritura de este texto, se sabe que el personaje de Nadja se inspira en Léona Delcourt. Su personalidad inquietante y la serie de encuentros que tuvieron Breton y ella guían el relato. En ese momento, Breton se había casado con Simone Kahn, a quien había conocido en 1920, y con quien consiguió contraer matrimonio tras superar reticencias de sus convencionales padres pues estos no veían un porvenir seguro para su hija. Breton comenzará a trabajar con Jacques Doucet y, a partir de ese momento, podrán instalarse juntos en la mítica rue Fontaine. No me detendré en otros detalles biográficos, y, sobre Simone Breton, habrá ocasión de volver. Por el momento conviene recordar la actividad de Breton en los años que preceden a la publicación del libro.

El primer manifiesto se publica el 15 de octubre de 1924. Tres días más tarde, Breton participa en la elaboración del panfleto titulado *Un cadavre (Un cadáver)* contra Anatole France, fallecido el 12 de ese mismo mes. Se considera el primer panfleto colectivo surrealista y causó gran escándalo por insultar de manera violenta y subversiva a uno de los grandes iconos de la literatura francesa. Ese mismo año, Breton descubre *Les Demoiselles d'Avignon (Las señoritas de la calle de Aviñón)* de Picasso, que considera no solo una imagen sagrada, sino sobre todo el acontecimiento mayor de principios del siglo xx.

Paralelamente a los intereses poéticos y artísticos que guían al grupo surrealista, hay que señalar su actividad política que detallaré más adelante. Son los años de enfrentamientos a posiciones nacionalistas o pronunciamientos contra la guerra o la represión, del acercamiento al comunismo y de la adhesión al Partido Comunista Francés (PCF) en 1927.

Breton publica al mismo tiempo *Le Surréalisme et la peinture (El surrealismo y la pintura), Nadja,* y el prefacio a la primera exposición de Dalí.

Son años difíciles en los que Breton atraviesa una crisis, desmoralizado por dificultades afectivas debido tanto a sus desavenencias con Simone, su mujer, como por tensiones en el grupo que le hacen ver la situación del surrealismo de una forma pesimista.

Así, la primera frase de un relato autobiográfico que no es una ficción, pero utiliza los recursos narrativos de una creación literaria, dice «¿Quién soy? Si tuviera que referirme a un adagio: en efecto, ¿por qué no se resolvería todo en saber a quién frecuento?». La condensación del pensamiento de Breton se remonta a un refrán: «Dime con quien andas y te diré quién eres» (en francés, *«Dis-moi qui sont tes amis et je te dirai qui tu es»*). Salvo que Breton, en lugar de «a quien frecuento», dice *«qui je hante»:* la fuerza poética de la expresión reside en la palabra *«hanter»,* que pasa de un primer significado de «frecuentar» a la idea de «perseguir», «obsesionar» con la connotación de «encantar», como hablamos de un castillo, una casa, encantados, habitados por fantasmas. Esta pregunta que Breton se formula a través de su vida en sus escritos adquiere un valor más profundo con el tiempo, pero lo que interesa aquí es el cuestionamiento en sí, asociado al hallazgo, al azar.

Lo maravilloso surge de un acontecimiento de toda índole, hace irrupción en la existencia más cotidiana. Nadja es un encuentro fortuito, Nadja, cuyo nombre coincide, en ruso, con el principio de la palabra que significa «esperanza», es eso: un comienzo. Nadja no es más que un personaje literario, por supuesto, pero también más que ella misma: un alma errante que anuncia un futuro claro que ella no vivirá. Una respuesta a la primera pregunta que abre el relato por otra pregunta.

Del «Quién soy» al «Quién vive»: «¿Eres tú, Nadja? ¿Es verdad que el *más allá,* todo el más allá se encuentra en esta vida? No te oigo. ¿Quién vive? ¿Yo solo? ¿Yo mismo?».

La Maravilla es todo aquello que ha jalonado el viaje interior que resumen estas dos preguntas. Todo lo que ha salido al paso desde una disposición atenta, desde una disponibilidad de acogida a lo que es posible; una actitud eminentemente afirmativa del mundo y de la vida. La belleza de la sacudida apasionada ante lo real dotado de esa carga llega a formularse así: «la Belleza será CONVULSIVA, o no será», una de las frases más citadas del surrealismo y con la que se concluye el relato.

José Ignacio Velázquez, en su edición de este libro, nos ofrece algunas claves de la compleja lectura de uno de los textos faro del surrealismo. ¿Puede hablarse de un estilo? Breton adopta un discurso en el que se incorporan a modo de *collage* documentos, ilustraciones, fragmentos de *Los pasos perdidos* o del *Manifiesto. Nadja* podría disolverse en otras obras del escritor, formar parte de *Les Vases communicants (Los vasos comunicantes),* tener cabida en *L'Amour fou (El amor loco)* y hasta en el *Segundo Manifiesto.* El resultado sin embargo impone una coherencia y una unidad que no proceden de la literatura, sino de una sensación de deriva desconcertante. Breton indica querer dar a su texto el tono de un informe clínico, de una observación médica, en concreto neuropsiquiátrica. Pero nada más lejos de una expresión concreta, clara. La obra ofrece toda una serie de formulaciones ambiguas, construcciones polisémicas, digresiones e innumerables referencias culturales, que hacen imposible poder hablar de un lenguaje «clínico».

Esto último enlaza con la intención de Breton de confiar su búsqueda de un nuevo método de conocimiento, no solo a los analistas, sino a los poetas. Si remite a Freud a la hora de cristalizar su pensamiento y sus técnicas de exploración, nunca pretendió ser su discípulo. De Freud retiene el valor del inconsciente con respecto al estado de vigilia, pero su conocimiento de *La interpretación de los sueños* del padre del psicoanálisis es insuficiente. En la actividad psíquica a Breton le importa el papel de los sueños, del sueño. Se fija ante todo en su poder de superar la triste realidad creyendo que otro mundo y otra idea del ser humano son posibles.

Definiciones

La fórmula escogida para captar la belleza, su adjetivo en mayúsculas, «CONVULSIVA», está en paralelo con la función que se atribuye a la imagen poética, otro de los puntos fundamentales del *Manifiesto*. La imagen, de nuevo desde su carácter antiliterario o estético, no puede confundirse con un mecanismo retórico: comparación, metáfora, metonimia, etc. En ningún momento se habla de la elocuencia del lenguaje en el *Manifiesto*. Tratándose aquí de la parte más conocida de este último, esta definición hay que sopesarla en relación con la arbitrariedad que ofrecían las figuraciones del inconsciente, tanto alucinaciones como sueños, liberadas de lógica y control. Breton las compara incluso con las obtenidas por los efectos de la droga: la «imagen estupefaciente». Pero no se detiene ahí. Breton se apoya en la explicación proporcionada por Pierre Reverdy:

> *L'image est une création pure de l'esprit.*
> *Elle ne peut naître d'une comparaison mais du rapprochement de deux réalités plus ou moins éloignées.*

> *Plus les rapports des deux réalités rapprochées seront loin-*
> *tains et justes, plus l'image sera forte, plus elle aura de puissan-*
> *ce émotive et de réalité poétique*[6].

Breton disiente. Mientras que los dos poetas están de acuerdo sobre la espontaneidad de la imagen, en el *Manifiesto,* sin subrayarlo específicamente, no se reconoce que haya una justa medida en la superposición de realidades. Para Breton la fuerza de la imagen reside en su poder de desorientación y de emoción, en el choque que provocan. Para Reverdy, en cambio, dos realidades contrarias no se acercan, se oponen. Una imagen no es poderosa por ser brutal o fantástica. Aquí también se da una divergencia sobre la naturaleza de la emoción poética. Para Breton, el carácter revelador de la imagen y la emoción resultante se vinculan al presentimiento de fuerzas de naturaleza oscura, desconocida y compleja que orientan la relación del sujeto con la realidad. Para Reverdy, la emoción creada por la imagen nace de la creación poética o artística, basada en la relación que el pensamiento establece entre dos realidades semejantes, relación de la que surge algo nuevo.

Insistiendo en la imposibilidad de premeditación que rige el acercamiento de dos realidades, Breton pone de ejemplo las imágenes de Pierre Reverdy:

> *Dans le ruisseau il y a une chanson qui coule*[7]

o:

---

[6] «La imagen es una creación pura del espíritu. No puede nacer de una comparación, sino del acercamiento de dos realidades más o menos alejadas. Cuanto más alejado y justo sea su acercamiento, más fuerte será la imagen, y mayor será su capacidad emotiva y su realidad poética» (*Nord-Sud,* marzo de 1918).

[7] Véase la traducción en *supra,* p. 58.

Le jour s'est déplié comme une nappe blanche[8].

Observa que, en ambos casos, la imagen surge de la relación fortuita entre dos términos y que no hay intervención alguna de la conciencia. Sin embargo, sí puede hablarse de una intervención del pensamiento de la imaginación que relaciona el ruido del agua con una canción, y de ahí que la canción se apropie de la propiedad de fluir.

En el segundo ejemplo, las dos realidades, «el día» y el «mantel blanco», se asemejan en la novedad, limpieza de un día que comienza y limpieza de un mantel recién planchado que se desdobla. Hay una continuidad que se basa en una lógica del imaginario. Más adelante se profundizará en dicho pensamiento analógico que guía la producción poética y artística.

La imagen de la que habla el *Manifiesto* es visual y auditiva, más que lingüística. De hecho, las explicaciones anteriores en este tema se prosiguen con un comentario acerca de la representación visual de un hombre en la ventana, génesis de toda una afluencia de frases, también espontáneas, descontroladas, libres, y que producen al autor un estado de gran satisfacción.

El automatismo desvela el poder generador del lenguaje también en su dimensión acústica, obedeciendo a ese impulso de su emisión espontánea. Superando el campo del sentido, la escritura, en su ruptura con la lógica, en el componente sonoro verbal es soporte de la imagen poética. Y, más allá de la escritura automática, Breton siempre atribuirá a dicha imagen la función liberadora de una construcción guiada por un pensamiento ordenado y controlado.

Pues no hay que perder de vista que el automatismo en Breton es automatismo psíquico, que supera el marco esté-

---

[8] Véase la traducción en *supra,* p. 59.

tico. La idea perseguida es acabar con todos los condiciona-
mientos y procurar la emancipación del espíritu, destruir
todos los restantes mecanismos psíquicos, revelar una nueva
fuerza intelectual que rija la vida del ser humano.

No está de más retomar la definición del surrealismo en
el *Manifiesto*:

> SURRÉALISME: *n. m. Automatisme psychique pur par lequel
> on se propose d'exprimer, soit verbalement, soit par écrit, soit de
> toute autre manière, le fonctionnement réel de la pensée. Dictée
> de la pensée, en l'absence de tout contrôle exercé par la raison,
> en dehors de toute préoccupation esthétique ou morale*[9].

De nuevo asistimos a la condensación de las cuestiones
planteadas en el *Manifiesto:* ¿cómo funciona el pensamiento?, ¿cómo funciona el lenguaje?, ¿qué papel desempeña la
razón?, ¿cómo responde la escritura?, ¿por qué escribir?

La escritura del *Manifiesto* plantea estas cuestiones, pero
ya se ha visto que su sentido se especifica a través de las
prolongaciones del mismo en la obra entera de Breton. Es
un texto teórico y argumentativo que se desarrolla entre dos
discursos: uno científico y otro poético.

Del lado del rigor de la ciencia se localizan la constancia
de la miseria del hombre y su divorcio del mundo y de las
cosas; la posibilidad de superar esta condición gracias a la
imaginación y a los descubrimientos de Freud; los métodos
y medios para conseguirlo; los análisis de ejemplos sacados
de la literatura y la poesía.

Del lado del poético encontramos la afirmación de la
sensibilidad y los sentimientos; y la identificación de la poesía con la imaginación y la disponibilidad a acoger la rea-

---

[9] Para la traducción de la definición, véase *supra,* p. 46.

lidad partiendo de una actitud vital, la del «soñador definitivo».

Breton sitúa su proyecto a mitad de camino entre la ciencia y la pasión de la poesía. La surrealidad se concibe en todos los campos de la esfera humana. Escuchar la voz del inconsciente genera automáticamente un trastorno moral. El poeta surrealista (entendiendo por este a todos los seres de la especie y no solo a aquellos que escriben poemas) debe aceptar ser un incomprendido pues sus posiciones chocarán forzosamente con el mundo que le rodea, pero no por ello debe abandonar su búsqueda. El surrealismo implica el no conformismo y la marginalidad absoluta además de exigir una conversión y adhesión total por parte del individuo. Esta postura, susceptible de atraer toda forma de vida en su dimensión cotidiana, creativa, artística o política, representa una propuesta afirmativa, híbrida e insólita hasta el momento, en la historia y la cultura del siglo xx.

Prolongaciones

En 1929 el *Manifiesto del surrealismo* se vuelve a imprimir. El texto es el mismo, pero en esta segunda edición se acompaña de un prefacio. El frontispicio es ilustrado con una silueta femenina «sin cabeza», de Max Ernst, de quien se publica este mismo año su obra *La mujer 100 cabezas* introducida por André Breton[10].

En el prefacio de esta edición el autor parece distanciado del surrealismo, pero no lo desautoriza en absoluto. Admite el paso del tiempo y su efecto sobre los libros y los hombres.

---

[10]   *«Sans tête»* (sin cabeza) es un homófono en francés de *«cent têtes»* (cien cabezas).

Como ya auguraba en su primer texto, no ha llegado a transformarse en el ser que hubiera querido ser, ni el pensamiento surrealista ha conseguido cuajar totalmente en él. Sin embargo, afirma amar la vida, ser capaz de verla con otros ojos, y si en algún momento le ha venido a la mente acabar con ella, se ha visto retenido por una simple imagen: una lámina del parqué, como de seda, seda tan bella como el agua. Reconoce que la vida nos es dada, sin por ello caer en una meditación religiosa. Y sigue observando en él y su mente todo un mundo de fantasmas, realización de hipótesis, apuestas perdidas imposibles de revisar, razón por la cual renuncia a corregir su primera enunciación, depositando su confianza en la actividad que describía su proyecto, valiosa siempre para quien se entrega a ella, como ninguna otra fuente de energía.

Y en cuanto a la segunda impresión de este escrito se precisa mencionar la *Carta a las videntes,* introducida en esta nueva edición entre el *Manifiesto* y *Pez soluble. Carta a las videntes* puede considerarse una prolongación del *Manifiesto* en la medida en que se presenta de nuevo el surrealismo como el único pensamiento en denunciar la negación de formas de lenguaje contrarias a un espíritu racionalista, como la alquimia o el ocultismo. De ahí su elogio a Nicolas Flamel, su predilección por la videncia en su marginalidad, en su anticlericalismo. La vidente es el contrario luminoso del confesor. Acto de fe en lo maravilloso, como se dice en el *Manifiesto,* este escrito resulta curioso en la trayectoria de Breton, por coincidir con los años de compromiso político del grupo. Pero precisamente es una muestra más de la especificidad del surrealismo, dispuesto a concebir una acción política junto a la exploración de un lenguaje oracular. La vidente es identificada con el poeta. Y es inevitable otra vez hacer hablar a Rimbaud en su carta a Georges Izambard, su profesor de retórica: «*Je veux être poète, et je travaille à me rendre voyant*»[11] (1871).

Entonces ¿cómo situar el *Segundo Manifiesto* con respecto al anterior?

Cabe preguntarse si el autor concibe con él una continuación del publicado en 1924. Esto parece indudable. Sin embargo, tanto el contenido como el tono difieren notablemente. Se ha subrayado en muchas ocasiones la agresividad y el rencor dominantes en la enunciación de sus propósitos.

Ya se ha mencionado la crisis que atraviesa Breton en esta época. Breton es pesimista sobre la situación del surrealismo.

Sus primeras páginas alojan una de las frases más citadas a la hora de afirmar el pensamiento surrealista.

> *Tout porte à croire qu'il existe un certain point de l'esprit d'où la vie et la mort, le réel et l'imaginaire, le passé et le futur, le communicable et l'incommunicable, le haut et le bas cessent d'être perçus contradictoirement. Or, c'est en vain qu'on chercherait à l'activité surréaliste un autre mobile que l'espoir de détermination de ce point*[12].

El *Segundo Manifiesto,* queriendo profundizar y ampliar las ideas del primero, se presenta también como un balance de los cinco años de la actividad surrealista. Breton pensó que la revisión y reajuste de valores era indispensable. No es de las

---

[11] «Quiero ser poeta, me afano en ser vidente».

[12] «Todo induce a creer que en el espíritu humano existe un cierto punto en el que la vida y la muerte, lo real y lo imaginario, el pasado y el futuro, lo comunicable y lo incomunicable, lo alto y lo bajo, dejan de ser contradictorios. De nada servirá intentar hallar en la actividad surrealista un móvil que no sea el de la esperanza de hallar ese punto».

ideas de lo que duda, sino de los individuos. Pone en cuestión el «pacto surrealista». Pues el surrealismo no se reduce a la práctica de la escritura automática o a una postura fiel al marxismo. Como se ha visto anteriormente, es una exigencia muy superior, una exigencia permanente y una aventura espiritual de tal calibre que cualquier desviación puede significar ruptura y exclusión. El discurso de este manifiesto, más que la cuestión política o estética, se plantea desde un punto de vista ético.

En el texto se tiene en cuenta quiénes han fallado en el seno del grupo y se han alejado de la dimensión metafísica de la empresa surrealista. Por una parte, los «literarios» o «literatos», que ignoran el aspecto social; por otra parte, los políticos, que focalizan nada más que la acción guiada por el marxismo oficial. El surrealismo, para Breton, supera tanto una causa como la otra. Desnos, por ejemplo, es alejado por haber devaluado la poesía al utilizar el verso alejandrino, y por dedicarse al periodismo. Breton también se opone a investigaciones sobre los autores del pasado, trabajo del campo de la literatura (sobre si Rimbaud se convirtió al final, o si Sade fue contrarrevolucionario) que nada aportan al proyecto surrealista. Así arremete contra Rimbaud por no haber sido claro, y lograr que Claudel lo reconozca; contra Baudelaire, por invocar a Dios y al demonio; contra Edgar Allan Poe, por convertirse en jefe de la policía científica.

Todo está por hacer, todo es bueno para acabar con las ideas de familia, patria y religión, y la condición surrealista no acepta posiciones acomodaticias. Entre el *Manifiesto* de 1924 y su reedición de 1929, ya se había excluido a algunos de los miembros del grupo (Artaud, Soupault, Vitrac y otros). Breton alude a ello, los juzga y desautoriza al mismo tiempo que se defiende de otras acusaciones según las cuales el surrealismo se limita a ser un juego intelectual.

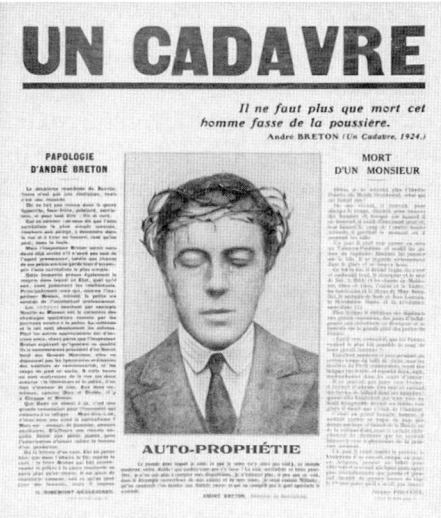

Figura 2. «Un cadáver».

Las declaraciones de cartas, artículos de unos y de otros, la ausencia de argumentos en las discusiones influyó en la decisión del *Segundo Manifiesto.* Otro elemento en favor lo da la publicación de la revista *Documents,* a partir de 1929, animada por Georges Bataille. Por la orientación de la revista y su tono provocador, Bataille aparece como un anti-Breton. Sus presupuestos éticos y filosóficos se apartan de la línea surrealista, y Breton le acusa también de recrearse en lo sórdido, lo abyecto, recordando que el surrealismo debe más que nunca buscarse en la confianza puesta en los poderes del espíritu.

Tras la feroz condena de la mayoría de los miembros del grupo surrealista, estos mismos confeccionarán un panfleto que recuerda al lanzado contra Anatole France, «Un cadavre»

(«Un cadáver»), en el que aparece Breton coronado de espinas, con textos de Ribemont Dessaignes, Jacques Prévert y Raymond Queneau. (Fig. 2)

A pesar de su pertinencia crítica, el nuevo texto reivindicativo y ofensivo del *Segundo Manifiesto* se pronuncia de una manera muy diferente al proclamado en 1924. Este permanece como la referencia mayor del programa del surrealismo y no necesitaba quizá ninguna extensión más. Sin embargo, las vicisitudes del panorama cultural y político del momento justifican y precisan la trayectoria de su autor.

En 1946 aparecerá *Prolegómenos para un tercer manifiesto del surrealismo.*

II. Una aventura espiritual

Romanticismo

Para comprender el contenido del *Manifiesto del surrealismo,* el sentido de la aventura que proclama, la importancia que representa en la evolución cultural, es necesario buscar las raíces que nutren el hecho histórico. Ideológica y socialmente hay que remontarse directamente al siglo xix y a los valores inspiradores del romanticismo. Se han mencionado autores concretos: Baudelaire, Rimbaud por encima de todos. En relación con el surrealismo serían los más claros precursores en cuanto exploradores de un pensamiento y de su relación con el lenguaje poético. Serán ellos los que marquen los pasos de la «Modernidad» en las formas de creación.

Pero es evidente que la concepción del mundo en ese fin de siglo, de la sociedad y de la función del poeta en ella, no puede concebirse sin profundizar en la psicología romántica. Esta, que no se limita a ser una respuesta literaria, asimila presupuestos esenciales de la historia espiritual humana a través de los siglos y que derivan de la confrontación con el destino mortal de la especie. Ante esta evidencia responden las religiones y los mitos, ofreciendo un equilibrio mental y sensible a la condición del ser. Son respuestas imaginarias que compensan la evidencia racional de la limitación de la vida. En ello se basa la necesidad de darle sentido mediante la creación artística y literaria. En ello se basa la necesidad de soñar.

Así pues, los mitos inventan otra forma de situar al hombre en el mundo, otra forma de existir que saque al individuo de su soledad y le permita verse integrado en el conjunto de las cosas. No es cuestión en este estudio de revelar el origen histórico de los mitos inspiradores de la mentalidad romántica, pero sí señalar que sobre su herencia ancestral se inserta un pensamiento diferente propio de su época.

Siguiendo en estas consideraciones a Albert Béguin *(L'Âme romantique et le rêve [El alma romántica y el sueño]),* el romanticismo descubre y renueva los grandes mitos y a la vez descubre los beneficios que las imágenes aportan al equilibrio psicológico. Desde los comienzos de esta tendencia se piensa que son un consuelo para el alma y una afirmación del ser.

El alma es el primero de sus mitos. Ya no es solo objeto de una curiosidad psicológica, sino que se le concede una existencia que se confunde con nuestro propio interior, con el vago recuerdo de unos orígenes desconocidos, una extrañeza transmitida desde tiempos inmemoriales. Exiliada en el tiempo, se acuerda sin embargo y presiente que no pertenece completamente a ese mundo del exilio.

El segundo mito es el inconsciente. El alma considera que el sueño, el éxtasis y toda liberación de los límites del yo, son mucho más ella misma que la vida ordinaria. A través de estos medios se alcanza una comunicación más amplia, realidad cósmica o divina, de condición infinita y espiritual. Se concreta así la superación del aislamiento, de una existencia separada, pues dicha realidad no es individual, sino universal. Este mito es peligroso. Conlleva el riesgo de extraviarse en el viaje interior y perderse en el laberinto. Casi todos aquellos que emprenden ese camino acaban volviendo enriquecidos por la gesta, pero convencidos de que la superación de los límites se paga, y a veces muy caro. La evasión es imposible, pero es imposible también para «el soñador definitivo» renunciar a las señales que traducen el deseo de tal superación.

Y aquí entra en juego el tercer mito romántico: la poesía. El poeta es vidente, llega a lo desconocido. La verdad de la poesía es superior a la verdad histórica. Esta es una idea nueva. El poeta inventará la fórmula que le permita acceder a esas intuiciones de una vida secreta. Con este fin se comprende el tratamiento del lenguaje: sensible a las relaciones que mantienen entre sí las palabras, ritmos, imágenes, se capta una realidad no dominada por el pensamiento de la inteligencia, sino por el pensamiento de la imaginación y la emoción.

En concreto, los mitos del sueño y del inconsciente en la época romántica proceden unos del ocultismo, otros, como en Alemania, directamente de Goethe o de Herder. Una de las interpretaciones más frecuentes de la psicología romántica es vincularla a concepciones de la ciencia moderna. Pero el impulso que anima a los románticos alemanes, y es en estos en los que hay que pensar a la hora de conocer las ideas de André Breton, va mucho más allá. Los valores simbólicos que Novalis busca en el lenguaje de las ciencias, los números, las sensaciones y las imágenes, provienen de una concepción «mágica» del mundo que integra como realidad toda la esfera desconocida y oscura del universo y de la personalidad.

El romanticismo francés hereda en la inspiración literaria dicha conciencia del lado oculto de la realidad y de la vida. Ello significa la dualidad del ser, la condición doble del individuo, y la lucha entre ambos por la afirmación existencial. De Hugo a Baudelaire, este desdoblamiento entre la realidad y el sueño supone la lucha de contrarios entre el hombre y el mundo, el poeta y la sociedad. La identificación con el mito de Prometeo dirige la sensibilidad romántica a querer robar el fuego de la inspiración a los dioses. Los dioses ya no inspiran. El poeta tiene que buscar otros materiales, partiendo de que el verdadero secreto del arte es asumir la realidad. La integridad es el auténtico compromiso, aquel por el que debe luchar el artista. La experiencia de la creación poética se interioriza y se hace una lucha vital con diferentes resultados según los casos. Si la conciliación entre vida y obra es manifiesta en Victor Hugo, consagrado como héroe de las letras, y héroe en el compromiso social, Baudelaire es el poeta «paria», marginal, el poeta maldito y condenado por la comunidad.

Gérard de Nerval inicia esta filiación romántica francesa que se afirma ante todo por aceptar la dualidad a través de la exploración del sueño. *«Le Rêve est une seconde vie»*[1], dice en *Aurélia,* relato de su experiencia entre la enajenación y la cordura y la búsqueda de una solución a través de la escritura. Nerval es heredero directo del romanticismo alemán, que conoce bien y admira. Traduce a Goethe y se impregna de la fascinación que le procuran las leyendas germánicas, así como las mitologías y misterios de la Antigüedad, por los que se interesa con ocasión de un viaje a Oriente. Los cultos esotéricos le apasionan y le confirman en sus ideas místicas, en su creencia en la reencarnación de las almas, de las que el eterno femenino es un ejemplo. Se siente igualmente atraído por las doctrinas ocultistas del siglo XVIII.

Su vida reúne las dos facetas de su persona. La que transmite el trastorno de su razón que le conduce a pasearse por el Palais-Royal llevando una langosta atada con una cuerda y otros actos que motivan su internamiento en una clínica, y la lucidez que le convierte en un autor extraordinario. Conocidos son sus versos del poema «El desdichado»:

---

[1]   «El sueño es una segunda vida».

Je suis le ténébreux, le Veuf, l'inconsolé
Le Prince d'Aquitaine à la tour abolie
Ma seule étoile est morte et mon luth constellé
Porte le soleil noir de la Mélancolie[2].

Inspirado por el retrato de Durero, *La Melancolía* es el ángel con las alas replegadas y meditabundo ante los instrumentos de la ciencia. Junto a la ocultación del sol, refleja el simbolismo renacentista de una nueva condición del sabio y del poeta ante el descubrimiento del mundo y su explicación. Otras figuras arquetípicas ilustran el sueño del poeta: la estrella, la torre, arcanos mayores en el juego del Tarot (inversión de Rota, rueda de la fortuna), que hablan de la mujer perdida y evocan angustia dando más tarde voz, en el poema, a otras portadoras de un sentimiento de salvación. Experiencia de luz y tinieblas, esta representación lleva a evocar el «supernaturalismo» mencionado en el *Manifiesto* como antecesor del surrealismo.

Y más ecos que se hacen patentes: los arcanos, la conciliación de contrarios en el oxímoron «sol negro», permiten reconocer la poética del discurso de Breton.

El supernaturalismo o surrealismo de Nerval son auténticos. Su visión imaginaria no es un artificio literario. Transcribe su aventura poética y su intento de dominar la expansión del sueño en la realidad y acceder a una nueva forma de conocimiento. Lo hace desde la lucidez. Y esto le cuesta la vida. Pues es lo uno o lo otro, y una tensión insostenible. Un día lo encuentran colgado de una farola.

Baudelaire es el siguiente en la filiación romántica y simbolista que basa su creación en la aceptación de una condi-

---

[2] «Soy el tenebroso, el Viudo, el desconsolado / El Príncipe de Aquitania, de la torre caída / Mi única estrella ha muerto y mi laúd estrellado / Lleva el sol negro de la Melancolía».

ción desdoblada entre el sueño y la realidad, entre el hombre y el poeta. Pero aquí es la obra la que cobra todo el peso del otro «yo». Es imposible en este espacio comentar la riqueza de las imágenes simbólicas de Baudelaire. Ya el título de su obra de referencia, *Les fleurs du mal (Las flores del mal)*, se presenta como la unión de dos realidades contrarias a los ojos de la razón. Además de tener que aludir en el autor a su condición de condenado y marginal, habrá que evocar su dimensión de alquimista. El poeta, consciente de la necesidad de la exploración del sueño, de su afán de evasión del mundo real, su búsqueda de lo nuevo, sabe que su misión es dar otra forma y a la vez decir la sórdida realidad. La obra literaria y la experiencia vital se fusionan y justifican la presencia y la acción del poeta en el mundo. El epílogo de su libro se dirige al lector en estos términos:

> *Anges révêtus d'or, de pourpre et de hyacinthe*
> *Ô vous soyez témoins que j'ai fait mon devoir*
> *Comme un parfait chimiste et comme une âme sainte*
> *Car j'ai de chaque chose extrait la quintessence*
> *Tu m'as donné ta boue et j'en ai fait de l'or*[3].

El poeta atribuye a su dedicación un sentido ético, no estético. Aquí tenemos el carácter moral que Breton confiere igualmente al proyecto surrealista. La idea del compromiso en Baudelaire se basa en la integridad del artista.

---

[3] «Ángeles revestidos de oro, púrpura y jacinto / Sed testigos de que cumplí con mi deber / Como el alquimista, y como un alma santa / De toda cosa extraje quintaesencia / ¡Solo se me dio barro y lo convertí en oro!».

Rimbaud

Pero siguiendo con la herencia romántica en lo que atañe a la exploración del sueño, Rimbaud es sin duda referencia absoluta del surrealismo. Lo que fascina en el caso de este poeta es su adolescencia, su juventud, el hecho de haberlo visto «todo» a los diecisiete años. En un momento del *Manifiesto* se afirma, a pesar de la fascinación por las fuerzas sobrenaturales inspiradoras de la poesía, no creer en la verdad profética de la voz surrealista. Pero se detiene en la fórmula de Rimbaud: «C'est oracle, ce que je dis»[4], extraída de su poema «Mauvais sang» («Mala sangre»). El oráculo que dice pronunciar Rimbaud se refiere a la anulación de la vida espiritual de épocas anteriores por el triunfo de la ciencia y el progreso en su presente y cara al futuro. En la civilización moderna el poeta no ha encontrado su lugar, no le queda más opción que marcharse, viajar muy lejos, ir a vivir entre pueblos primitivos. Breton se identifica con el poeta en la dificultad de integrar el mundo moderno, aunque no de una forma tan radical como se está viendo a través de su evolución poética, pero sí habla de un tiempo, el suyo, impulsado por la voz surrealista, voz equivalente a la de las profecías de las sibilas o de los oráculos (Cumas, Dodona o Delfos) de la antigua Grecia, y que, como esta última, un día callará. Con respecto a la integración en el mundo moderno es evidente que la elección de Breton se inclina por la aceptación y poetización del presente, siguiendo en esto la postura rimbaldiana del «Il faut être absolument moderne»[5], pero sin renunciar a la palabra. Precisamente en el *Manifiesto* integra el poema con el que se cerraba la composición *Monte de piedad* titulado «Corset mystère» («Corsé mis-

---

[4] «Es oráculo lo que digo».
[5] «Hay que ser absolutamente moderno».

terio») compuesto de frases hechas, reclamos, poesía urbana con cuyas metáforas pretende ir más lejos que Apollinaire. A la vez se ve distanciado de la seudopoesía cubista que pretendía implantarse en aquella época, pues a pesar de adoptar la libertad en la disposición de líneas y espacios, no se identificó nunca con el poema objeto ni con el juego de sorpresas y rupturas en el lenguaje poético. Breton intenta dar una vida más profunda y misteriosa a la intervención del azar. Entre Mallarmé y el entusiasmo por nuevas vías como la inspiración en la publicidad, Breton no duda en suplantar la conclusión de su antecesor: «*Au fond le monde est fait pour aboutir à un beau livre*»[6] (1891), por la enunciada en el *Manifiesto* según la cual todo culminaría, no en un hermoso libro, sino en una bella frase de reclamo. El reclamo debía suplantar al poema y acabar con él. La poesía, en este sentido, se percibe como la muerte del arte por el arte. No está lejos de las conclusiones de Rimbaud desde luego, pero la lucidez de este último ante su tiempo y el lugar de la poesía en él le empujan a la decisión de romper con todo, definitivamente, no solo con la sociedad, sino con toda una civilización y, por supuesto, con la literatura y, aún más, con toda teoría. Quizá sea este último punto en el que los dos autores dejan de identificarse. Sin darle la mínima importancia cuando se le preguntaba a Rimbaud por la poesía, allá instalado en África, decía simplemente y con una actitud desdeñosa: «Yo ya no me ocupo de eso». Su distanciamiento de las modas y normas ya se percibían en la pintura *Un coin de table (Un rincón de la mesa)* de Fantin de la Tour. El gesto del poeta es significativo por la marginalidad y a la vez convencimiento propio en el seno del grupo parnasiano (Fig. 3).

El silencio de Rimbaud ha hecho correr muchos más ríos de tinta que sus propios versos. Traduce el fracaso de la escri-

---

[6] «En el fondo, el mundo está hecho para acabar siendo un hermoso libro».

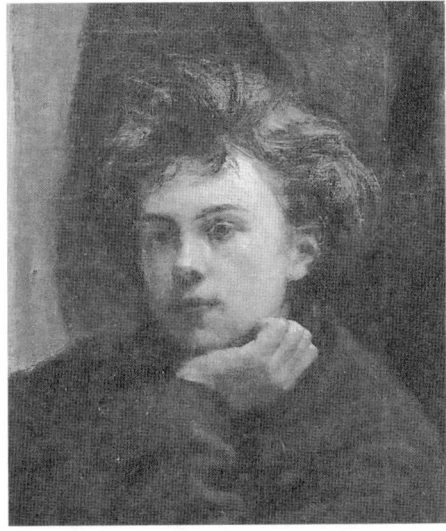

Figura 3. Rimbaud, *Un rincón de la mesa,* de Fantin La Tour.

tura a la hora de superar la doble condición del ser humano. El sueño de Rimbaud se inspira en el mito de Ícaro, que, deseando volar tan alto, vio cómo el calor del sol derretía sus alas de cera y cayó. Rimbaud también desciende a los infiernos, como Nerval, como Baudelaire, buscando la realización plena, la iniciación a una nueva forma de ser a través de la creación. Pero se despide mascando el polvo de la rugosa realidad como expresa en su poema «Adieu» («Adiós»).

Práctica de la poesía

Para el surrealismo, para los movimientos de vanguardia del siglo xx, Rimbaud será la figura central. En Breton son

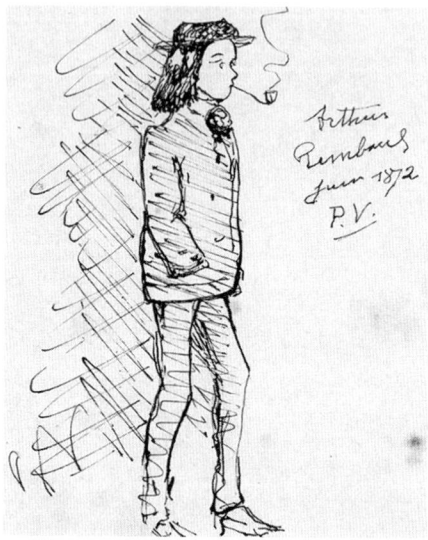

Figura 4. *Rimbaud,* dibujo de Paul Verlaine.

constantes las referencias al poeta. Es el que quiere «cambiar la vida» y «reinventar el amor». El poeta de la ruptura con la sociedad y con la literatura. El poeta de la errancia, del caminar, del aire libre, de las sensaciones, el hombre de suelas de viento, el inventor del color de las vocales, profeta y alquimista. Esta imagen queda muy bien ilustrada en el dibujo que Verlaine hace de su amigo a los 17 años: con las manos en los bolsillos, andando y fumando en pipa, es emblema de la vida tumultuosa y libre de los dos poetas y se convierte en portada de la obra rimbaldiana en su edición más extendida (Fig. 4).

En el *Manifiesto* su voz se oye o se sugiere constantemente. El poema «La Rivière de Cassis» («El río de Cassis»), al que ya se ha hecho mención, uno de los preferidos de Breton, es un ejemplo:

La Rivière de Cassis roule ignorée
En de vaux étranges:
La voix de cent corbeaux l'accompagne
vraie
Et bonne voix d'anges:
Avec les grands mouvements des sapinaies
Quand plusieurs vents plongent

Tout roule avec des mystères révoltants
De campagne d'anciens temps;
De donjons visités, de parcs importants;
C'est en ces bords qu'on entend
Les passions mortes des chevaliers errants
Mais que salubre est le vent!

Que le piéton regarde à ces claires-voies
Il ira plus courageux.
Soldats des forêts que le Seigneur envoie,
Chers corbeaux délicieux!
Faites fuir d'ici le paysan matois
Qui trinque d'un moignon vieux[7].

Lo primero que llama la atención es el título. Cassis es un lugar real en Francia, pero «cassis» es también el fruto, *Ribes*

---

[7] «El río de Cassis fluye ignorado / por valles extraños: / La voz de cien cuervos lo acompaña / verdadera / y buena voz de ángeles: / Con los grandes movimientos de pinares / Cuando se hunden los vientos // Todo fluye con misterios inquietantes / de campos de antaño: / Torres visitadas, parques importantes / en sus riberas se escuchan / las muertas pasiones de caballeros errantes / Pero ¡qué saludable el viento! // Que el caminante mire en estas celosías / Irá más animado / Soldados de los bosques que el Señor envía / Queridos y deliciosos cuervos / echad de ahí al astuto campesino / Brindando con su viejo muñón».

nigrum, especie de grosella negra, y que se destina a extraer un licor de ese color. Las dos realidades sustentan la imagen poética. Un paisaje de luces y sombras, una evocación de los castillos medievales y sus caballeros errantes, el viento saludable y la eliminación del campesino viejo, tullido y desconfiado forman una representación sin duda inspiradora del poder de los relatos fantásticos, la literatura medieval, el castillo soñado por Breton y del que habla el *Manifiesto* medio en ruinas, tópico romántico, pero con todas las comodidades y no lejos de París. Una simbiosis entre pasado y presente, antiguo y nuevo, realidad y leyenda.

Después de estos grandes exploradores del sueño llega otra generación que sigue sus pasos, pero sin obedecer de la misma manera a una necesidad interior. Para Nerval, Baudelaire, Rimbaud, de la misma manera que para los románticos alemanes, la invitación al viaje fue una vía peligrosa, en la que se ponía en juego la propia vida. La búsqueda de la verdad a través del sueño, a través de la poesía, significaba entrar en comunicación con una realidad intemporal, una realidad de certezas que daban sentido al estar en el mundo.

El simbolismo contará con grandes poetas, pero ya no serán «malditos». El sueño pierde sus profundidades tenebrosas, es más lejano, y, poco a poco, la nueva generación se refugia en un mundo artificial que, sin dejar de perseguir la belleza en el arte, carece de convencimiento en el plano existencial.

Pero preparaba el camino a quienes iban a retomar, después de la Primera Guerra Mundial, las ambiciones de Rimbaud. Como para este, el primer momento de la rebelión que anunciaban hacía suya la negación, el desorden, el «dérèglement de *tous les sens*»[8]. Fue el momento del dadaísmo que

---

[8] «Desajuste de *todos los sentidos*».

se ha comentado, tras el cual el surrealismo iniciará una reconstrucción de afirmación espiritual.

El surrealismo es heredero del romanticismo alemán por
el paralelismo entre los jóvenes poetas de 1800 en torno al
círculo de Jena y los parisinos de 1924 aspirando a encontrar
a través de la filosofía y la poesía un método que desvelara la
realidad de la vida inconsciente. Dicha aspiración tiene mucho en común con los ejercicios de los místicos, al solicitar por
todos los medios el automatismo de la palabra y la escritura
a través de la droga o la hipnosis, y llegar a un estado desviado de la lógica, a una comunicación con las profundidades del
pensamiento. Coinciden además ambas tendencias en no tener
un objetivo literario. El sueño se basa más bien en el mito clási-
co de la Edad de Oro, cuyas raíces proceden de la desolación
humana ante su condición vital limitada a este mundo.

La última frase del *Manifiesto,* parafraseando a Rimbaud
(*«La vraie vie est absente»*)[9] dice: «C'est vivre et cesser de vivre
qui sont des solutions imaginaires. L'existence est ailleurs»[10].
Ni para Breton ni para los románticos alemanes la búsqueda
de una realidad superior a nuestra pobre existencia significa abandonarse completamente al sueño, sino recuperar sus
energías para aplicarlas a la vida. Esta coincidencia en ambos
compete igualmente al paralelismo entre la actitud poética o
religiosa. Pero en ningún momento se apela a una trascendencia: el funcionamiento del sueño es parte de la naturaleza.

El origen lejano de este pensamiento lo procura el sueño de una armonía universal y la reminiscencia, inscrita en el
inconsciente colectivo y capaz de aflorar en determinadas
ocasiones. Es el sueño de no estar separado del mundo, del
cosmos. Es el mito de la infancia, que no distingue entre la

---

[9] «La verdadera vida está ausente».
[10] Para la traducción, véase *supra,* p. 70.

imaginación y la realidad, el mito de los primitivos y sus poderes mágicos perdidos a lo largo de la civilización. Épocas remotas contenidas en las fábulas y leyendas que moldean la memoria y nutren el imaginario a través del tiempo.

Esta poética, reavivada por Baudelaire y Rimbaud parte de una concepción analógica del universo. La idea de la analogía universal propia de la concepción romántica y moderna de la poesía se apoya en un sueño de continuidad entre los seres separados por el tiempo, entre los seres y los objetos distanciados en el espacio. La Noche es el símbolo por excelencia para figurar el reino de lo absoluto y, como para los místicos, la Nada. Esto implica el riesgo de su propia negación. La Noche y el Sueño, equivalentes a la Nada, cierran el paso a la poesía. La faz nocturna de la conciencia solo tiene sentido si es para sumarse a la parte diurna y conseguir la integridad perseguida.

El sueño no es poesía ni conocimiento. Pero no hay poesía que no se alimente del onirismo. El verdadero significado del sueño está en el mismo hecho de soñar, de saber que el orden aparente de las cosas no es el único. A través del sueño la mirada humana descubre otro tono de la realidad, la mirada percibe lo maravilloso en el mundo concreto porque lo ve, lo mira de una forma nueva, la novedad que le otorga la imaginación.

Rimbaud y Lautréamont son los dos ejes en torno a los cuales gira el pensamiento surrealista poético de Breton. Si el primero, como se ha indicado, se vincula a una tradición romántica, a la exploración del sueño y el viaje interior, Lautréamont va más allá. Es un caso único en la historia de la literatura y es el más fuerte bastión en la vida y obra del surrealismo en el proyecto de André Breton.

Isidore Ducasse, quien adopta el seudónimo de Conde de Lautréamont, es autor de *Les Chants de Maldoror (Los Cantos de Maldoror)*, de unas *Poesías* y de algunas cartas. Poco se sabe de su vida. De Uruguay se traslada a Tarbes, en Francia, donde se destaca por ser excelente en los estudios, apasionarse por las ciencias naturales, dar muestras de una curiosidad exacerbada por el mundo animal. Un compañero de colegio lo recuerda observando detenidamente y admirando un escarabajo de color vivo, en el patio del instituto. También, entre las pocas cosas que se saben de él, se recuerda que padecía fuertes migrañas. Una vez instalado en París, su padre le procura un modesto medio de supervivencia mientras él escribe la obra citada que se imprimirá en Bélgica y cuya difusión suspende el editor por su contenido audaz y violento. Las *Poesías,* sí se publicarán. Isidore Ducasse muere a los 24 años en el Hôtel de Paris donde residía, pasando totalmente ignorado como persona y también como escritor hasta que, después de 1885, comienza a suscitar interés en Bruselas. Un retrato imaginario de Dalí refleja de forma fiel la evanescencia del personaje (Fig. 5).

Breton descubre *Los Cantos de Maldoror* en 1918 por medio de Aragon, a quien Lautréamont le produce «el efecto de un terremoto». Los dos poetas leen en voz alta estos cantos en un medio muy propicio a la obra, en las noches de guardia de un hospital de enfermos mentales, entre los gritos y angustias de estos últimos provocados por las alertas aéreas de los bombardeos sobre la ciudad.

Lautréamont sabe que su obra es innovadora con respecto al romanticismo. Más en la línea de Milton o de Byron, incluye sin embargo a Baudelaire y a Hugo en su obsesión del mal, la rebelión, la blasfemia, la soledad de un héroe erigido contra Dios, los hombres y contra sí mismo. Se ve en estos cantos una epopeya del odio y el autor es consciente de la ambición de su proyecto poético al escoger este género.

Su obra es romántica y se burla del romanticismo parodiando sus recursos. Como muchos románticos, tiende a ser

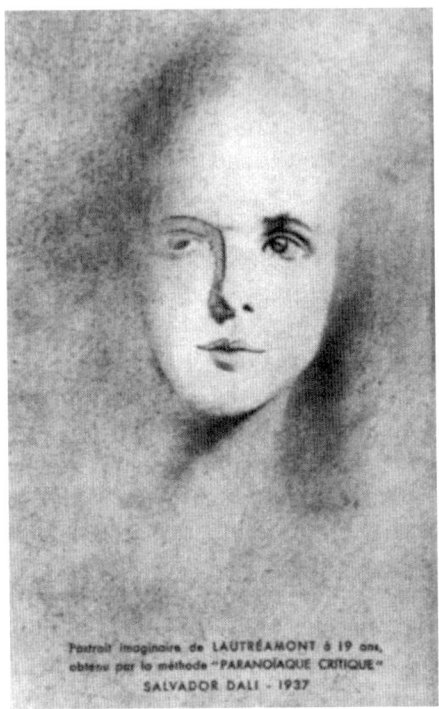

Figura 5. *Lautréamont,* retrato de Salvador Dalí.

enfático, grandilocuente, pomposo, ridiculizando a quienes le reprochan dichas extravagancias e incorrecciones. Su utilización de la metáfora traduce su ironía y su lucidez a la hora de dar forma a su lenguaje poético. Ejemplo de ello es la fórmula que se ha hecho célebre para definir su estilo: «bello como el encuentro casual entre un paraguas y una máquina de coser en una mesa de disección». De nuevo Dalí rinde homenaje al poeta en una ilustración de *Los Cantos de Maldoror* (Fig. 6). Las imágenes de Lautréamont maravillan a los surrea-

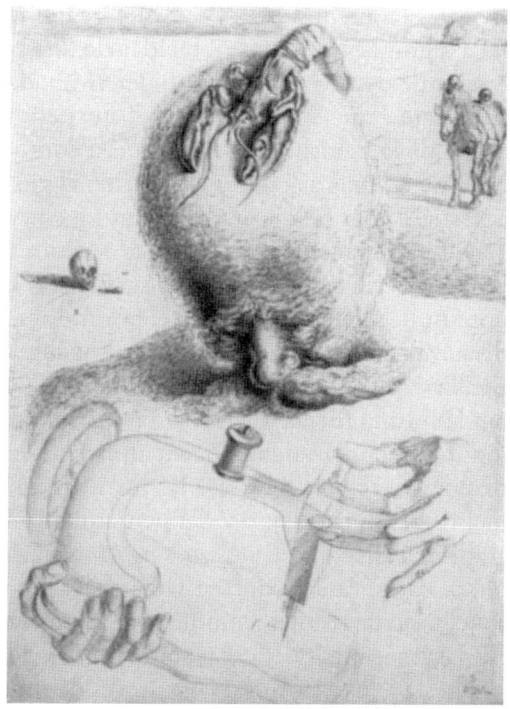

Figura 6. Ilustración para *Los Cantos de Maldoror,* grabado de Dalí.

listas por su contradicción, son tanto más profundas cuanto más insólitas, como se lee en el *Manifiesto.*

Así la imagen: «*Le rubis du champagne*» o, la siguiente, «*Beau comme la loi de l'arrêt du développement de la poitrine chez les adultes dont la propension à la croissance n'est pas en rapport avec la quantité de molécules que leur organisme s'assimile*»[11]. La primera resalta por la incoherencia entre el con-

[11] Para la traducción de ambas imágenes, véase *supra,* p. 61.

traste de colores (al menos, para Breton) y las dos realidades evocadas. La segunda contradice toda idea de una belleza tal como se entiende dentro de un canon determinado.

Los cantos aportan además una prueba experimental de la fecundidad de la escritura automática, así como del funcionamiento de la imaginación. Comparten el gusto por el género fantástico, la novela negra en literatura en cuanto rechazo a una literatura racional, psicológica, estética. *Los Cantos de Maldoror* es considerado por los surrealistas la bomba más potente nunca lanzada antes en el jardín literario. Y el sentido de su rebelión no podía dirigirse a mejores entendedores. Rebelión contra Dios, contra los tabúes sexuales, proferidos con la misma fuerza que Sade, en quien también reconocieron un precursor: denuncia en ambos de la guerra y de la corrupción, rechazo de todas las instituciones, pulverización del realismo cotidiano y del pensamiento lógico.

Casi podría decirse que *Los Cantos de Maldoror* son en sí un *Manifiesto*. Por su carácter subversivo, por la invitación a la acción, por el tono de panfleto antiliterario. Breton hace suya la fuerza de las imágenes poéticas y, sobre todo, la idea de no reservar la poesía a los escritores: la poesía es de todos y para todos. La poesía no es un ornamento, la poesía se practica.

Vanguardias

El siglo XX comienza con Lautréamont y Rimbaud. Y si el surrealismo ve en ellos sus claros modelos, no sucede lo mismo con Guillaume Apollinaire. En el *Manifiesto* Breton le rinde homenaje reconociendo que poseía el espíritu, pero no la letra del programa surrealista.

Guillaume Apollinaire sitúa claramente su proyecto poético entre la Tradición y la Modernidad. Se remonta a François

II. Una aventura espiritual

Villon, poeta de las tabernas del siglo xv, poeta pobre y condenado por la justicia, pero también sensible a los temas poéticos universales: el paso del tiempo, el amor, etc., y continúa esta filiación siendo heredero de los románticos, a los que se ha mencionado, en su concepción del poeta que transforma la realidad, abierto a una nueva sensibilidad marcada por un mundo avanzado y a la adopción de nuevas formas en la utilización del verso, la puntuación y otros parámetros como la musicalidad de Verlaine y Mallarmé.

El título de su libro *Alcools (Alcoholes)* persigue la reunión de contrarios que simbolizan el agua y el fuego, dos elementos que se oponen. En el arte poético ello significa poder combinar las dos tendencias: la clásica romántica y la moderna.

Así lo dice su poema «La Jolie Rousse» («La bella pelirroja»), figura simbólica del proyecto poético a través de la imagen de la mujer, calcada directamente de la valoración con que la mestiza se impone en la poesía de Baudelaire como ideal de belleza. Y de esa manera ilustra el poeta la querella entre antiguos y modernos:

> *Je sais d'ancien et de nouveau autant qu'un*
> *homme seul*
> *pourrait des deux savoir*
> *Et sans m'inquiéter aujourd'hui de cette guerre*
> *Entre nous et pour nous mes amis*
> *Je juge cette longue querelle de la tradition et*
> *De l'invention*
> *De l'Ordre et de l'Aventure [...]*
> *Nous ne sommes pas vos ennemis*
> *Nous voulons vous donner de vastes et étranges*
> *domaines*
> *Où le mystère en fleurs s'offre à qui veut le*
> *cueillir [...]*

Voici que vient l'été la saison violente
Et ma jeunesse est morte ainsi que le printemps
O Soleil c'est le temps de la Raison ardente
Et j'attends
Pour la suivre toujours la forme noble et douce
Qu'elle prend afin que je l'aime seulement
Elle vient et m'attire ainsi qu'un fer l'aimant
Elle a l'aspect charmant
D'une adorable rousse
Ses cheveux sont d'or on dirait
Un bel éclair qui durerait
Où ces flammes qui se pavanent
Dans les roses-thé qui se fanent…[12].

Los nuevos tiempos poéticos apelan a la descrita suma de razón y pasión.

Es evidente que estos principios corresponden al «espíritu» que le reconocen los surrealistas y en él no dejarán de alabar la función de Apollinaire en la reorientación de la poesía. En el poema se identifica la temática inspiradora de la imaginación surrealista: el magnetismo, el relámpago, la alquimia y los paraísos artificiales del sueño, a su vez herencia romántica.

---

[12] «Sé de antiguo y de nuevo lo que un / hombre sin más / podría saber de los dos / Y sin preocuparme hoy en día de esa guerra / entre nosotros y para nosotros, amigos míos / Juzgo esta larga querella de la tradición y / De la invención / Del Orden y de la Aventura […] / No somos vuestros enemigos / Queremos ofreceros amplios y extraños / dominios / Donde el misterio en flor se abre para quien lo quiera recoger […] / Llega ahora el verano la estación violenta / y mi juventud ha muerto como la primavera / ¡Oh Sol es tiempo de la Razón ardiente / y espero. / Para siempre seguir la forma noble y dulce / Que toma con el fin que a ella sola ame / Viene y me atrae como al hierro el imán / Tiene el encantador aspecto / De una adorable pelirroja / Su cabello es de oro se diría / Un bello relámpago que duraría / Donde esas llamas contorneándose / En las rosas de té marchitándose…».

Pero el surrealismo se reconoce ante todo en la poesía del día a día de su tiempo. Se identifica con el Apollinaire del poema «Zone» («Zona»): la poesía que dice adiós a la Antigüedad grecolatina, la poesía urbana, los puentes, los coches, el avión, las fábricas, los anuncios de publicidad, la prensa, etcétera.

La idea de la vida moderna se transmite sin dificultad a la generación de innovadores que son Breton y sus amigos. Pero se apartan claramente del «espíritu nuevo» declarado por Apollinaire en su conferencia de 1917. No hay que olvidar que el primer obstáculo que se erige entre el uno y los otros es la guerra. La actitud de Apollinaire es aún la del combatiente y el espíritu nuevo de que habla es «francés» ante todo. El tema bélico en cuanto material poético, el trasfondo de orden y deber, es otro rasgo que hace de él un escritor aún del siglo xix. Del «espíritu nuevo» se valora la importancia de la sorpresa, la espontaneidad en la creación, y también su inspiración en las invenciones del mundo moderno de las máquinas. Sin embargo, la siguiente generación no comparte la actitud de su predecesor en la poética. Para Breton o Aragon, partidarios de toda subversión tanto de la máquina social como de las formas fijas en el terreno de la literatura y el arte, su predecesor sigue encerrando la poesía en el «poema». Se comprende esto recordando la propia evolución de Breton expuesta en el *Manifiesto,* al ofrecer como ejemplo de esta nueva poesía el ya mencionado «Corsé misterio»: en él se despide la idea del lenguaje poético que le había guiado hasta entonces.

Pierre Reverdy es otro de los poetas indispensables a la hora de entender las bases del pensamiento poético del *Manifiesto.* En él se recoge, como se ha visto, su definición de la imagen, y Breton se dirige a él, de forma humorística, como un hombre al menos tan aburrido como él.

Es Reverdy un poeta austero, de palabras comunes, de sintaxis sobria. Con Breton se encuentra en 1917 y, a partir de ahí, sus intercambios sobre la creación poética serán frecuentes. En *Mont de piété (Monte de piedad),* el poemario que deja apreciar la evolución del lirismo de Breton, este le dedica «Clé de sol» («Clave de sol»), deseando inscribir en él su emoción por la muerte de Jacques Vaché, siguiendo la forma de concentración íntima propia de la poesía de Reverdy.

En la revista *Nord-Sud* por este fundada, se plantean las bases estéticas de un arte nuevo, arte que se apoya en gran parte en la realidad, pero que hay que entender como realidad artística y no realismo. Una nueva realidad surge del encuentro de elementos separados, decía su definición de la imagen, no totalmente compartida por Breton. Cada uno tiene una idea diferente del lirismo. Para Breton, la poesía de Reverdy es «un puño en la realidad bien densa», mientras que él concibe la emoción poética algo así como «la sensación de una pluma de viento en las sienes capaz de provocar un verdadero escalofrío». Desde su presentimiento del vínculo existente entre la poesía y el deseo inconsciente o el eros, Breton insiste en las asociaciones involuntarias entre las palabras. Por ejemplo, le propone a Reverdy la inevitable relación entre *«mer/mère»* (mar/madre), juego de palabras que a ojos de este último es penosa. No dice penosa, dice exactamente horrible. Y es «horrible» por ser un banal juego de palabras en el que la mitología subyacente del mar, su simbolismo maternal ha gastado toda su fuerza poética. Carece de toda novedad, sorpresa. Es un cliché que, exagerando, se aparentaría más a los cisnes o los pavos reales en cuanto figuras de la belleza o el exotismo –imágenes de la caducidad de la literatura romántica– que a una verdad poética.

El cuestionamiento de la poesía por Breton es inseparable de sus intercambios con Reverdy. El homenaje que le rendirá más tarde habla con toda claridad: «Nadie ha meditado mejor y ha hecho meditar mejor sobre los recursos profundos de la poesía».

La relación de Reverdy con los surrealistas no fue fácil. Mostraba simpatía por su actitud subversiva, pero veía que no habían roto suficientemente los lazos con la «feria literaria» dominante en la escena intelectual de las vanguardias. Reservado y desconfiado, odiaba todo arte superficial. Sensible como ninguno a la vanidad, hipocresía, artificio, este poeta solitario y apasionado era visto, tal como decía Aragon, como «el ángel ofendido». Para Breton él es el pájaro que canta en el bosque del poema de Rimbaud «Enfance» (*«Infancia»*): «Son chant vous arrête et vous fait rougir»[13].

En *Clair de terre (Claro de tierra)*, obra de Breton publicada en 1923, el poema «Tournesol» («Girasol»), está dedicado a Reverdy:

> *La voyageuse qui traversa les Halles à la tombée de l'été*
> *Marchait sur la pointe des pieds*
> *Le désespoir roulait au ciel ses grands arums*[14] *si beaux*
> *Et dans le sac à main il y avait mon rêve ce flacon de sels*
> *Que seule a respiré la marraine de Dieu*[15].

Es una composición que tendrá una gran importancia en la historia personal de Breton pues en esta ve la prefigu-

---

[13] «Su canto os detiene y os saca los colores».

[14] *«Arum»* (aro) es una planta salvaje, de hojas de color verde oscuro, que envuelve flores sin cáliz ni corola y frutos del color de la grosella. En Francia es usual verla en los ramos de novia.

[15] «La viajera que cruzó les Halles en la puesta del verano / Caminaba de puntillas / La desolación hacía rodar en el cielo sus enormes y tan bellos aros / Y en el bolso de mano estaba mi sueño ese frasco de sales / Que solo ha respirado la madrina de Dios».

ración del encuentro con su segunda mujer, Jacqueline Lamba, la silenciosa mujer a la que sigue a través de París, el 29 de mayo de 1934, día en que cambia su vida. Se integrará en el capítulo IV de *L'Amour fou (El amor loco)*. En este el autor hace coincidir toda esa deambulación con el poema escrito en 1923, poema que fatídicamente también fue el único que no destruyó junto a otros que revelaban su desafección respecto a su poesía en aquellos años.

Sobre la dedicatoria, Breton, en un encuentro con René Char y a su pregunta sobre la coincidencia de la palabra «sol» (sol, nota musical, pero también suelo, en francés) en dos poemas que acogen a Reverdy, propone como explicación racional su atracción ya por el nombre de Reverdy en el que reconoce el dicho *«pierre qui roule n'amasse pas mousse»* («a piedra movediza poco moho la cobija»), jugando con el nombre del poeta en el que Breton veía *«Pierre reverdie»* («piedra detenida y reverdecida»). Pero también juega con el nombre de la calle *«des Saules»*, sauces, pronunciado en francés «sol», empinada como un torrente, y que el surrealista escalaba para visitar al poeta en los años 1916-1917. La relación con Reverdy la procura la imagen del girasol, un sol plantado en la tierra, y el gesto de la mujer, de puntillas, una elevación del suelo, sin grandes aspiraciones a volar en las alturas, metáfora del sueño que nutre su poesía[16]. El poema «Tournesol» («Girasol») es explicado por el autor fijándose en todas las asociaciones que se muestran como esas frases que «llaman a la ventana», según decía en el *Manifiesto*, y que dictan el discurrir de la escritura. El título no solo evoca la planta luminosa como el astro, elevándose sin dejar de hacer pie, sino, también, y de un modo un tanto paradójico, sugiere la planta de la Torre San Jacques, integrada en el recorrido de la

---

[16] Véase el poema «El saber de lo real», en «Agradecimientos», pp. 7-8.

ciudad. Se muestra en la descripción los versos de un poema que se recogerá en *Le Révolver à cheveux blancs (El revólver de cabellos blancos)* compuesto antes que *El amor loco*:

> *A Paris, la tour Saint Jacques chancelante*
> *Pareille à un tournesol*[17].

Ya se ha visto que Breton opta, en su idea de la imagen poética, por la reunión más arbitraria de realidades distintas. No obstante, en este libro interpreta dicho gesto tambaleante de la torre como su propio vaivén entre dos sentidos que en francés tiene la palabra *«tournesol»* (girasol y tornasol, el papel que se utiliza químicamente para cambiar de color). Este último componente de significado lo procura la asimilación del reactivo a la actividad del que no lejos de ahí ejercía la alquimia, Nicolas Flamel, también personaje del *Manifiesto*. La torre se erige solitaria y majestuosa como la planta y se reviste de su pasado ocultista. Y la analogía va más lejos, puesto que la capacidad que tiene el tornasol de jugar con los dos colores azul y rojo, hace que también estos convoquen el simbolismo de la ciudad de París en uno de sus centros neurálgicos, el ayuntamiento, sembrado de esos colores, y también etapa de la excursión nocturna de los futuros amantes.

He aquí una muestra clara del funcionamiento de la ensoñación de acuerdo con los parámetros que ya se enunciaban en el *Manifiesto* y por la cual se considera *El amor loco* un complemento de dicho texto.

Por aquellas mismas fechas que centran la búsqueda de su renovación poética a través de Apollinaire o Reverdy, Breton llega a conocer la existencia del movimiento dada y su violencia iconoclasta. Hasta 1918 suscita interés como ten-

---

[17] «En París, la torre Saint Jacques tambaleante / similar a un girasol».

dencia artística, aunque ya con los rasgos propios que lo definirán históricamente: el escándalo y el nihilismo. El *Manifiesto dada,* publicado ese mismo año, es acogido como un acontecimiento: «El manifiesto dada ha estallado como una bomba» escribe Breton a su amigo Fraenkel. La fascinación que Tristan Tzara ejerce sobre él se basa en el vacío que la desaparición de Jacques Vaché ha provocado. Reconoce a su amigo en la personalidad del dadaísta.

La voluntad de acción y de subversión de esta nueva tendencia conviene totalmente a la actitud surrealista y al espíritu de ruptura dominante en la época. El cuestionamiento de los valores que han llevado a la guerra ha provocado la insurrección de los jóvenes poetas tanto en París como en Zúrich. Aragon hace coincidir la aparición del manifiesto dadaísta con la lectura de las *Poesías* de Lautréamont, a cargo de Breton y de sí mismo. La negación del romanticismo por Isidore Ducasse es el ejemplo de la negación moderna proclamada por dada.

Tzara llega a París en 1920. Ese mismo año Breton publica «Pour Dada», en la *Nouvelle Revue Française.* Su texto es una réplica a los ataques de la prensa contra ese movimiento: pesimismo, oscuridad, subjetivismo, ausencia de lógica, y justifica todo ello por una necesidad de renovación, por su afirmación de no pertenecer a ninguna escuela, por la propia oscuridad de la poesía, vinculada al inconsciente. Si a primera vista la coincidencia entre unos y otros es clara, al mismo tiempo Breton afirma que son las diferencias lo que les unen. Y a la vez subraya el carácter transitorio del dadaísmo, la satisfacción pasajera que les procura en el desarrollo del pensamiento surrealista.

La adhesión de Breton a la negación dadaísta se limita a los primeros meses de la actividad de Tzara. Pero los manifiestos se publican en la revista *Littérature* y todo el grupo se muestra fiel a Dada, y a su celebración de la Nada. Soupault, Éluard, Picabia, ofrecen una serie de variaciones sobre el tema: «Escribo un manifiesto porque no tengo nada que decir» (Philippe Soupault) o «Somos Indiferentes: In-di-fe-ren-tes» (Paul Éluard).

En medio del apogeo dadaísta Breton observa sin embargo que esa «nada» no significa la destrucción total. Alude para ello a la postura de Lautréamont quien en *Los Cantos de Maldoror* afirma: «Ahora sabemos que la poesía debe llevar a alguna parte». Relativizando los valores en el campo del arte, rechazando un pensamiento estético basado en la Belleza eterna, Dada, no obstante, no convence. Dichas ideas vienen de antes. En Breton la ruptura dadaísta interfiere en su propia búsqueda. Por ello sentirá Dada como un periodo de tránsito. El fundador del surrealismo retendrá sobre todo no la destrucción del lenguaje, sino el rechazo dadaísta a la obra maestra, a toda obra.

Dada representa un espacio social donde preservar una disponibilidad, pero un espacio provisional. Mientras son ideas lo que pronuncia, se le puede seguir, pero en el momento en que se pasa a la acción de poemas o ejercicios de crítica, se inmoviliza, queda prisionero de su propio lenguaje sin lenguaje. En el fondo Breton lo ve como una comodidad. Y como un callejón sin salida. También es una cuestión moral. La apuesta por el vacío es un impedimento en un proyecto que considera ético. La rebelión, el escándalo tienen sentido como invitación a la acción, pero pierden todo valor si se convierten en una estrategia permanente. Se convierten en espectáculo.

««Après Dada» («Después de Dada») se publica en 1922, vinculado directamente a la ruptura declarada con los dadaístas cuando Breton intentaba organizar un «Congreso internacional para la determinación de las directrices y la defensa del espíritu moderno». La idea del congreso surge a partir del desgaste que se está observando en el seno de Dada, y del clima intelectual de la época. Desde diferentes ámbitos culturales se asiste a una cierta llamada al orden, un retorno a la tradición. Breton vuelve a sus planteamientos de 1917-1918 en torno a la idea del arte moderno y de la vida.

La polémica estalla en torno a la paternidad del *Manifiesto dada* de 1918, discutida por Breton a instancias de Picabia y Christian Schad, que atribuyen las ideas en él contenidas a su expansión en Alemania, antes de Tristan Tzara. Este contesta a Breton con otro artículo, «Los secretos de Dada», y a la discusión se añade «Lâchez tout» («Déjenlo todo») de Breton, una llamada poética a la disponibilidad y la errancia.

> *Lâchez votre femme, lâchez votre maîtresse*
> *Lâchez vos espérances et vos craintes*
> *Semez vos enfants au coin d'un bois*
> *Lâchez la proie pour l'ombre*
> *Lâchez au besoin une vie aisée, ce qu'on vous donne pour une situation d'avenir*
> *Partez sur les routes*[18].

Breton quiere dar un nuevo impulso invocando sus primeras referencias, Ducasse, Rimbaud y, en otro terreno, Picasso, obedeciendo a una fuerza misteriosa fuera de la cual no ve salida alguna para el espíritu en esa época. Ese espíritu no tiene nada que ver con la apología de un modernismo formal, limitado a procedimientos técnicos o a la explotación de factores propios de la era industrial. Se propone, después de Dada,

---

[18] «Dejen a su esposa, dejen a su amante / Dejen sus esperanzas y sus temores / Abandonen a sus hijos en medio del bosque / Dejen la presa por la sombra / Dejen si hace falta una vida acomodada, aquello que se les presenta como una situación con porvenir / Salgan a los caminos».

y con más firmeza aún, la consideración de lo que ya no llama «espíritu moderno», sino «espíritu nuevo», más allá de Apollinaire.

En 1922, Breton escribe un breve relato con el título de «L'Esprit nouveau» («El espíritu nuevo»), recogido después en *Los pasos perdidos.* Una narración que anuncia *Nadja* ya que centra la atención en una nueva actitud del espíritu ante la vida, la disponibilidad a lo imprevisto, la sorpresa, en este caso ilustrada por el encuentro de Aragon y Breton con una mujer en la calle, a la que pierden de vista, causándoles una fuerte emoción. Una forma de decir que dicha emoción de un espíritu nuevo reside, no en la poesía de la modernidad de la ciudad con sus autobuses o su velocidad, por ejemplo, sino en esas disposiciones sensibles que posibilitan captar singulares señales de la existencia y que requieren una actitud de alerta y apertura.

III. Actividad política del surrealismo

Del *Manifiesto del surrealismo* al Congreso Internacional de Escritores (1925-1935)

«"Transformar el mundo" dijo Marx; "Cambiar la vida" dijo Rimbaud: estas dos consignas se funden para nosotros en solo una». He aquí frase que se ha hecho célebre y con la cual finaliza la intervención de los escritores surrealistas, representados por Paul Éluard, en el Congreso Internacional de Escritores para la Defensa de la Cultura en París de 1935. Es un pronunciamiento en favor de la defensa de la cultura, reacción al pacto franco-soviético de asistencia mutua y al giro de la línea del Partido Comunista en favor de Stalin.

Pero hay que remontarse mucho antes de esta fecha para delinear el pensamiento político del surrealismo. Como para el resto de las vanguardias artísticas, y después de 1914, su primera conciencia política se funda en la realidad de la guerra y, más en concreto, en los hechos históricos que se desarrollan en el periodo de entreguerras. Con respecto a la Primera Guerra Mundial, heredan la postura de los movimientos precedentes en su constatación de la necesidad de un nuevo pensamiento como reacción a la catástrofe bélica.

Hegel y su dialéctica se convierten en pilares de la filosofía surrealista. La vida del inconsciente, desvelada por las teorías de Freud, es una aportación fundamental para cuestionar la vigencia de un «pensamiento lógico». El *Manifiesto,* en este sentido, es ya un arma política: por el proceso que en él se hace al «realismo», por negar, en el plano literario, el valor de la novela, ya que no hace sino responder a ese pensamiento lógico que reduce la condición humana a su estado racional sin poder abrirse a una nueva realidad, por invitar, en consecuencia, a la práctica de las diferentes formas de automatismo, que permita acceder a la profundidad del pensamiento y cambiar la relación con el mundo y con el lenguaje.

En la revista *La Révolution surréaliste* (diciembre de 1924) se plasma la cuestión política del movimiento. El n.º 1 aporta la consigna de Aragon: «Hay que conseguir una nueva declaración de derechos humanos». Y ya no es una revista literaria. En ella se recogen los casos de suicidios de un determinado momento reseñados en las páginas de los sucesos de los periódicos, y sin ningún comentario añadido. También se publicaba la foto de Germaine Berton, anarquista asesina de Marius Plateau, director de la Liga de Action française, rodeada de los surrealistas o figuras admiradas por ellos: Freud, Chirico, Picasso. Entre los surrealistas podemos identificar a Aragon, Artaud, los hermanos Baron, Boiffard, Breton, Carrive, Crevel, Delteil, Desnos, Éluard, Ernst, Limbour, Lübeck, Malkine, Morise, Naville, Noll, Péret, Man Ray, Savinio, Soupault, Vitrac. Unas líneas de Baudelaire suscriben el montaje: «La mujer es el ser que proyecta la mayor sombra o la mayor luz en nuestros sueños» (véase Fig. 27, *infra,* p. 311).

Sin abandonar las referencias a poetas, el discurso surrealista va añadiendo cierto matiz social, reclamando que se abran las cárceles y se licencie al ejército. Como señala Maurice Nadeau, la «revolución», para el surrealismo de entonces, tiene lugar en las ideas: se ataca la prisión, los cuarteles, se desprecia todo pragmatismo, toda actividad concreta material, pero no se habla de apoyar la Revolución rusa. Y para entender la evolución de la posición política del grupo surrealista, es ilustrativa su Declaración del 27 de enero de 1925 en forma de panfleto. En ella se afirma claramente que el movimiento no tiene nada que ver con la literatura. No busca tampoco ni una nueva forma de expresión ni una metafísica de la poesía, sino una forma de liberación total del espíritu. Y está decidido a llevar a cabo una revolución.

Es importante entender que dicha revolución surrealista no consiste en una agitación abstracta, sino en una capaz de cambiar algo en el ámbito espiritual. Se habla claro de creación de un nuevo tipo de misticismo, y Breton más tarde resumirá la actividad surrealista desde la ambición de crear un mito colectivo.

El mito al que se hace alusión parece inspirarse en los valores de un Oriente misterioso, el Oriente de Buda o del Dalái Lama, valores opuestos al pensamiento lógico occidental pero incapaces de contentar «el estado de furor» en que se sitúa el surrealismo, portavoz como quiere ser de toda forma de «rebelión». Pero Oriente se muestra también en el imaginario del grupo como la reserva de fuerzas salvajes, bárbaras, destructoras de la cultura y del arte. La Revolución rusa, provista de este componente asiático, ofrece el atractivo de revolución universal desde un Oriente negador y regenerador al mismo tiempo.

Es entonces cuando se produce el acercamiento al comunismo. A esto contribuye la Guerra de Marruecos. No es el escenario de destrucción total de la Primera Guerra Mundial; es el enfrentamiento contra un pueblo colonizado que desea afirmar su libertad. Se trata de la amenaza de la «patria» en la que se alinean intelectuales y literatos académicos. Los surrealistas no dudan en ponerse del lado de la rebelión, y, en Francia, en sumarse a los que la apoyan: los comunistas. No significa esto la voluntad de adhesión al Partido Comunista, ni comulgar con una idea de la revolución basada en la economía y en la historia de las clases sociales. Pero sí de aproximarse a las organizaciones comunistas y a los intelectuales seguidores de Lenin y de Trotski. En particular estrechan sus contactos con el agrupamiento en torno a la revista *Clarté*, el único en tener planteamientos ideológicos adecuados en relación con la Guerra de Marruecos y proponer ideas paralelas a los propias de la Internacional Comunista. Los surrealistas acaban por ver que la revolución social es más urgente que la revolución del espíritu y no quieren que su proyecto se confunda con una utopía.

Y un hecho más: Breton lee la obra de Trotski, *Lenin*. El libro le supone una «revelación», y para el movimiento representa un giro en la historia del surrealismo al marcar, por un lado, el interés por la nueva solución política y, por otro, las dificultades de la adhesión a su programa. Breton está impresionado por la talla de las dos figuras que se lanzan a remodelar el mundo operando la revolución social. A la imagen de un Lenin ascético divulgada por Gorki, Breton prefiere y admira al fogoso, juvenil, entregado revolucionario descrito por Trotski. Además, equipara a este último con Lautréamont y Freud a la hora de evaluar el periodo de entreguerras. Tres nombres, tres titanes que condensan en ellos el mayor esfuerzo nunca visto de superación de la poesía, de un más allá en la profundización del ser humano y de una voluntad de transformación revolucionaria de las sociedades.

Es evidente también que, cuando escribe sobre la Revolución rusa, no está al tanto de la evolución de la política de los soviets y de que tras las figuras de los admirados héroes se proyecta ya la sombra de Stalin.

La adhesión al partido se produce en enero de 1927 y Breton se integra en la célula de los empleados del gas a la que se le destina, pero pronto dejará de asistir a las reuniones. El Partido Comunista ve cada vez con peores ojos la actuación de los nuevos miembros que ya han manifestado sus críticas al periódico *L'Humanité*, su órgano oficial de difusión.

Esta tensión se traslada a las relaciones entre los miembros del grupo surrealista que está atravesando la peor de sus crisis. Las disensiones entre unos y otros han llevado a la exclusión de Artaud, de Vitrac y de Soupault. Breton intenta una nueva depuración planteando en 1929 un análisis de las distintas posiciones ideológicas con respecto al surrealismo y la revolución a través de la cual determinar una acción individual o colectiva. Intenta organizar un debate sobre Trotski, que en esos momentos ha sido apartado del poder por Stalin y ha tenido que exiliarse, pero este no llega a producirse.

Breton propone una vuelta a los principios fundadores escribiendo el *Segundo Manifiesto,* pero la brecha existente entre dos tendencias antagónicas del surrealismo es inevitable. Breton se aleja cada vez más del partido, mientras que Aragon se pronuncia por Rusia.

No hay que olvidar los mecanismos económicos, políticos y sociales que entran en juego en 1930 y el nuevo contexto de crisis que se define en Estados Unidos y Europa. «El surrealismo al servicio de la Revolución» es el lema del movimiento. Sin embargo, siempre siguiendo su principio de encontrar una solución de contrarios y conciliar posiciones enfrentadas, Breton escribe sobre el suicidio de Vladímir Mayakovski (1930) viendo en él al poeta, más allá de la propaganda política, subrayando no obstante y preferentemente el inmenso talento del escritor revolucionario valorado por Trotski, a la vez que reconoce los hallazgos de sus imágenes creadoras. Hoy se reconoce que la personalidad de Mayakovski reunía ambas facetas: el teórico literario Víktor Shklovski afirma que entró en la «Revolución» como en su propia casa, abriendo todas las ventanas; abarcó todos los géneros: poesía, teatro, cuentos para niños, guiones de cine y hasta un espectáculo para circo, *Moscú en llamas*.

Y sus poemas convocan al lector así:

> *Oigan, si encienden*
> *las estrellas,*
> *es porque alguien las necesita ¿verdad?*
> *Es indispensable*
> *que todas las noches*
> *sobre los tejados*
> *arda aunque sea una sola estrella.*

Para Mayakovski los eslóganes, carteles y conferencias propagandísticos son compatibles con los poemas leídos en las fábricas y con los poemas de amor. Breton titula su escrito *La barque de l'amour s'est brisée contre la vie courante (La barca del amor se estrelló contra la vida cotidiana)*. Si la decisión por parte del poeta ruso de quitarse la vida fue la falta de perspectivas con la mujer amada, unida al fracaso de su creación teatral (una sátira a la burocracia), lo cierto es que el autor se muestra escéptico sobre el valor de las novelas proletarias y de la doctrina «realista». Lo que hace Breton es un elogio del amor, en absoluto en contradicción con la poesía revolucionaria: «Amar o no amar, esa es la cuestión; la cuestión a la que un revolucionario debería poder responder sin rodeos».

La idea de una posible conciliación entre poesía y política lleva a Breton a publicar un folleto con el título *Misère de la poésie (Miseria de la poesía)*, que remite a la *Miseria de la filosofía* de Marx (1847) y es una incitación a la defensa de Aragon, acusado por su poema «Front rouge» («Frente rojo»). A pesar de no estar convencido por los fines propagandistas del contenido, Breton se pronuncia contra la censura de la actividad poética por las autoridades políticas. Pero Aragon no está de acuerdo con dicha defensa, lo que conlleva la ruptura definitiva entre los dos escritores y la escisión del grupo en partidarios de uno o del otro. *L'Humanité* había anunciado la creación en 1932 de la Asociación de Escritores y Artistas Revolucionarios (AEAR) en la que los surrealistas no se integran en un primer momento a causa del «caso Aragon», pero de la que terminarán formando parte. La colaboración de Breton en el programa se limita a ciertos artículos, cada vez más convencido de que no hay nada que hacer con la línea marcada en dicho programa y deseando retomar la actividad surrealista. Se le reconoce como contrarrevolucionario por sus ataques a la Unión de Repúblicas Socialistas Soviéticas (URSS) y la Comisión Ejecutiva decide excluir al «camarada» Breton en julio de 1933. El resto de los surrealistas abandonan la asociación.

Position politique du surrealisme (Posición política del surrealismo) confirma la ruptura de Breton y su movimiento, con el PCF y con la URSS. El libro aborda el resultado de diez años de esfuerzo por acercar una postura social compartida y una independencia en la actuación artística, hostil a un programa de partido. Se recopilan en este libro conferencias pronunciadas en Praga, la entrevista concedida a la revista social de cultura *Índice* de Santa Cruz de Tenerife, el «Discurso en el Congreso Internacional de Escritores por la Defensa de la Cultura» en París al que ya se ha hecho mención y sobre el que interesa volver.

La *Posición política del surrealismo* causó cierto desconcierto pues va más allá de lo que el título indica, pasando de la defensa de la cultura a un recordatorio de los principios poéticos de Breton. A lo largo de la obra se muestra por momentos que todavía el autor tiene esperanzas en un Frente de Izquierdas, aunque desconfía de toda política militante. Si aún se afirma la esperanza en una apertura artística por parte de los escritores soviéticos, y si se asegura una adhesión total al materialismo dialéctico, en el Congreso Internacional de Escritores se critica la opinión impuesta al PCF sobre el pacto franco-soviético basada en el patriotismo y la negación absoluta del pensamiento alemán al amparo del crecimiento del monstruo hitleriano. Dicho discurso fue apenas perceptible ya que cuando se le dio la palabra a Éluard, los organizadores del Congreso anunciaron que la sala estaba alquilada solo hasta las doce de la noche y que en cualquier momento podía apagarse la luz. Apenas se pudo oír nada sobre el rechazo a toda forma de represión artística. Apenas se distinguieron los nombres de Sade, Freud, Marx y Lenin, en medio del desorden y ruido de los asistentes ante el final del acto. Esto dio lugar a una declaración colectiva que los surrealistas y trotskistas escriben en 1935 protestando por el trato que recibieron entonces, *Du temps que les Surréalistes avaient raison (De cuando los surrealistas tenían razón)*. En ella resaltan la falta de imparcialidad de los debates y, sobre todo, defienden su posición intelectual y revolucionaria apelando a Lenin: «Todos tienen la libertad de decir y escribir lo que les plazca: la libertad de expresión y la libertad de prensa deben ser totales» (1905). Se preguntan qué está pasando en la URSS y ellos mismos responden «que el viento de la cretinización sistemática» está soplando en todas las esferas de la vida cotidiana soviética. Transmiten su decepción ante los productos del «arte proletario», el aleccionamiento de las masas obreras para asegurarse la lealtad hacia el gran educador Stalin. Y, como ejemplo de regresión con respecto a los valores de 1917, integran en su declaración la lectura de algunas cartas impresas en *Komsomólskaya Pravda* sobre el respeto a los padres: un ejemplo, es el caso de Chernishévski, un obrero aplicado en su trabajo, pero insoportable en casa. El periódico recibió gran cantidad de reacciones, como esta del camarada Alexander:

Estaba avergonzado

Mostré a mis padres la carta sobre el joven comunista Chernishévski. Me avergoncé: esta carta podría aplicarse a mi caso. Mi madre me dijo: «Ves, Alexander, tú eres como Chernishévski en varios sentidos. Crees que no entiendo nada, no me dejas meter baza, no respetas a tus hermanos y no quieres ayudarles con sus estudios». Mi padre estuvo de acuerdo: «Sí, tu actitud difícilmente es la de un joven comunista».

Me desagradó escuchar esas reprimendas, pero estaban justificadas. En una reunión familiar les prometí que cambiaría mis hábitos. Les prometí vigilar a mi hermano Leo, que es un mal estudiante y en ocasiones bebe con sus compañeros; también prometí vigilar el progreso de mis hermanas en la escuela y ayudarlas si lo necesitaran. Soy el dirigente de la organización de Jóvenes Comunistas. Si no mantengo mi palabra, si no me reformo, ¿qué dirán las bases? Soy yo quien debe dar ejemplo (Smolov, Koljós Frunze).

La declaración *De cuando los surrealistas tenían razón* —firmada por André Breton, Salvador Dalí, Óscar Domínguez, Paul Éluard, Max Ernst, Marcel Fourrier, Maurice Heine, Maurice Henry, Georges Hugnet, Sylvain Itkine, Marcel Jean, Dora Maar, René Magritte, Léo Malet, Marie Louise Mayoux, E. L. T. Mésens, Paul Nougé, Méret Oppenheim, Henri Parisot, Benjamin Péret, Man Ray, Maurice Singer, André Souris, Yves Tanguy, Robert Valancay— comunica su desconfianza frente a un régimen convertido en la negación de lo que fue.

En definitiva, el surrealismo se considera como un movimiento cultural formado por artistas vinculados a la revolución. Breton se declara defensor de la cultura, pero reniega de las obras clásicas escogidas por la burguesía. Deberán ser conservadas tan solo aquellas «anunciadoras». Es decir, las de Nerval, Baudelaire, Lautréamont, Jarry, Rimbaud, percibido este no como agitador de la revolución, sino como revolucionario en la poesía. El surrealismo se erige contra un arte de propaganda o de circunstancias y en favor de un arte cuyo valor resida en su propia fuerza revolucionaria, producto de artistas que piensen y sientan de forma revolucionaria.

En relación con la ruptura con el comunismo se funda *Contre-Attaque,* «Unión de lucha de los intelectuales revolucionarios» que debía continuar la actividad revolucionaria traicionada por Moscú, según explica Breton, que curiosamente omite a George Bataille, eje fundamental en esta agrupación. Hay tensiones debidas al protagonismo de ambos escritores. En el seno de *Contre-Attaque* se condenan las ideas de nación y de patria, y se denuncia al Frente Popular, en fase de constitución, por organizarse en el marco de las instituciones burguesas. La «Unión» está abierta a todos los revolucionarios, marxistas o no. Los surrealistas ven con ojos críticos cómo los fascistas se han hecho con el poder en diferentes países, así como la acomodación de los pueblos a las fuerzas victoriosas. Sin arraigo entre el proletariado ni en el seno de las masas hipnotizadas por la amenaza de la guerra, este movimiento intelectual no llegará a ser más que un proyecto de buenas intenciones. Todo un mundo se derrumba. Se teme por los logros conquistados en la Revolución de 1917 en Rusia. En la España de la república estalla la Guerra Civil.

España, México, Segunda Guerra Mundial (1936-1945)

Desde 1936, y con motivo de los Procesos de Moscú que condenan a antiguos dirigentes comunistas por su oposición a Stalin, Breton toma la palabra en defensa de la España revolucionaria especificando que todas nuestras miradas se dirigen hoy, 3 de septiembre de 1936, hacia los magníficos elementos revolucionarios de la CNT [Confederación Nacional del Trabajo], de la FAI [Federación Anarquista Ibérica] y del POUM [Partido Obrero de Unificación Marxista] que luchan indivisiblemente a nuestros ojos en el frente de Irún y el resto de España. No se nos oculta que Stalin y sus acólitos, que han sellado un pacto de asistencia con los Estados capitalistas, se dedican todo lo que pueden a desunir a esos elementos. Es para nosotros una razón más para esperar de ellos, de sus fuerzas y de sus heroísmos conjugados, el restablecimiento de la verdad histórica pisoteada no menos sistemáticamente en la URSS que en Italia y en Alemania.

Benjamin Péret se une a los combatientes del POUM, dirige una columna anarquista en el Frente de Teruel y conoce en Barcelona a Remedios Varo, con la que contraerá matrimonio. André Masson también visita España y se implica en la situación política. Paul Éluard escribe un poema contra la destrucción de Guernica. Breton se rebela ante la neutralidad del gobierno francés y concibe marcharse a España, pero teme que pueda ser retenido en Barcelona y utilizado como médico militar.

Este apoyo a la causa revolucionaria española la reitera en un interesante texto que tiene su origen en una conferencia pronunciada en el marco de una exposición internacional del surrealismo en Londres en 1936 publicada un año más tarde. Lleva por título «Limites non frontières du surréalisme» («Límites sin fronteras del surrealismo»). En un momento en que el movimiento se ha extendido a través de diferentes países y es más conocido por sus obras que por sus principios, Breton intenta hacer una recapitulación de los fundamentos de su proyecto, situándose en la turbulenta actualidad de esos años.

«El surrealismo no podría hacer abstracción de estas circunstancias so pena de perder de vista *la dirección de la historia*».
Las agitaciones sociales en Francia, ocupación de fábricas, por
ejemplo, así como el gesto más dramático de la vanguardia española una vez estallada la guerra son para Breton dos momentos de un mismo movimiento que debe llevar hacia adelante al mundo entero.

En este sentido, en el internacionalista, se entiende esta reflexión sobre los límites y la negación de las fronteras. Dentro
del espíritu de la redacción del *Manifiesto* de 1924, Breton
no duda en dar un soplo poético a sus afirmaciones. Cuando
decide justificar esta acción hacia adelante, la acción revolucionaria, y colocar en ella la iniciativa surrealista acusada de
estancamiento, de dormirse en los laureles, Breton se refiere
indirectamente a Rimbaud en este discurso, siendo para él
modelo de actividad política y poética. Para el poeta, implica-
do en los acontecimientos de 1871, estaba claro que la ambición principal era traducir el mundo y todos sus avatares a
otro lenguaje. En el plano poético o moral, la excepcionalidad
de una obra de creación consiste, para Breton también, en su
respuesta a la necesidad humana de libertad y de invención.

En «Límites sin fronteras del surrealismo» se retoma la
enunciación del *Manifiesto* de 1924, donde se plantea una
nueva forma de pensamiento surrealista, más allá del racionalismo y al que la poesía de un Lautréamont o un Rimbaud
conducen. Además, introduce una relectura de la novela gótica de la que también se ocupaba entonces, a la luz de nociones marxistas y hegelianas: el materialismo dialéctico y la
filosofía de la historia, sin despegarse, no obstante, de la actualidad desde la que escribe.

En medio de las dificultades económicas por las que atraviesa e intentando conseguir un puesto de lector en el extranjero, se propone a Breton una misión cultural en México,

encargo que aceptará con entusiasmo sabiendo que allí se encuentra Trotski en el exilio. Cierto es que Breton se interesaba por el arte mexicano. En especial le atrae el arte precolombino, dentro del «primitivismo», fuente de inspiración de las vanguardias, pero también le inspira el muralismo moderno que sintetizaba dicho primitivismo con la lucha revolucionaria estimulada por la Revolución mexicana de 1910 y la bolchevique de 1917. Diego Rivera encarna dichos ideales en México.

Por parte de Trotski puede decirse que, de todos los dirigentes de la Revolución, era el que más se interesaba por la literatura y la cultura en general. Su libro *Literatura y revolución* (1924) traduce sus inquietudes sobre la relación del arte y la política revolucionaria. Mucho antes de su exilio polemizó con el poder estalinista y con su idea de oposición entre «cultura burguesa» y «cultura proletaria», planteamiento que recogerá en su obra *La revolución traicionada*. Pero Trotski no es un vanguardista. Apenas tiene conocimientos sobre el arte moderno y en 1938, cuando Breton llega a México, tampoco posee nociones sobre el surrealismo. El encuentro sin embargo no puede atribuirse a una mera casualidad, sino que puede verse en él la consecuencia de una necesidad histórica y de una evolución política. Tras un periodo de intercambios y viajes en común, Trotski habla a Breton del proyecto de un manifiesto que podría servir de base para la creación de una Federación Internacional Arte Revolucionario Independiente (FIARI) que expusiera de forma clara las relaciones del arte y la revolución. Le escribe una carta y le expone la necesidad de una federación de auténticos artistas:

Nuestro planeta se está convirtiendo en un asqueroso y maloliente cuartel imperialista. Los héroes de la democracia […] hacen todo lo posible por parecerse a los héroes del fascismo [...] y mientras más ignorante y obtuso es un dictador, más destinado se siente a dirigir el desarrollo de la ciencia, la filosofía y el arte. El instinto de rebaño y el servilismo de la intelectualidad constituyen un síntoma más, y no insignificante, de la decadencia de la sociedad contemporánea.

Apuntando tanto a la sociedad europea occidental como a la burocrática soviética, Trotski arremete contra los intelectuales de uno u otro sistema por «falsedad», por su embellecimiento artístico de la falsedad política. En esto coincide con Walter Benjamin en lo que este denomina la «estetización de la política» *(La obra de arte en la época de su reproductibilidad).*

Sin conocer a Benjamin, lo anticipa, así como también anuncia a Ernst Bloch y a Theodor Adorno, al identificar la creación artística con una protesta contra la realidad. Lo revolucionario en el arte no es su temática o sus intenciones, sino precisamente no poder estar subordinada a ninguna exterioridad. Trotski, como Bloch, concede a la auténtica creación artística autónoma un papel utópico y sabe, como Adorno, que el arte no puede transformar las condiciones sociales de una alienación, pero sí indicar, desde su autonomía, la existencia posible de un mundo en libertad.

El manifiesto de México *Por un arte revolucionario independiente* quería ser base para una FIARI, y ser base cultural asimismo de la IV Internacional. Pero más allá de la coyuntura política, Trotski piensa realmente la polémica relación del arte y la revolución, considerando al primero no una «superestructura» en el sentido marxista del término, sino la expresión imaginaria y simbólica de una cultura. Un marxista debe utilizar la situación del arte para juzgar a la sociedad que lo produce.

En la defensa de esa libertad en el arte, Trotski parece aún más extremista que Breton. En el manifiesto *Por un arte revo-*

lucionario independiente donde se dice «Total libertad en el arte, salvo contra la revolución proletaria», aportación de Breton a partir del libro *Literatura y revolución,* Trotski corrige y deja «Total libertad en el arte». Ve que en 1930 la dominación estalinista es total y trata de insistir en que, frente a las falsificaciones del marxismo tal como se entiende en la URSS o en el seno de los partidos comunistas occidentales, la libertad artística no es enemiga de la Revolución, pero sí de la opresión tanto capitalista como estalinista.

A pesar de estar distanciado de las ideas de Breton, Trotski intentó seriamente comprender el surrealismo. Muchos eran los obstáculos que tenían que superar en sus discusiones. Por lo pronto Trotski era un gran aficionado a la novela realista y en particular a la novela francesa, lo que no podía suscitar el entusiasmo de Breton, que condena abiertamente este género en su *Manifiesto del surrealismo* de 1924 por representar lo contrario de lo imaginario y lo maravilloso.

Se inclina por el realismo, no el «realismo socialista» por supuesto, sino más bien por lo que Gyorgy Lukács había entendido como realismo crítico, propio de los grandes escritores del XIX: Tolstói, Balzac o Dostoievski. Él es un dirigente revolucionario y Breton, un artista. El primero llega al arte desde la política, y Breton llega a la política desde el arte.

Otro punto importante de sus discusiones se refiere a Freud y el psicoanálisis. Trotski no concebía aplicar las técnicas psicoanalíticas a la reflexión política, mientras que Breton sí las consideraba fuente de inspiración. Breton exponía también en su *Manifiesto* la creencia en la *«résolution future de ces deux états, en apparence si contradictoires, que sont le rêve et la réalité, en une sorte de réalité absolue, de surréalité»*[1]. Pero Trotski le recuerda que Freud pretendía extraer el incons-

---

[1] Véase la traducción en *supra,* p. 31.

ciente para hacerlo consciente y su temor es que Breton persiga lo contrario: ahogar lo consciente en el inconsciente.

Breton insiste en la influencia de las manifestaciones del inconsciente en el arte. Pero Trotski subraya que en el arte el inconsciente no se expresa de manera directa, sino mediante condensaciones o desplazamientos, metáforas o metonimias, como apunta Roman Jakobson tratando la cuestión poética.

En lo que Trotski y Breton sí se ponen de acuerdo es en que la imaginación escape a toda coacción, que no permita bajo ningún pretexto que se le impongan sendas. Por ello también Trotski se muestra tan entusiasta con la creación de una federación internacional de artistas auténticamente revolucionarios e independientes, donde se combata por las ideas de la revolución en el arte, y donde se persiga la verdad artística no como lo interpreta tal o cual escuela, sino en el sentido de la *fidelidad inquebrantable del artista a su yo interior.* Así se lo comunica a Breton.

El manifiesto *Por un arte revolucionario independiente* fue firmado por Breton y Rivera, ya que Trotski consideraba que un escrito sobre el arte debía llevar los nombres de artistas y no de políticos. Fue ampliamente difundido, y Breton se esforzó por conseguir un máximo de adhesiones.

De esta época data también la ruptura de Breton con Éluard, resultado de su posicionamiento opuesto con respecto al comunismo. Esta ruptura fue un duro golpe para la FIARI, y más aún el conflicto que se desata entre Trotski y Rivera, para quien el primero ha dado un golpe de Estado con el asunto de la federación. Estas disensiones se dan en un escenario en el que pesa cada vez más la amenaza de la guerra.

Breton es reclutado como médico auxiliar en distintas ocasiones. En agosto de 1940 toma la decisión de marcharse de

Francia e irse a Estados Unidos para proseguir de la forma más eficaz posible la lucha contra todos los factores de descomposición antes de que fuese demasiado tarde.

En espera de su visado Breton está instalado en Marsella donde la víspera de la visita del mariscal Pétain a la ciudad es detenido junto a otros intelectuales acusados de «anarquistas peligrosos». Una vez liberado, se embarca rumbo a Martinica.

Durante su estancia en Estados Unidos Breton sigue a distancia los acontecimientos de la guerra, esto le será reprochado en Francia a su vuelta, en 1946; verá que, en un mundo que ha conocido el Holocausto e Hiroshima, el planteamiento del surrealismo cambia completamente de óptica. Los dos amigos de Breton, Aragon y Éluard son miembros importantes del Partido Comunista; Picasso es el pintor oficial y Tzara un militante convencido. El surrealismo se ve superado por el existencialismo de Sartre y su idea de una literatura comprometida, la única posible. Breton sigue oponiéndose al estalinismo y denuncia la degeneración de lo que había sido el primer comunismo.

De la posguerra a la muerte de Breton (1946-1966)

En torno a su persona se reconstruye un nuevo grupo surrealista de escritores convencidos, pero no militantes, entre los que se encuentran Julien Gracq y Pieyre de Mandiargues. Sin embargo, el proyecto que hasta ahora le ha guiado se diluye en otros intereses como el esoterismo o la civilización celta. Tras el asesinato de Trotski no tiene en su actualidad un referente como él y en ideología política prefiere inspirarse en el siglo anterior y hacer del socialismo utópico de Charles Fourier uno de los centros de sus preocupaciones. En 1947 le dedica un largo poema «Ode à Charles Fourier» («Oda a Charles Fourier»). Breton se sitúa políticamente «entre el espejismo atómico y la imagen de Fourier». La decepción del marxismo que sentía ya en los años treinta se agudiza ahora con las monstruosidades de los herederos de Lenin y la barbarie de una civilización que no ha dudado en utilizar la bomba atómica. Fourier aparece como una fuente esperanzadora. En 1950 le consagra un capítulo en la edición aumentada de su *Anthologie de l'humour noir (Antología del humor negro).*

Durante este periodo muchos son los ataques comunistas contra Breton. Tzara pronuncia una conferencia en la Sorbona, con el título «Le Surréalisme et l'après-guerre» («El surrealismo en la posguerra») declarando que el surrealismo estaba fuera del mundo y reprochando a Breton no haber afrontado la guerra. Por otro lado, Sartre, en la revista *Les Temps Modernes,* ataca duramente al surrealismo por su ideología burguesa, y trata a sus miembros de parásitos.

Breton publica en diferentes medios: en el periódico anarquista *Le Libertaire,* donde figuran como colaboradores Camus y Armand Robin, así como los cantautores Georges Brassens y Léo Férré. En este periódico protagoniza una llamada a la atención pública en favor de once anarquistas condenados a muerte en la España franquista. Breton toma la palabra en un mitin en el que se encuentran Sartre, Camus, Char, Guilloux, Béguin y Silone, el 22 de febrero de 1952. También se pronuncia en la revista que fue órgano de prensa de la Resistencia, *Combat.* En esta última escribió su «Lettre ouverte à Éluard» («Carta abierta a Paul Éluard») en la que le pide interceder en la situación del poeta surrealista y trotskista checo, Záviš Kalandra, condenado a muerte por los dirigentes estalinistas. No tuvo repercusión en el antiguo surrealista.

Entre el control comunista en Checoslovaquia y la invasión soviética de Hungría en 1956, Breton continúa denunciando el estalinismo, así como la política francesa en la Guerra de Argelia. Pero también toma distancia con la propia actividad surrealista y prosigue la definición de su propia actitud a través de manifestaciones en revistas, exposiciones y debates, sin dejar de participar en los comités antifascistas y círculos de acción de intelectuales en contra del colonialismo y buscando la liberación del pensamiento revolucionario.

En cuanto resistencia intelectual ante la instauración del poder gaullista surgen diferentes respuestas: el periódico *14 juillet,* la publicación mensual *Surréalisme même* y una nueva revista dirigida por Breton, *La Brèche,* con la misión de otorgar voz a la acción surrealista. Verá la luz entre octubre de 1961 y noviembre de 1965, el último número publicado aún en vida de su director.

Desde hacía tiempo Breton sufría problemas respiratorios. Su actividad se ve obligada a reducirse. Las reuniones en los cafés de París o en su propio domicilio se espacian, mientras que los retiros en su casa de campo al sur de Francia se alargan y es allí donde pasará los últimos meses de su vida.

Tras la muerte de André Breton, en 1966, otra revista retoma las riendas de *La Brèche,* con el nombre de *L'Archibras,* ya proyectada por el fundador del surrealismo, de acuerdo con el pensamiento que inspiraba la última etapa de su trayectoria. El «archibrazo» es una creación de Charles Fourier y consiste en una especie de brazo de armonía con que están dotados los hombres de los planetas soles y que reúne ciertas habilidades repartidas entre los animales terrestres: trompa de elefante, cola prensil de los simios, etc. Se trata de una extremidad terminada en una mano, de gran longitud y enorme poder, preparada para resistir contra toda fuerza, así como para dotar al hombre de facultades desconocidas: nadar como un pez, descender a las profundidades o alcanzar la cima de los árboles, enfrentarse a un toro y a un león al mismo tiempo sin acercarse, impulsando también de esta forma sus tareas más habituales, como arar la tierra o domar un caballo a distancia.

El número 4 de esta revista lleva por subtítulo «El surrealismo el 18 de junio de 1968». Emulando la rebelión popular e instantánea de aquel año mítico en la historia francesa, aparece bajo los auspicios de la poesía y la anarquía:

> *Les jeunes énergies qu'on prétend briser n'auront que plus de force d'êtres lovées, quelque temps, dans l'ombre: car la nuit sera rouge et noire!*[2].

Consiste en una publicación colectiva de 16 artículos no firmados, entre los cuales pueden señalarse un retrato elogioso de Cohn Bendit, un retrato difamatorio del enemigo (el realismo de De Gaulle, del PCF, de los sindicatos, de los partidos políticos…), una carta a Malraux con una serie de peticiones de acuerdo con una utopía surrealista (abolición de la propiedad privada y el dinero, liberación de los locos, jubilación del señor Malraux…) y un texto final con la fórmula *A bas la France!,* caricatura de los discursos del presidente de la República. La revista fue censurada y a punto de ser secuestrada. Los participantes que figuraban al final de este número son los siguientes: Vincent Bounour, Claude Courtot, Annie Le Brun, Gérard Legrand, José Pierre, Jean Schuster, Georges Sebbag, Jean Claude Silbermann.

---

[2] «Las jóvenes energías que se quieren quebrar sacarán aún más fuerzas de ovillarse un tiempo en la sombra: ¡pues la noche será roja y negra!»; se trata de una paráfrasis del mensaje que el poeta Gérard de Nerval dejó antes de suicidarse: «*Ne m'attends pas ce soir car la nuit sera noire et blanche*» («No me esperes esta tarde pues la noche será negra y blanca»).

Por la lucidez que demuestra en todos sus libros hasta hoy, se impone citar un pasaje del texto de Annie Le Brun, escrito desde el anonimato, pero cuya autoría ha confirmado ella misma. Lo titula «Vivent les Aventurisques» («Vivan los Aventurriesguistas») y en él transmite el ambiente de aquellos días de lucha y liberación en las calles de París:

> *Le vent échappa à la spéculation météorologique des week-ends, pour servir une immense respiration collective. Je ne parle ni d'une fraternisation dérisoire de type boy-scout toujours prêt à faire comme les autres, ni d'une solidarité de la peur bassement humaine de genre humaniste. Il ne s'agissait pas, mais pas du tout, de donner à voir, mais d'inviter à vivre. Pour la première fois depuis longtemps dans les rues les gens étaient beaux, parce que passionnés. On parla d'un débordement des organisations politiques parce que pour la première fois depuis longtemps, on ne parlait plus raison mais passion. La misère des rapports humains qui assure votre formidable sécurité était soudain débusquée [...].*
>
> *Nous avons des provisions de rêves*
> *Nous avons des munitions de trouvailles*[3].

---

[3] «El viento escapó a la especulación meteorológica de los fines de semana para ponerse al servicio de una inmensa respiración colectiva. No hablo de una confraternización irrisoria al estilo boy-scout siempre a punto para hacer como los demás, ni de una solidaridad del miedo vilmente humana de tipo humanista. No se trata, no señores, en absoluto, de exhibir, sino de invitar a vivir. Por primera vez desde hacía mucho tiempo en las calles las personas eran guapas, porque las habitaba la pasión. Se habló de un desbordamiento de las organizaciones políticas porque por primera vez no se hablaba de razón, sino de pasión. La miseria de las relaciones humanas que garantiza su lamentable seguridad, señores, se veía por primera vez desenmascarada [...] / Tenemos provisiones de sueños / Tenemos municiones de hallazgos».

Un año más tarde, se publicaba el certificado de defunción del surrealismo en cuanto movimiento organizado en Francia. Era una declaración en forma de manifiesto y firmada por Jean Schuster (*Le Monde,* 4 de octubre de 1969).

De esta evolución política del surrealismo puede deducirse que el movimiento perdió su batalla antes de que se extinguiera el grupo tras la muerte de Breton, pero que este siguió hasta el último momento. A pesar de tener que reconocer sus fracasos, intentó reanimar el espíritu revolucionario y se opuso en todo momento a los poderes del imperialismo cultural y el embrutecimiento de las masas, manteniendo siempre lo que fue su ideal: «*Le développement de la civilisation et le progrès incessant des techniques n'ont pu totalement extirper de l'âme humaine l'espoir de résoudre l'énigme du monde et de détourner à son profit les forces qui le gouvernent*» *(L'Art magique [El arte mágico])*[4]. Y, aunque no pudo ver hecho realidad el lema de Marx y de Rimbaud, «Transformar el mundo y cambiar la vida», sí pudo concebir nuevas formas de estar en el mundo, testimonio del arte y la sociedad de la segunda mitad del siglo xx.

---

[4] «El desarrollo de la civilización y el incesante progreso de la tecnología no han podido totalmente extirpar del alma humana la esperanza de resolver el enigma del mundo y de orientar en su favor las fuerzas que lo gobiernan».

IV. La escritura del pensamiento

Automatismo

Ya se ha visto que la definición del surrealismo en el *Manifiesto* se afirmaba como una operación de automatismo psíquico, un dictado del pensamiento no controlado por la razón, libre de toda limitación estética o moral. En cuanto facultad que se ejercita, actúa sobre aquellos fenómenos que se manifiestan en los límites de la conciencia y que vagamente se pueden captar o transcribir, siguiendo el modelo de la asociación libre de los pacientes tratados por el psicoanálisis freudiano. También suponen objeto de observación los sueños en general o las experiencias hipnóticas.

En el origen de esta práctica, está la escuela de psiquiatría francesa de Charcot, en la que se forman Freud y el neurólogo franco-polaco Joseph Babiński, siendo Breton uno de los mejores alumnos de este último. Sin embargo, el surrealismo se aleja de esta filiación en la medida en que, si bien retiene el componente antropológico, es decir, la concepción global del inconsciente humano y su estructura, el papel desempeñado por el deseo, la censura o la sexualidad, no adopta su idea del análisis ni de la cura, sino más bien procede atendiendo a una colección de discursos e imágenes procedentes del inconsciente. Poco tiene que ver, pues, con el psicoanálisis.

La escritura automática, en cuanto elemento esencial del surrealismo, e integrada en las sesiones de hipnotismo, se explica no solo en su calidad de mensaje directamente pronunciado desde el inconsciente, sino por ser además una experiencia colectiva, afectiva, un ritual, un entrenamiento mental, algo atractivo, divertido, y a la vez peligroso, si en las sesiones de los durmientes afloran los celos, deseos o agresividades entre los miembros del grupo. Para comprenderlo nada mejor que trasladarse a una de las citadas sesiones, relatada por el propio Breton en la «Entrada de los médiums», uno de los puntos del programa del *Manifiesto*.

Hay que imaginarse el ambiente en que se desarrollan tales encuentros: la oscuridad, el silencio, un espacio –la mayoría de las veces el taller de Breton– poblado de cuadros, objetos, máscaras que sugieren presencias misteriosas, y la voz de los durmientes transformada por suspiros, gritos y profiriendo el odio a la madre o la obsesión por el suicidio, como en el caso de René Crevel, cuyo padre se ahorcó y él mismo acabará protagonizando su propio final; o bien Desnos, identificándose con Robespierre por asociación de su propio nombre Robert-Pierre con el del revolucionario; y Benjamin Péret tirándose al agua sobre la mesa para nadar o volar en un universo paradisiaco. La mujer de Breton, Simone, en la correspondencia con su prima Denise, ensalza así la compenetración de los miembros del grupo ante tales vivencias:

> Que sepas que los doce que estábamos habíamos decidido criticar a cada uno de los presentes y dar nuestra opinión sobre ellos. Era excitante y al mismo tiempo trágico.

Después de un mes de reuniones, Breton comienza a ver los problemas: entre Desnos y Crevel se desata una rivalidad palpable y el primero, en trance, maldice a los presentes prediciéndoles la muerte por tuberculosis. Cunde el miedo. Desnos se pone a rascar en la mesa lanzando miradas desafiantes con sus ojos saltones y sus grandes ojeras. Crevel quiere convencer a todos de que se cuelguen de los percheros. Otra vez, en casa de Éluard, Desnos coge un cuchillo y se pone a perseguir al anfitrión por el jardín. Breton no consigue despertarlo y tiene que llamar a un médico. Desnos, cada vez más convencido de su papel de médium, se defiende abruptamente. Breton decide interrumpir esta aventura de la hipnosis, pero no por ello deja de valorar su interés poético.

Independientemente de sus contenidos y de las maneras de provocarlo, el automatismo tiene una función. En 1930 Breton reconocerá los riesgos que este tipo de escritura conlleva: alucinaciones, pérdida del control de uno mismo hasta rozar el vértigo mortal. Por ello considera *Los campos magnéticos* un libro peligroso. Sin embargo, según las declaraciones de Soupault y Aragon, esta composición aportó mucho y positivamente a Breton en un momento de vacío y desánimo, al considerar la práctica de un lenguaje afectivo libre de sumisiones una fuerza capaz de vencer la obsesión del silencio poético o el suicidio. No hay que olvidar la dedicatoria a Jacques Vaché. El 6 de enero de 1919 tuvo lugar su desaparición. Se relaciona con este hecho el primer mensaje automático de Breton, la enigmática frase del *Manifiesto:* «Hay un hombre cortado en dos en la ventana». En su prefacio a la reedición de las *Lettres de guerre (Cartas de guerra)* de Vaché, Breton alude a que no está muerto y evoca sus reapariciones: «Presencia extraña, con eclipses interminables, presencia sin embargo persistente que no experimento con ningún otro ser que me haya dejado». Al poeta de Nantes se refiere en este primer intento de una nueva forma de creación. Es la escritura automática, trabajo en el que se tendía a descubrir el estado mental propicio a una nueva poesía, una poesía de sueño de conciliación entre contrarios: en la figura de Vaché, la vida y la muerte.

Este abandono a lo irracional en el seno del surrealismo, la escritura automática, es más que nada un proceso creativo. Desde este punto de vista su realización puede figurar junto a otras formas intuitivas de creación, reconocibles en la improvisación musical, teatral o pictórica, todas ellas propias de una estética moderna. En cuanto «dictado del pensamiento», la escritura automática se aproxima al monólogo interior del *Ulises* de Joyce y estaría dentro de lo que pueden considerarse nuevas técnicas narrativas. Pero lo más interesante en el automatismo de la escritura es poder calificarla de *performance,* al coincidir, como en una actuación teatral, el momento de la acción y su formulación verbal.

Como procedimiento literario, Breton no se interesó por las fórmulas surrealistas, tal como dice en el *Manifiesto.* A pesar de ello, hay que reconocer que en las composiciones nos encontramos con escritores que poseen un conocimiento elevado de la sintaxis, una gran memoria inconsciente y una saturación de referencias culturales y poéticas que fluyen en el discurso «automáticamente», y producen frases muy logradas, llegando incluso a expresarse en versos alejandrinos. De modo que pueden identificarse «estilos» personales según de quien procedan. En el fondo, se trata de reproducir de forma artificial las condiciones que rigen las representaciones de los sueños y Breton proporciona un método sencillo de autosugestión, escritura rápida mediante una intervención consciente y reorientación del flujo de las palabras para intentar que, tal como estas se suceden, conserven siempre un carácter de arbitrariedad.

Puede afirmarse que estamos ante una palabra pulsional por momentos controlada. El propio Breton, igual que con respecto a la búsqueda del valor poético de los discursos hipnóticos, confesará en 1933 su decepción frente a los frutos de la escritura automática que considerará un intento desafortunado. Es evidente, sin embargo, que las obras significativas del surrealismo obedecen a esta conquista de la escritura en el terreno del inconsciente. Al margen de sus propiedades literarias, a pesar de los prejuicios de Breton, tanto en los textos de *Los campos magnéticos* como de *Pez soluble* hay un tono, un ritmo e incluso una narración que guían la lectura.

Uno de los indicadores de un tono diferente en la escritura y de la relación de fuerzas entre las palabras es el empleo de la cursiva, constante en el *Manifiesto*. Precedido por otros autores en este recurso tipográfico (Poe, Baudelaire, Rimbaud, Nietzsche), Breton distorsiona la sintaxis y, sobre todo, quiere con ello hacer una llamada de atención, una invitación a pesar la palabra, cargándola de significado. Recordemos algunos ejemplos: *«puede ser»*, *«la mayor libertad»*, *«el sueño»*, *«ruinas»*, *«castillo»*, *«practicar»*, entre muchos otros.

Que la primera obra de escritura automática lleve por título *Los campos magnéticos* indica ya un campo de exploración donde cuenta, más que el contenido, los contactos dinamizados por fuerzas invisibles. Julien Gracq subraya cómo toda la obra aparece galvanizada por el paso de la corriente que la inspira. El magnetismo es un tema mayor en el pensamiento del surrealismo. Y particularmente de Breton, para quien toda circulación de la vida fluye, para el inconsciente, magnéticamente. Es su forma de materializar la más elevada de las sensaciones: estar conectado, percibir la fluidez entre realidades aparentemente alejadas. La escritura automática establece un puente entre la conciencia y la inconsciencia, pero lo mismo puede decirse de la imagen, del *collage,* de la cita de poetas en el discurso de la escritura.

La imagen, no sobrará insistir en ello, preside el pensamiento y la escritura de Breton. Del acercamiento de dos términos surge una luz particular, una *luz de imagen,* y su valor depende de la chispa que se produce al entrar en relación los conductores. En el *Manifiesto* las imágenes se originan persiguiendo alterar el orden de la razón mediante la contradicción lógica, la inversión de lo abstracto y lo concreto o el poder de alucinación sensorial, y, a la vez, introducen un desequilibrio estructural. Pero no se hace ninguna diferencia entre metáfora o comparación. Es más, se rechaza este último uso retórico recordando a Jules Renard, quien afirmaba a su vez: «Como toda comparación original debe forzosamente y a la larga resultar una banalidad, mejor no hacer ninguna».

En la asociación de dos términos que configuran la imagen, uno de ellos se refiere al mundo real y otro a un mundo virtual o imaginario. Es difícil hablar entonces de automatismo puro, como ya se ha dicho. Hay que relacionarlo con los otros recursos poéticos. El famoso poema de «L'Union libre» («La unión libre») de Breton, donde el punto de unión se establece mediante la preposición *«à»,* en francés, constituye un buen ejemplo. A veces se da una similitud entre los elementos puestos en contacto, pudiendo en ese caso hablarse de analogía, es decir, equivalencia de propiedades, como la similitud entre la cabellera, se supone que pelirroja, y una hoguera, o entre el talle de la mujer y un reloj de arena. En cada uno de los versos se da en todo caso una síntesis de dos realidades de orden diferente.

> *Ma femme à la chevelure de feu de bois*
> *Aux pensées d'éclairs de chaleur*
> *À la taille de sablier*
> *Ma femme à la taille de loutre entre les dents du tigre…*[1].

---

[1] Evidentemente, en la traducción la preposición cambia: «Mi mujer de cabellera de hoguera / De pensamientos de relámpagos de calor / De talle de reloj de arena / Mi mujer de talle de nutria entre los dientes del tigre».

Realidades de orden diferente cristalizadas en la mujer, intermediaria entre el hombre y la naturaleza, expresada aquí en sus cuatros elementos: a través de imágenes materiales acuáticas (hombros de champagne, sexo de algas), aéreas (piernas de cohete, dedos de pájaro huyendo vertical) minerales (lengua de ámbar, sienes de pizarra) o ígneas (noche de San Juan, leños) Para cerrar el poema con,

> *Ma femme*
> *Aux yeux de niveau d'eau, de niveau d'air de terre et de feu*[2].

Antes de pasar a un análisis más preciso del funcionamiento de la analogía como pensamiento poético, es necesario atender a la publicación de Breton en 1933, «Le message automatique» («El mensaje automático»), en la revista *Minotaure* n.º 5, y que proporciona la famosa afirmación sobre la escritura automática, a la que ya me he referido: *«L'histoire de l'écriture automatique dans le surréalisme, serait, je ne crains pas de le dire, celle d'une infortune continue»*[3]. El autor vuelve a su cuestionamiento en este texto teórico, que se diferencia de otros escritos de este calibre en no referirse a sus anteriores maestros: Engels, Marx y Hegel. Su inclinación dominante son las formas de expresión espontánea de base psicológica o parasicológica. Se continúa así, pues, el discurso facilitado en el *Manifiesto* sobre la aportación de las sesiones mediúmnicas, donde, más que entrar en contacto con los muertos, se intenta llegar a desvelar el lenguaje del inconsciente. Como en el texto fundador, Breton defiende el control consciente, desde una actitud de «pasividad voluntaria» que niega toda

---

[2] «Mi mujer / de ojos de nivel de agua, de nivel de aire, de tierra y de fuego».
[3] «La historia de la escritura automática, no temo reconocerlo, es el haber sido desafortunada en todo momento».

influencia sobrenatural. En realidad, dicha expresión ya no se denomina solo escritura automática, sino, más bien, «mecánica», «inspirada», «subliminal», más allá de los límites de la razón y cuyo objetivo es superar una escritura calculada, una idea de «genialidad» y de abrir las puertas de la poesía a otra enunciación.

Es interesante reconocer en este gesto los contenidos de la *Carta a las videntes.* Breton aparece en la revista que contiene el artículo, enmarcado por dos bolas de cristal. Se discurre en él sobre la relación percepción-representación y no duda en recordar a Leonardo da Vinci cuando proponía a sus alumnos, en búsqueda de originalidad temática, observar durante un tiempo una pared desconchada y apreciar poco a poco formas y escenas solicitadas por la imaginación. Dicha actitud ha desaparecido, según Breton, en una época en que los paisajes como las ciudades sucumben ante la velocidad marcada por la tecnología en nuestra sociedad que apenas deja tiempo al pensador, al artista, al soñador, de configurar pacientemente unas formas. Por ello apela a las superficies elementales sobre las que proyectar mundos por venir, como pueden revelarse en las interpretaciones mediúmnicas de los posos del café o del plomo fundido. Son variantes de un pensamiento automático que se corresponde con un signo de la época y que son testimonio de una necesidad general de la sensibilidad artística.

E interesante es también que en estas consideraciones se quiera aclarar y refutar la condición de «visionario» que se atribuye a Rimbaud desde su propia declaración: «Quiero ser poeta, me afano en ser vidente» y de la que ya me ocupé[4]. Para Breton, y aquí procura una reflexión sobre el lenguaje, las inspiraciones verbales están dotadas de más contenido visual

---

[4] Véase *supra,* pp. 98-99.

que las propias imágenes visuales. Lautréamont y Rimbaud no han visto nada, no han descrito nada a partir de un *a priori*, sino que escriben a la escucha de las zonas de oscuridad de la profundidad del ser. Se trata, ni más ni menos, de hacer prevalecer lo auditivo sobre lo visual. Breton se basa, entre otras, en las teorías y experiencias del doctor en medicina y profesor de filosofía y psicología fisiológica Théodore Flournoy y, en particular, en su libro *Des Indes à la planète Mars (De las Indias al Planeta Marte)*, estudio de un caso de sonambulismo con glosolalia que atiende a la personalidad múltiple de Hélène Smith, médium capaz de practicar automatismos de tipo verbo-auditivo, verbo-visual y gráfico. Estas formas de expresión se denominan lenguas marcianas. Estas lenguas se pronuncian durante las alucinaciones visuales o auditivas, mediante anotaciones de fragmentos de conversación ficticia que se escuchan en estado de trance, palabras en lenguas desconocidas o trasposiciones dictadas por los «guías» del médium. Hélène Smith se considera una reencarnación de María Antonieta y de una princesa hindú, y asistida por el alquimista, ocultista y masón siciliano Giuseppe Balsamo-Cagliostro.

Estos fenómenos de conexión no son decisivos para Breton, que se muestra reacio a toda comunicación con otro mundo y considera que estos hechos, comparables a la práctica de la adivinación mediante «mesas giratorias» u otras formas difundidas a través de la literatura espiritista de finales del siglo XIX, han desviado la atención de lo que tiene lugar en dicha exploración. De dicha exploración a Breton le interesa la libertad que se despliega cuando el sujeto se sumerge en el lenguaje. Pues no significa que la médium deje de ser consciente de la realidad presente: tales automatismos se graban en la memoria o se describen; son una fuente de liberación de trabas a la hora de formular un discurso. No hay que olvidar que la primera intención del recurso a la escritura automática era «*le nettoyage définitif de l'écurie littéraire*»[5].

La idea generadora del surrealismo es abrir esclusas que permitan hacer circular otras fuentes de inspiración procedentes del ojo o del oído, es decir, percepciones sensoriales que la imaginación plasmará en figuraciones de todo tipo.

Un ejemplo de «visión» que Breton retiene la procuran los estudios de Pierre Quercy sobre las alucinaciones. Este psiquiatra y doctor en filosofía y medicina cita el ejemplo de Teresa de Ávila, en quien reconoce la fusión de una visión imaginativa y sensorial, y un verdadero sentido ascensional en su travesía de espacios ideales. Teresa de Ávila recuerda que, en una de sus apariciones, Jesús le coge la cruz de madera del rosario y se la devuelve trasformada en una cruz de piedras preciosas. Y le dijo: «A partir de ahora la verás así»; pero solo ella era capaz de verla así. A los ojos de Breton el artista debe responder a esta exigencia que es la equivalencia profana de la visión imaginativa y sensorial, propia de Teresa de Ávila. «*Malheureusement ce n'est encore qu'une sainte*»[6], concluye al final de su artículo, sin atender al lugar que ocupa la religiosa tanto en la historia de la literatura española como en la universal.

Analogía

La idea de la analogía que se funda en el sueño de continuidad entre seres u objetos separados en el espacio y en el tiempo está en la base de una concepción de la poesía romántica y moderna e inspira el surrealismo, como se indicó en el

---

[5] «La limpieza definitiva del establo literario».
[6] «Desgraciadamente aún es solo una santa».

momento de abordar sus antecedentes[7]. Pero remontándose en el tiempo, la analogía es una forma de pensamiento que se descubre hasta en las culturas más primitivas, por no hablar de las obras que se han ocupado de esta forma de lógica en la historia de la filosofía y de la filosofía del lenguaje.

Sin embargo ¿puede hablarse de filosofía surrealista? En realidad, no puede decirse que los miembros del grupo tuvieran una formación filosófica. Son más bien autodidactas y no deben nada a la universidad. Son cultos y eruditos, pero están al margen de los debates de la filosofía francesa de la época. Lo que hace el surrealismo, y así lo expresa Breton en el *Manifiesto,* es erigirse contra el realismo de la cultura racionalista occidental, desde Tomás de Aquino hasta Anatole France.

En el pensamiento surrealista se ha visto la importancia de las fuentes alemanas a través de los poetas románticos y de quien se convierte en representante del idealismo absoluto: Hegel. Y no se puede desligar esta corriente ideológica de la acción política que está tomando cuerpo paralelamente a la elaboración del programa surrealista. En el otro polo de las ideas del momento está el marxismo-leninismo. Breton no tiene problemas en adherir al materialismo histórico y asimila la crítica sociológica de Marx y Engels, pero la concepción materialista del psiquismo humano promovida por Freud le permite considerar la dimensión individual del ser y no limitarse a la consideración del individuo en sociedad, base de la revolución política marxista.

Así pues, la dialéctica entre idealismo y materialismo que guía el ideario surrealista de 1924 y 1925 requiere otra forma de pensamiento, de otro orden temporal. Y es ahí donde puede hablarse de pensamiento analógico. Se ha evocado el funcionamiento de la analogía en la cultura del pasado. En

---

[7] Véase *supra,* p. 116.

el caso de Europa, la fuente principal es la tradición de la Edad Media y del Renacimiento. Breton la integra en el *Manifiesto* a través de la figura de Nicolas Flamel, escribano del siglo XIV considerado alquimista. Su afición al esoterismo y a la magia proceden igualmente de esa inspiración. El pensamiento analógico desempeña un papel fundamental en la formación de las imágenes poéticas.

No obstante, en materia de poesía, el surrealismo, definiéndose principalmente como una «práctica», una búsqueda activa y dinámica de todas las vías que pudieran llevar a un estado poético, no se interesa en dilucidar lo que Poe entendía por «principio poético».

Ya se ha visto que Breton sitúa la belleza de la poesía en el choque, la chispa que una imagen provoca al entrar en contacto con otra realidad. La belleza poética es convulsiva. Pero este aspecto explosivo contradice el proceso de analogía, que no radica en la inmediatez, sino que opera en la duración. Es más bien una metamorfosis, un «paso», que precisa una impregnación más que un sobresalto.

Para el surrealismo, además, la poesía se muestra libre de aparecer con otras formas no solo en la literatura o en el arte, sino en otros campos de la vida como el encuentro, el hallazgo, la magia del azar o la magia amorosa. Dotando a la poesía de un valor absoluto, una realidad superior, el surrealismo se preocupó sobre todo por cambiar la vida, más que por detectarla y analizar de dónde podía surgir.

Suzanne Lilar, escritora belga y autora del *Journal de l'analogiste (Diario del analogista),* se cuestiona ante la génesis de una imagen poética nueva qué ha sucedido y cómo actúa esta en nosotros. Se habla siempre de emoción. Lilar prefiere atender al paso de una imagen que procede, ante todo, de una percepción personal y eso sí que es de «todos». También es interesante ver cómo en este libro la noción de la belleza queda al margen de la poesía, situándose esta última en las cosas y la primera en la poetización que cada uno materializa en sí mismo. No se hace de la poesía la superior y más robusta de las artes, la poesía eterna, sino algo semejante a un frágil brote momentáneo del arte. Algo como remontarse a sus orígenes, reduciéndose a su sencillez, la poesía del arte en sí mismo. La analogía atañe a la comparación, la metáfora, el símbolo. Que los surrealistas no lo diferenciaran no viene aquí al caso. La analogía está muy cerca de la equivalencia. Esta, en la valoración que nos ofrece la escritora, es la conversión de una cosa en colores, sonidos, valores, líneas. Pero igualmente esa equivalencia es la tonalidad afectiva que las palabras adoptan a través de medios como intervalos, silencios, ritmos. La equivalencia se traduce en analogía sensible. Comporta una valoración psicológica de identificación o de rechazo.

El signo ascendente

Se ha observado que el pensamiento analógico impulsa la creación poética en su capacidad asociativa. En 1949 ve la luz un texto de Breton, *Signe ascendant (Signo ascendente)* en el que refleja su idea de dicho pensamiento:

> *Je n'ai jamais éprouvé le plaisir intellectuel que sur le plan analogique. Pour moi la seule* évidence *au monde est commandée par le rapport spontané, extra-lucide, insolent qui s'établit, dans certaines conditions entre telle chose et telle autre, que le sens commun retiendrait de confronter. Aussi vrai que le mot le plus haïssable est le mot* donc *et tout ce qu'il entraîne de vanité et de délectation morose, j'aime éperdument tout ce qui, rompant d'aventure le fil de la pensée discursive, part soudain en fusée illuminant une vie de relations autrement fé-*

conde dont tout indique que les hommes des premiers âges eurent le secret[8].

Esta cita, que plantea la fuerza de las palabras a la hora de explicar un pensamiento, invita a sopesar aquellas como «hilo», «iluminadoras» o «cohete». Se verá más adelante, aunque ya se haya mencionado, el caso del «hilo conductor»[9].

Por lo pronto, y siguiendo este texto, Breton opone el método analógico, vigente en la Antigüedad y en la Edad Media, al método lógico que conduce a poetas y artistas a un callejón sin salida. El primer deber de estos es recuperar la analogía, más allá de las connotaciones espiritualistas que intervienen en su funcionamiento. Para ello extrae un ejemplo del «Cantar de los Cantares»:

> Tus dientes son como rebaño de ovejas trasquiladas que suben del lavadero.

O bien este otro del científico y místico sueco Swedenborg:

> Yo vi unos espíritus reunidos, con sombreros puestos.

A la vez que se fija en estas asociaciones, Breton vuelve a comentar la definición de la imagen según Reverdy, tal como

---

[8] «Solo he sentido placer intelectual en el plano analógico. Para mí la única *evidencia* en el mundo obedece a la relación espontánea, extralúcida, insolente, que se establece, en ciertas condiciones, entre tal cosa y otra, que el sentido común evitaría confrontar. Así como la expresión más odiosa para mí es *en consecuencia* con toda la vanidad y deleite taciturno que conlleva, amo apasionadamente todo lo que, rompiendo por azar el hilo del pensamiento discursivo, se dispara como un cohete iluminando una vida fecunda de otra manera y cuyo secreto todo parece indicar que los hombres primitivos ya tuvieron».

[9] Al respecto, véase *supra,* p. 68 n. 49, e *infra,* p. 270 nn. 5 y 6, y p. 316.

aparece en el *Manifiesto,* considerándola insuficiente. En su momento se oponía a toda relación de vínculo entre realidades confrontadas. Con el tiempo formula dicha relación de modo diferente, inclinándose por el valor de la imagen analógica en el sentido en que, poniendo en contacto similitudes parciales, se mueve entre dos realidades: de la primera realidad a la segunda, la imagen traduce una tensión vital abierta a un posible, desde el punto de vista saludable o deseable, es decir, positivo. Y aquí Breton cree que hay palabras y asociaciones nobles y otras que no lo son y eso define a los poetas. Los enemigos mortales del lenguaje son lo depresivo y lo despreciativo, referencia que sirve al fundador del surrealismo para distinguir a Cocteau en su imagen «Guitarra, bidé que canta», de otros poetas (Swedenborg, Apollinaire o Benjamin Péret) proponiendo como imagen insuperable de su idea de «ascendente», la del siguiente apólogo Zen:

> *Par bonté boudhique, Basho modifia un jour avec ingéniosité, un haikai cruel composé par son humoristique disciple, Kikakou. Celui-ci ayant dit: «Une libellule rouge – arrachez lui les ailes – un piment» Basho y substitua: «Un piment – mettez-lui des ailes – une libellule rouge»*[10].

Dos aspectos son importantes de subrayar en el signo ascendente de la poética de Breton: el primero es que excluye en su aventura cualquier ensoñación metafísica, cualquier más allá o trascendencia fuera del mundo en que vivimos; el segundo es el poder que concede al lenguaje en su capacidad transformadora de nuestra relación con la realidad en

---

[10] «Por bondad, el budista Basho modificó un día ingeniosamente un cruel haiku compuesto por su bromista discípulo Kikaku. Este había dicho: "Una libélula roja – arráncale las alas –, un pimiento". Basho lo cambió: "Un pimiento – ponle alas – una libélula roja"».

su dimensión física y corporal. El primer aspecto se relaciona con la creencia de Breton en ciertos valores «ascendentes», lo que concuerda con su repugnancia hacia lo enfermizo, doloroso o angustioso que reprochaba a Bataille, pero que admiraba en Sade. Ello determina su propia idea de la poesía como empresa espiritual que ensalza la elevación pero que ignora toda fascinación por lo bajo. De nuevo una paradoja más en alguien que toma a Baudelaire por una de sus mayores referencias y le sirve para negar cualquier otro paraíso que no sea terrestre.

Desde estas coordenadas, «ascendente» remite no tanto al sentido astrológico del término, que por supuesto se incluye también, como a la pulsión ascensional del propio dinamismo imaginario. Esta pulsión ascensional del psiquismo humano, supuestamente activa en los hombres primitivos, exige introducir en este estudio una perspectiva antropológica.

En la actividad de la imaginación, ascensionalidad equivale a tonicidad, y está directamente relacionada con la postura vertical que diferencia al hombre del animal, y que inspira sueños de altura, libertad y transcendencia. La imaginación del aire, con sus metáforas axiomáticas, moviliza el psiquismo en su totalidad, es fuente de energía, experiencia primordial de novedad y de apertura, y nutre toda una mitología de superación tanto física como moral.

Si hay un movimiento literario que encarne el sueño de la imaginación liberada y desplegada en toda su dinámica, es el surrealismo. El carácter volátil del mismo se manifiesta en su universo imaginario definido por la falta de gravedad y la transparencia. En su espacio recorrido por pájaros ligeros o peces voladores todo sugiere la ventilación o la respiración.

Trasladándonos a otros campos imaginarios del surrealismo, en relación con el signo ascendente estaría la valoración positiva atribuida a los símbolos oculares y su coherencia con la verticalidad. El ojo y la visión ilustran de forma evidente el imaginario surrealista y la dominante del ascenso. Éluard proporciona un ejemplo con su composición *Donner à voir (Dar a ver)*, o su poemario *Les mains libres (Las manos libres)*, imagen clara de la libertad de actuar, y que se puede vincular a uno de los gestos primordiales en la historia de la humanidad: adquirir la posición erguida y utilizar las manos. Una ilustración perfecta de esta idea nos la da Stanley Kubrick en la obertura de su película *2001: Una odisea del espacio,* acompañado por Richard Strauss («Así habló Zaratustra») en la banda sonora, mostrándonos a un chimpancé consciente por primera vez del poder que adquiere al agarrar un hueso y empezar a golpear su entorno.

En el caso de Breton, ya se ha visto que la asimilación de la naturaleza en sus cuatro elementos se hacía manifiesta en su poema «La unión libre» y en su texto *Pez soluble,* identificación que se efectuaba a través de numerosas metáforas acuáticas: fuentes, ríos, lluvia, lágrimas, espejo del agua, cascadas, constelación de imágenes rehabilitada por el autor en la figura de la mujer. El arcano XVII del Tarot, representado por la imagen femenina de la Estrella, trasvasando agua que fluye en las dos direcciones y simbolizando la esperanza, traduce el papel mediador de la mujer entre el hombre y la naturaleza y da título a dos de sus obras: *Arcane 17 (Arcano 17)* y *Los vasos comunicantes.*

Imágenes privilegiadas

Es hora de volver al *Manifiesto* y observar dicho dinamismo en dos imágenes privilegiadas: la primera de ellas es *«la nuit des éclairs»*[11]. A ella llega Breton en su explicación sobre

---

[11] Véase la traducción en *supra,* p. 60.

el funcionamiento de la imagen, para abordar el encuentro de realidades que posibilita la escritura mecánica, al alcance de cualquiera, y reveladora de una realidad y una belleza superiores. Esa nueva imagen es otra, diferente de los dos elementos que chocan y producen una chispa, una luz de imagen, una luz propia. Y lo más sorprendente es que Breton en este caso va más allá del contraste: invierte los dos términos y lo que era noche se convierte en un día tan luminoso que el propio día queda sumergido en la oscuridad. Redundando en la imagen, esta se identifica con el propio camino luminoso, imagen también de la actividad surrealista y su signo ascendente.

La siguiente figuración, y con ella concluye el *Manifiesto,* hace del surrealismo el «*rayon invisible*»[12] que vencerá al adversario. También aquí se evocan dos contrarios: el «rayo», fenómeno luminoso, y su contradicción «invisible». La luz aparece claramente a través de su componente dominador, heroico, destinada a eliminar al enemigo. Desde este punto de vista, el rayo comparte significado con la rectitud de una «flecha», pero invirtiendo su sentido. Un pensamiento antropológico del lenguaje descubre que la etimología indoeuropea presenta una identidad común entre el alemán antiguo «*Strala*», flecha, el ruso «*Strela*», y el alemán moderno «*Strahlen*» que significan «rayo» y «brillar». Además, por su asimilación al rayo, la flecha participa del simbolismo de la luz; la rectitud y la imprevisión son atributos que van a la par con lo que es en sí una «iluminación». Y es evidente que las dos imágenes, el relámpago y el rayo, ilustran perfectamente esta idea. No hay que olvidar que la «iluminación» surrealista radica en las *Iluminaciones* de Rimbaud, poeta que Breton cuestiona en la formación de su lirismo, tal como declara en el *Manifiesto.* Pero «iluminación» es también, como acaba de verse, la metáfora del relámpago.

---

[12] Véase *supra,* p. 70.

Dichas imágenes concuerdan con la forma de pensamiento breve formulado por Baudelaire en sus *Fusées (Cohetes)*.

Aportan una condensación de ritmo y color, en el seno de la imagen poética; un ejemplo:

Les ténèbres vertes dans les soirs humides de la belle saison[13].

La idea del pensamiento-cohete baudelairiana inspira no solo a Breton en su explicación del pensamiento analógico, sino que nutre también el pensamiento fantasmático del alemán Aby Warburg que se plasma en pensamientos que estallan, pensamientos inciertos, aforismos, permutación de palabras. En el estudio de la imagen, este pensador alemán introduce la noción de «supervivencia», motivo central de su aproximación antropológica al arte occidental. El estudioso de filosofía, historia y religión se interesó especialmente por la iconografía. De su dedicación al Renacimiento, desde todo tipo de anacronismos como la integración de algún astrólogo del siglo XI, deduce el carácter intemporal de la imagen y ve en la obra de arte no el resultado de una época, sino un punto de encuentro dinámico en el que convergen saberes muy distintos y que requieren dicha aproximación antropológica en la que actúan la filología, la historia y, por supuesto, el psicoanálisis. Sus ideas, empero, no fueron seguidas y ha sido necesaria una profundización en la modernidad y posmodernidad por parte de la historia del arte, para conocer su aportación a las ciencias humanas. En 1924, se definía a sí mismo como «el aparecido», una especie de fantasma o *«revenant»* que ya no está en este mundo, consciente de su pereza filosófica y su odio a toda «teoría», actitud en la que sus continuadores reconocen su modestia científica.

---

[13] «Las tinieblas verdes en las tardes húmedas de la bella estación».

No es lugar aquí de sopesar esta noción de «supervivencia» desde resonancias filosóficas que nos llevarían a Nietzsche, Darwin, Goethe y, entre los pensadores actuales en esta línea, a Didi-Huberman. Traer a Warburg a colación tiene el sentido de reconocer en la «vida de las imágenes» un juego de funciones, un juego de formas y un juego de fuerzas que podemos emparentar con la vida de las imágenes en la creación poética observada anteriormente.

Las analogías y polaridades que Warburg descubre en todo fenómeno de cultura y que atraviesan diferentes épocas en el tiempo, así como estilos completamente distintos y opuestos, corresponden a la libertad de asociación tal como fue entendida desde la reflexión de una estética moderna.

En otras palabras, lo que nos da a entender la «supervivencia» de la imagen según Warburg no es un significado que cambia según el contexto, en cada momento y de acuerdo con la relación de fuerzas, sino el trazo, el acto dinámico que da forma a la figura y en la que se reflejan todo tipo de conexiones de la memoria cultural, de un pasado o un presente. Esta idea de la supervivencia transforma toda la idea de tradición: ya no es un río continuo en el que las cosas se transmiten directamente, sino una dialéctica tensa, un drama que se representa entre el curso de un río y sus propios remolinos.

Y dicha reflexión sobre la discontinuidad de la historia, nos lleva a pensar en Walter Benjamin, otro «iluminado» desde los parámetros de Charles Baudelaire, foco mayor del autor alemán en su forma de entender la literatura.

Benjamin descubre el surrealismo en 1926-1927 y queda fascinado por el movimiento. A partir de ahí nace su proyecto del *Libro de los Pasajes,* influenciado particularmente por *Le Paysan de Paris (El campesino de París)* de Aragon. A pesar de no participar en la actividad surrealista, comparte con el proyecto su herencia romántica, su encantamiento por las sociedades premodernas; desde la cultura profana de la Edad Media a la novela inglesa y alemana del siglo xix. Le fascina igualmente el carácter libertario y el espíritu revolucionario de su programa.

Aparece aquí una idea diferente de la anarquía. Para Benjamin, grandes anarquistas entre 1865 y 1875 como Dostoievski, Rimbaud o Lautréamont, preparan la carga que estallará cuarenta años más tarde, con el advenimiento del surrealismo en 1924. Sin embargo, Breton en el *Manifiesto* deja claro que el novelista ruso no es considerado uno de sus precursores.

Benjamin está sobre todo sorprendido por la idea radical de la libertad. Para el pensador el surrealismo representa un papel único en el movimiento revolucionario, por hacer posible, en su politización, la combinación de un pensamiento subversivo y un pensamiento mágico. Por «dar a la revolución las fuerzas de la ebriedad». Y por ebriedad se entiende la relación mítica y ritual entre el hombre y el mundo, desaparecida en la sociedad moderna. Benjamin distingue entre las formas primitivas de ebriedad, que incluirían el misticismo religioso y las drogas, y una forma superior de iluminación profana, de inspiración materialista y antropológica que correspondería a la actitud surrealista.

En definitiva, para Benjamin, si el surrealismo ha conseguido entender su convergencia con el materialismo histórico, con el comunismo, no identifica el movimiento con *Une vague de rêves (Una ola de sueños)* de Aragon o el espíritu heroico de los primeros años. Es cuestión más bien del despertar de un sueño, en vistas de una revolución, un despertar permanente que contradice la aspiración poética de un Baudelaire, de un Breton, de crear un hombre nuevo que conciliaría el sueño con la acción.

Contra la literatura

«*La littérature est un des plus tristes chemins qui mènent à tout*», dice Breton en el *Manifiesto*[14]. Una vez más estamos ante una contradicción del espíritu surrealista en la escritura del pensamiento. Por una parte, se predica el automatismo y, por otra, en la expresión de la mayoría de sus textos hay que hablar de literatura racional.

Ya se ha comentado cómo, incluso en el dictado del inconsciente, el discurso encuentra una lógica desde el punto de vista sintáctico y narrativo, y que cierto control no se excluye en las composiciones.

El rechazo por la literatura se da antes que nada en la distinción de los géneros que tanto un espíritu moderno como las ideas de vanguardia superaron. Con respecto a la novela el surrealismo rechaza la psicología de los personajes tal como se puede dar todavía en Dostoievski, Proust o Gide. Pero no quiere decir que el relato olvide por completo lo novelesco. *Nadja* cuenta una historia, Breton salva la novela gótica como fuente de inspiración, y más adelante considerará la obra de Julien Gracq, *Au château d'Argol (En el castillo de Argol),* una excepción novelística, una novela surrealista.

Literatura racional puede considerarse el propio *Manifiesto,* texto de afirmación colectiva, crítica y programática. Hereda y amplia el *Manifiesto futurista* de Marinetti por el carácter doctrinario, pero se inspira sobre todo en el estilo nuevo que introduce el *Manifiesto dada,* en el que Tzara logra combinar el panfleto y el poema. En el caso del *Manifiesto del surrealismo* sucede lo mismo, pero va mucho más lejos, al exponer un proyecto, al proporcionar un método, facilitar ejemplos, definir a sus representantes, todo ello en una enuncia-

---

[14] Véase *supra,* p. 52.

ción salpicada de imágenes poéticas, de imágenes irracionales, y este es el interés del nuevo estilo: la introducción de una escritura al límite entre la razón y el inconsciente, una escritura impulsada por la imaginación y por el dinamismo de la tensión vital.

Eso hace que, a pesar de rechazar ser un movimiento literario o una escuela, hoy día el surrealismo aparezca en los manuales de historia literaria. Ello se debe a haber introducido en la cultura del siglo XX un proyecto único: reformular la condición total del ser humano mediante un estilo de pensamiento, un estilo de lenguaje y un estilo de vida. El surrealismo, sin embargo, deseó su ocultamiento, ser ese «rayo invisible» que cierra el *Manifiesto*.

V. Una búsqueda artística

Poemas, *collages,* pintores

Tras definir el surrealismo, el *Manifiesto* alude como representantes del mismo a escritores de distintas épocas e incluye tan solo a pie de página a algunos pintores: cita a Uccello, de la época antigua; y, de la moderna, a Seurat, Gustave Moreau, Matisse, Derain, Picasso, Braque, Duchamp, Picabia, Chirico, Klee, Man Ray, Max Ernst y André Masson.

Pero en 1924 Breton está en un primer momento de la formulación de la *voz surrealista,* inspiradora de los artistas que no se limitan a quedar hipnotizados y encerrados en sus obras. La voz surrealista escucha otros ecos. Y de todo tipo.

Así, antes de profundizar en las nociones presentadas en el texto fundador, ya existían las bases que guiaban la idea de un arte que abarcaba diferentes formas de expresión. Entre aquellos que según el *Manifiesto* han hecho profesión de fe de surrealismo absoluto no solo aparecen escritores, sino también representantes de las artes visuales (Boiffard, Malkine, Morise, Vitrac). Y, sobre los arriba citados, hay que recordar la fascinación que Gustave Moreau ejerce sobre Breton ya desde adolescente, así como reconocer en primer lugar a Apollinaire en cuanto introductor de muchos de ellos. Este recibía a Breton en su casa rodeado de máscaras de Guinea y de

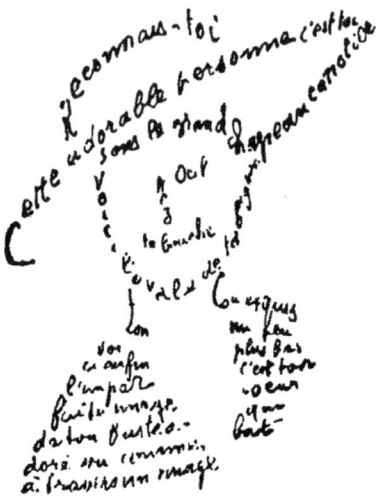

Figura 7. «La mujer con sombrero»,
caligrama de Guillaume Apollinaire.

Oceanía, y de pinturas de Picasso y De Chirico. También las primeras entregas de la revista *Dada* llegan a Breton de mano del autor de los *Calligrammes (Caligramas)*. Y si es cierto que nunca llegó a practicar este arte de poesía visual, como «La femme au chapeau» («La mujer con sombrero») (Fig. 7), hay que reconocer que la escritura automática surrealista lo es tanto de la palabra como de la imagen. Además de ser un ejercicio creativo, el automatismo se abandonaba a las fuentes del inconsciente. También aquí hay que remontarse al espiritismo del siglo XIX para comprender la inspiración de los artistas modernos: Picabia y sus máquinas, De Chirico, sus maniquíes y su pintura metafísica, enigmática, intemporal, como salida de un sueño, seducen especialmente a Breton impactado por el cuadro *Le Cerveau de l'enfant (El cerebro del niño)*, del segundo de esos dos pintores (Fig. 8).

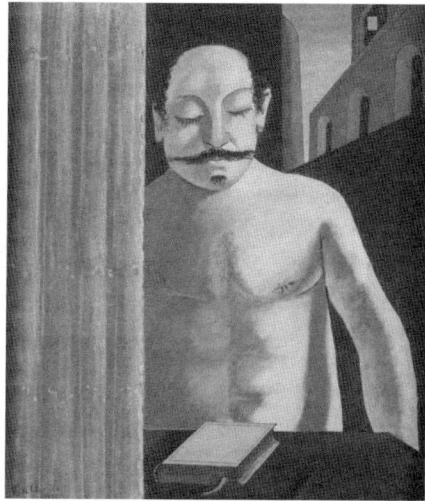

Figura 8. *El cerebro del niño,* de Giorgio de Chirico.

A partir de 1920 el surrealismo afirma su propio proyecto artístico, y cada uno de sus representantes con los años va definiendo su asimilación del proyecto y estilo. Por ello es difícil hablar de arte surrealista, sino más bien de surrealistas en el arte.

Algunos de los pintores que aparecen en el *Manifiesto* acaban siendo excluidos del programa de 1924, o bien son ellos mismos los que rompen con él. Hay que entender esta evolución desde el propio desarrollo personal, intelectual y artístico de Breton. Derain, Matisse, De Chirico, Braque o Picabia le decepcionan y se aleja de ellos por verlos renunciar a una radicalidad inicial y someterse a un orden, a un sistema: uno pintando flores o transmitiendo cierta «idea de Dios» en su pintura (Braque), el otro por interesarse en explorar los tesoros del arte del pasado (Picabia). Es un incondicional de

Picasso, aunque este no participara en el movimiento. Para Breton, *Las señoritas de la calle Aviñón,* representa la obra de arte del siglo y, en el comportamiento artístico de su autor, la verdadera actividad surrealista.

A todos estos pintores indicados Breton dedica poemas suyos, que somete al juicio de quienes son todavía sus referencias literarias mayores: Valéry y Apollinaire. Así, Breton envía el «André Dérain», escrito en 1917, a los dos escritores. Valéry muestra su estupefacción por la técnica utilizada de la rima y la ausencia de musicalidad. El poema aparecerá por primera vez en *Nord-Sud* (12, febrero de 1918) y, un año más tarde, en *Monte de piedad,* primer poemario del autor. Interesa mencionarlo aquí por reflejar el cuestionamiento de nuevas formas en la poesía de acuerdo con un espíritu moderno y su desafección del propio escribir. Breton apenas dio importancia a su publicación pues está realmente interesado por explorar nuevas vías.

Otro ejemplo de poema dedicado a un pintor que merece la pena señalar es «À Rrose Sélavy», seudónimo de Marcel Duchamp con el epígrafe *«André Breton n'écrira plus»*[1] en recuerdo de una entrevista que le hizo Roger Vitrac en 1923. El poema aparece recogido en *Clair de terre (Claro de tierra)* ese mismo año y dice:

> *J'ai quitté mes effets,*
> *mes beaux effets de neige!*[2].

En esa entrevista de Vitrac, Breton expone su determinación, junto a Éluard y Desnos, de no volver a escribir, y anuncia un manifiesto firmado por los tres, si llegan a poner-

---

[1] «André Breton no escribirá más».
[2] «¡He dejado mis efectos, / mis bellos efectos de nieve!».

se de acuerdo sobre el texto. Teniendo en cuenta la situación de la realidad, condena abiertamente la literatura y la política como posibilidades, y dice no interesarse más que por las fuerzas espontáneas. La poesía está más allá de las palabras, del estilo, y por ello le fascina leer libros mal escritos. Así, a partir de ese momento desea ignorar todo –revistas, libros, periódicos– y renuncia a toda actividad literaria. La revista *Littérature* dejará de publicarse. Y, efectivamente, vino a ser sustituida por *La Révolution surréaliste.*

Pero en el intervalo de esos dos poemas dedicados a pintores, es preciso, para entender el nacimiento artístico del surrealismo, recordar la deuda y, a la vez, la ruptura con Dada, por un lado, y, por otro, el interés creciente por manifestaciones extraliterarias. La exposición de obras de Max Ernst en 1921 es fundamental en la historia del movimiento. Los *collages* del artista alemán (Fig. 9) ayudan a Breton en su idea de una estética nueva. Una iconografía inspirada en la biología, un onirismo que remite a Freud, cuyas prolongaciones se hacen patentes en las obras de Dalí y de Tanguy, dan muestra de un imaginario plástico surrealista. Los *collages* afirman a su vez la vinculación entre poesía y artes visuales. Y también otras modalidades: el juego, con palabras o imágenes, es una forma de huida de la realidad, de practicar la libertad del pensamiento y de acercar afectivamente a sus participantes. El más conocido de estos juegos es incontestablemente «el cadáver exquisito». Aplicado tanto a la poesía como al dibujo, se atribuye su invención a Jacques Prévert en 1925 y su nombre se debe al resultado de la primera experiencia: cada jugador escoge una palabra y el siguiente añade otra, lo que da una asociación completamente arbitraria: «el cadáver / exquisito / beberá / el vino / nuevo». Los miembros de *Littérature,* además, se inclinan por otra forma de discurso extraído de diferentes acciones. Para permitir que el arte y la vida inte-

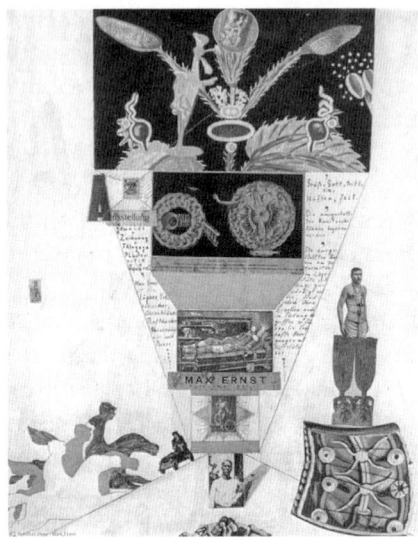

Figura 9. *Collage,* de Max Ernst.

lectual salgan de su torre de marfil, los amigos se proponen, por ejemplo, una serie de derivas urbanas: en un jardín abandonado de la iglesia de Saint Julien le Pauvre, Breton lee un manifiesto. El grupo de los amigos solicita diversiones poéticas en salas de espectáculos, ferias, parques de atracciones (Fig. 10). Otra actividad similar a estas prácticas es decidir al azar un viaje-experiencia: Aragon, Breton, Morise y Vitrac parten desde la ciudad de Blois, elegida por suerte en el mapa, y desde la que van a pie a la Sologne; el viaje durará unas dos semanas hasta renunciar a la marcha por el cansancio, la depresión y las tensiones entre ellos. En esta época, además, se activan las experiencias hipnóticas que a partir de cierto momento hubo que interrumpir como ya hemos señalado.

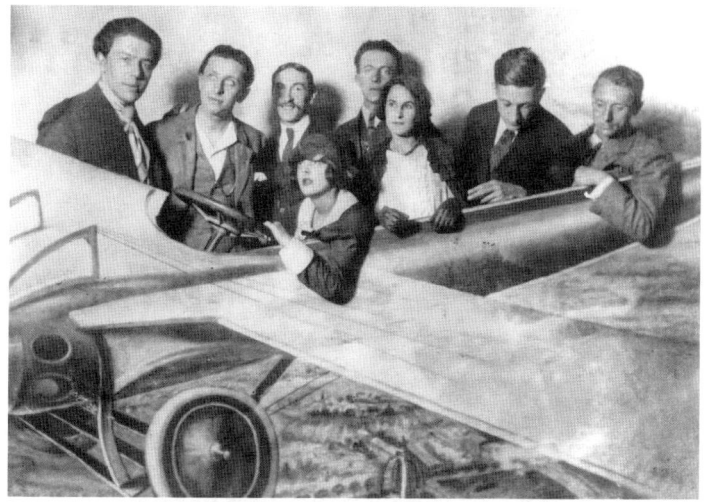

Figura 10. El grupo en la feria de Montmartre.

Durante este periodo que precede la declaración del *Manifiesto,* Breton está trabajando para el coleccionista Jacques Doucet a quien aconseja la compra de *Las señoritas de la calle Aviñón,* la obra más importante del siglo xx a su entender, una obra sagrada y un acontecimiento capital. También le sugiere hacerse con las obras maestras de Derain, *Le Samedi (El Sábado)* y *Le Chevalier X (El Caballero X).* El trabajo con Doucet se plasma con visitas a exposiciones de Delaunay, Man Ray, Picabia, indicándole piezas fundamentales para su colección como alguna obra representativa de Seurat, o el *Bocal de poissons rouges (Pecera de peces rojos)* de Matisse, una de las tres o cuatro obras mayores de la pintura moderna, algún Chagall por su gran lirismo y, en la medida de lo posible, un Klee, que, junto al anterior, encarna la transición entre el dadaísmo y el surrealismo.

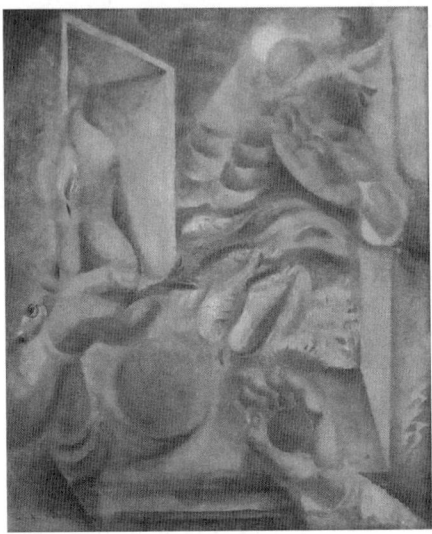

Figura 11. *Los cuatro elementos,* de André Masson.

En cuanto a André Masson, Breton compra la obra *Les Quatre éléments (Los cuatro elementos)* antes de conocer al pintor, con quien compartirá sobre todo la idea del automatismo (Fig. 11). Era 1924, y un año después comienza a trabajar en su obra *El surrealismo y la pintura* cuyo impacto prolongará el alcance que tuvo el *Manifiesto.*

Como ya se ha indicado, el texto de 1924 no hacía mención sino en nota a una posible pintura surrealista[3]. Teniendo en cuenta la repercusión de las ideas en torno a la expresión poética, una reflexión sobre las otras artes se hacía esperar, y la publicación en Gallimard (1928) del libro firmado por Breton se agotó inmediatamente. Una segunda edición aumen-

---

[3] Véase *supra,* pp. 41-42 n. 28.

tada apareció en Nueva York (Brentano's, 1945) y sucedió lo mismo. La nueva edición de Gallimard se lleva a cabo en 1965, y reúne más de cincuenta artículos sobre los pintores y escultores vinculados al surrealismo, convirtiéndose en una obra fundamental del arte contemporáneo.

La reflexión sobre el arte, como en el caso de la literatura y de la poesía, se lleva a cabo desde parámetros más allá de las modas, más allá de una determinada estética. Si puede hablarse de cierto «arte surrealista», será en todo momento haciendo prevalecer la noción de una necesidad interior sobre toda cuestión de técnicas pictóricas.

Todo parte del malentendido en la historia del arte según el cual el objetivo de este último sería la imitación de la realidad y la reproducción de un modelo exterior. La evolución del pensamiento y la sensibilidad humana hacen absolutamente insuficiente y confusa dicha idea. Así lo formula Breton desde las primeras páginas de su ensayo: *«L'œuvre plastique, pour répondre à la nécessité de révision absolue des valeurs réelles sur laquelle aujourd'hui tous les esprits s'accordent, se référera donc à un modèle purement intérieur, ou ne sera pas»*[4].

Con el fin de precisar en qué consiste ese modelo interior, el autor, como en el *Manifiesto,* evoca la experiencia de Lautréamont, Rimbaud o Mallarmé en el terreno poético, para calificar una vía de creación en la que la oposición entre permitido y prohibido, sueño y realidad, se diluye. En el campo del arte esa vía milagrosa la ocupan los pintores de la vanguardia que se han mencionado. Pero en ningún caso es cuestión de fijarse en etiquetas. Ni «cubista», ni *«fauve»,* ni «surrealista» significan nada.

---

[4] «Para responder a la necesidad de revisión absoluta de los valores reales sobre la cual están de acuerdo hoy todas las formas de pensar, la obra plástica habrá de referirse a un *modelo puramente interior,* o no será».

En la base de la desilusión que algunos de los representantes de dicha pintura le procuran —Matisse o Derain o Braque— está un sometimiento a las reglas. Comenta así mismo su visión de De Chirico y Picabia: del primero añora la época de los pórticos, los espectros, los maniquíes, los interiores entre la vida y la muerte o envueltos en una luz de tormenta, eclipse o crepúsculo. De Chirico encarna para Breton el centinela de una carretera abierta, segura, derecha, por la que hay que *pasar,* sin posibilidad de volver atrás. A pesar de que con los años la inspiración haya cambiado, De Chirico, como los demás pintores citados, queda. Esa ruta marcada, ese modelo interior, es imborrable, es intemporal.

El otro pintor escogido, Francis Picabia, lo trae a colación con motivo de uno de los aspectos que más preocupan a Breton en su disertación sobre el arte: la tentación del dinero, la bestia grotesca e infecta que se cruza en el camino de los artistas. No sucede lo mismo con los poetas, que no llegan a verse confrontados con tal problema. Pero en el caso de los pintores llega el momento en que tienen que contar con el valor mercantil de sus obras. Picabia, en este sentido, es ejemplo de ruptura con el mercado del arte. Deseoso siempre de cambios, escapa a toda clasificación y evita caer prisionero de un género u otro. A pesar de las difíciles relaciones y ciertos desacuerdos sobre algunas ideas del surrealismo, Breton siempre apostará por él y sus valores. El artículo que le dedica en *Los pasos perdidos* constituye el prefacio del catálogo de la exposición «Francis Picabia» que tuvo lugar en Barcelona en 1922. En su comentario sobre las acuarelas, Breton evita utilizar fórmulas artísticas convencionales como «necesidad de armonía» o «composición». Para él la obra no consiste en un conjunto de colores o juego de líneas más o menos próximas a la realidad. No hay un parecido, ni de lejos ni de cerca. Son obras que carecen de toda intención representativa o simbólica.

En la conferencia pronunciada en Praga en 1935 sobre el tema, «Situation surréaliste de l'objet» («Situación surrealista del objeto»), el autor del *Manifiesto,* considera el objeto desde un punto vista filosófico, entre lo sensible y lo racional. Sobre el acelerón surrealista en las artes, a quien hay que interrogar, según Breton, es a Hegel cuando dice que el objeto de arte es algo espiritual que aparece como material. El objeto final es la poesía. Pero, insiste Breton, una poesía *que debe ser hecha por todos* y *que debe ser entendida por todos,* tal como pretendía Lautréamont, quien planteaba una revolución del lenguaje poético: «C'est un homme ou une Pierre ou un arbre qui va commencer le quatrième chant»[5]. Volviendo a Hegel, este insiste en ver en la poesía el verdadero arte del espíritu, el único arte universal por encima de todos los demás.. Pero el campo en el que la poesía parece influir de forma más amplia es la pintura. De acuerdo con esta idea, según Breton, no hay diferencia fundamental entre un poema de Benjamin Péret o de Paul Éluard y un cuadro de Max Ernst o de Joan Miró. Es indiferente a hombres como Jean (Hans) Arp o Salvador Dalí expresarse en poemas o adoptar una forma plástica. La exigencia poética en la pintura resulta del encuentro entre una representación interior y las formas concretas del mundo real.

El ojo salvaje

> *L'œil existe à l'état sauvage. Les Merveilles de la terre à trente mètres de hauteur, les Merveilles de la mer à trente mètres de profondeur n'ont guère pour témoin que l'œil hagard*

---

[5] «Es un hombre o una piedra o un árbol quien va a comenzar el cuarto canto».

qui pour les couleurs rapporte tout à l'arc en ciel. Il préside à l'échange conventionnel de signaux qu'exige, paraît-il, la navigation de l'esprit. Mais qui dressera l'échelle de la vision?[6].

Así comienza el ensayo *Le Surréalisme et la peinture*. Con las imágenes visuales que figuraban los principios teóricos sobre el funcionamiento de la poesía, confundida con la actividad surrealista: el ojo, la altura, la visión. ¿No se situaba la poesía bajo el signo ascendente de la pulsión imaginaria? ¿No se refiere Breton aquí a una dimensión antropológica al presentar la percepción surrealista como una regresión hacia un estado primitivo de la humanidad anterior a la aparición del lenguaje articulado?

Estas consideraciones tienen que ver, por un lado, con la idea de una toma de contacto sensorial inmediata, automática, pero, por otro, con la idea de una experiencia espiritual en la forma de ver: ojos abiertos u ojos cerrados, será una contemplación silenciosa. Breton aprovecha esta introducción al valor de la expresión plástica para diferenciarla totalmente de la expresión musical, en detrimento de esta última. Las imágenes auditivas para Breton son confusas, no se fijan, y se apoya en una cita de Poe sobre Mozart, donde se afirma que el compositor en su lecho de muerte reconocía: «comenzaba a ver lo que se podría conseguir en la música».

Por otra parte, Breton tampoco demuestra una afición a la pintura de los museos y se describe deambulando por las salas entre composiciones religiosas y alegorías campestres

---

[6] «El ojo existe en el estado salvaje. Las Maravillas de la tierra a treinta metros de altura, las Maravillas del mar a treinta metros de profundidad solo tienen por testigo al ojo desorbitado que para los colores todo lo remite al arco iris. Supervisa el intercambio convencional de señales que, al parecer, exige la navegación del espíritu. Pero ¿quién elevará la escala de la visión?».

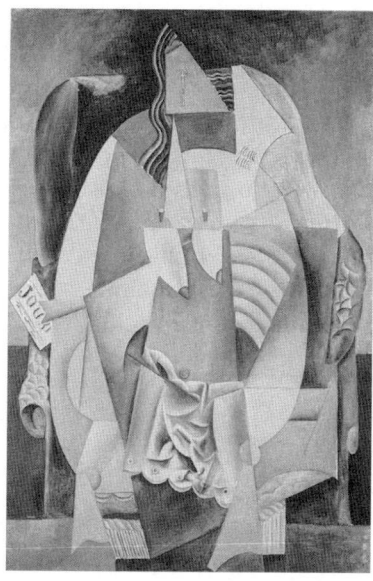

Figura 12. Pablo Picasso, *La mujer con camisa sentada en sillón.*

mucho más atraído por los encantos que podía ofrecerle la calle, el mundo exterior.

Está claro que en este texto la «pintura» oficial, la pintura académica, desempeña el mismo papel que la literatura en el *Manifiesto*. La poesía, y no la literatura, la obra plástica, más que la pintura, deben responder a una revisión total de valores. El ojo y la visión deben enfrentarse a una conquista total de una nueva realidad a través de las imágenes ópticas. Y esta conquista adopta la forma de una ruta misteriosa que Picasso, el primero de todos emprendió, exploró e iluminó. Breton cuestiona la experiencia picassiana en 1909, y la relación del pintor con el cubismo le parece ridícula. Valora en él no solo sus comienzos, sino su perseverancia, el continuar en el camino y hacer de la obra de arte una obra revolucionaria, permanentemente. Ruta, además, que arranca de la infancia, como evocaba en el *Manifiesto,* a través de la necesidad de cuentos para adultos. A Picasso concede el poder de crear juguetes para adultos, juguetes de toda la vida. Da como ejemplo la composición de 1913, *Femme en chemise assise dans un fauteil (La mujer con camisa sentada en sillón)* (Fig. 12). En nombre del surrealismo, Breton destaca en Picasso su responsabilidad, su libertad y, sobre todo, el desafío ante la imaginación, que, como también decía en el *Manifiesto,* «no perdona».

Ernst, Ray, Duchamp

Max Ernst es considerado el primer pintor surrealista y uno de los miembros del grupo que permaneció más tiempo vinculado al movimiento. Alemán de nacimiento y hombre de gran cultura, participa en la Primera Guerra Mundial. En 1919, junto a Arp, se une a Dada, en la ciudad de Colonia: hace *collages* y poemas. Descubre a De Chirico, quien le pondrá en contacto con los dadaístas parisinos, incluido Breton, y este le dedicará una exposición, ya mencionada, en 1921. En pleno ambiente dadaísta la inauguración, a la que no pudo asistir el autor por no haber obtenido visado, se organiza como un espectáculo divertido y escandaloso en el que Breton enciende cerillas mientras Ribemont-Dessaignes repite «Llueve en un cráneo»; Tzara y Soupault juegan al escondite, y desde el sótano se lanzan gritos misteriosos que insultan a los invitados.

Max Ernst se suma al surrealismo y a él se debe el célebre cuadro de 1922, *Le rendez-vous des amis (La cita de los amigos),* en el que figuran diecisiete surrealistas, artistas fundadores o

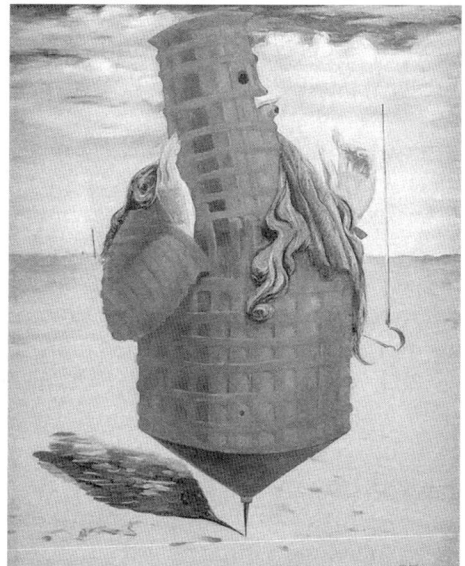

Figura 13. Max Ernst, *Ubu emperador.*

influyentes, y una sola mujer, Gala Éluard. Sobre un fondo de montañas nevadas, André Breton, de mayor tamaño que los demás, aparece medio volando con una capelina roja y bendiciendo a los miembros del grupo; detrás de él, Aragon y un busto de De Chirico; René Crevel toca el clavecín ante un escenario de teatro; Ernst está sentado en las rodillas de Dostoievski, peinándole la barba; en primera fila Benjamin Péret con monóculo, al lado de Paulhan, y asomándose por detrás Fraenkel; Éluard, de gran tamaño también, se destaca sobre el perfil de Raffaelle Sanzio, pintor del Renacimiento; Robert Desnos acude el último.

La llegada de Ernst al surrealismo la muestra también otro cuadro suyo: *Ubu Imperator (Ubu emperador)* (1923), a través de la referencia al grotesco personaje de Alfred Jarry, inspirador por excelencia del espíritu surrealista. La pintura muestra un ser disparatado, híbrido y monstruoso, que se asemeja a una torre de Babel o de Pisa desafiando la gravedad sobre una base minúscula (Fig. 13). Ernst aporta al arte surrealista piezas fundamentales en las que se busca reunir elementos de realidades dispares, crear nuevas afinidades. A Ernst le corresponde la reinvención del lenguaje de la vista, al explorar esta vía de expresión en una doble dimensión: en superficie, por la retórica propia del *collage* y, en profundidad, por el cuestionamiento de la estructura material de las cosas, la sustancia de los objetos a través de técnicas como el «*frottage*».

También es interesante, a propósito de Max Ernst, citar un artículo que Breton le dedica en 1921, y en el que pone en relación la escritura automática, la pintura y la fotografía. Sin teorizar sobre esta última, insiste, lo dice en el *Manifiesto,* en que la mano del poeta y el ojo del pintor son «modestos aparatos registradores». El automatismo, a través de la palabra u otros medios, intenta producir imágenes del pensamiento. La fotografía en este sentido ofrece el mejor modelo de creación mecánica de tales imágenes. La fotografía permite pensar el surrealismo. Y el surrealismo contribuyó a la evolución de este arte a través del montaje. En pleno periodo dada Max Ernst se reveló como maestro indiscutible en este arte de invención más que de reproducción fiel a la realidad.

En un primer momento destinado a la pintura, el americano Emmanuel Radnitzky, conocido como Man Ray, llega a París en 1921 tras haber descubierto a Rimbaud y a Apollinaire, y haber conocido a Marcel Duchamp en Nueva York. Expone en la galería surrealista de París en 1926, pero no encontrará salida en el circuito del arte, y de esta forma se con-

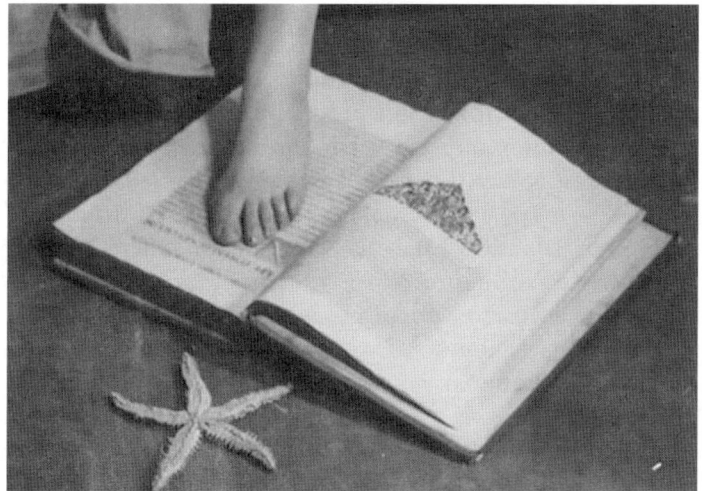

Figura 14. Fotograma de *La estrella de mar.*

sagra a la fotografía. Antes, se había ejercido en técnicas de la rayografía, posteriormente practicará la solarización, procedimientos capaces de inventar una nueva realidad a partir de la desestructuración del espacio y otras modificaciones de la figura fotografiada, y así atraerá a los surrealistas, por sustituir la mirada «retiniana». Afirmaba entonces querer utilizar la máquina de fotos como una máquina de escribir, de hacer una fotografía automática. Se integrará en el surrealismo, pero conservando siempre una gran independencia en la realización de su obra. A él se deben inolvidables retratos de Artaud, Desnos, Soupault o Tanguy, así como serán célebres sus portadas para la revista *Littérature,* como la célebre reproducción de Kiki de Montparnasse, *Le Violon d'Ingres (El violín de Ingres)* de 1924. Para Breton y para Aragon el interés del artista radica en su producción de imágenes de acuerdo con los nuevos procedimientos. Man Ray en sus «rayogramas», producidos directamente sobre el papel, sin recurrir a la cámara fotográfica, libera la fotografía de sus propios medios y la transforma en un proceso poético de revelación. Más tarde, intentará reconvertir la pintura en cine, y realizará junto a Robert Desnos, la película *L'Étoile de mer (La Estrella de mar)*, en 1928 (Fig. 14). Basada en un poema de Desnos, Man Ray hace una transcripción cinematográfica experimental de una historia de amor simple y terrible como un «adiós»: el poeta poseía una estrella de mar de verdad, encarnación de su amor perdido, la cantante Yvonne George. El animal, conservado en formol en un frasco, aparece en la película evocado como organismo vivo, flor de cristal, formas recurrentes de la belleza de la mujer amada. Dice así:

> *Les dents de femmes sont des objets si charmants*
> *Qu'on ne devrait les voir qu'en rêve où à l'instant de*
> *l'amour.*
> *Si belle! Cybèle*
> *Nous sommes à jamais perdus dans le désert de l'éternèbre.*
> *Qu'elle est belle*
> *«Après tout»*
> *Si les fleurs étaient en verre*
> *Belle comme une fleur en verre*
> *Belle comme une fleur de chair*
> *Il faut battre les morts quand ils sont froids*
> *Les murs de la Santé*
> *Et si tu trouves sur cette terre une femme à l'amour sincère*
> *Belle comme une fleur de feu*
> *Le soleil, un pied à l'étrier, niche un rossignol dans un voile*
> *De crêpe*
> *Vous ne rêvez pas*

Qu'elle était belle
Qu'elle est belle[7].

Las imágenes del texto ofrecen un buen ejemplo de continuidad entre la poesía y otras formas de arte en el surrealismo. Por una parte, las palabras con sus juegos de sonoridades rítmicas *(«Si belle! Cybèle»)*, tales como Desnos siempre las procuró a través de las rimas. Por otra parte, se dan asociaciones de realidades dispares, la figura de la estrella de mar, a través de la mujer, testimonio del amor difuminado en las escenas eróticas de los amantes, la llamada de la libertad a través de la supresión de los muros de la prisión de la Santé en París, el cielo de la noche estrellada, el sueño de la belleza más allá de la vida y de la muerte. Todo ello siendo una ilustración de la teoría del surrealismo.

Contribuciones posteriores de Man Ray, el hombre que en su seudónimo quiso incorporar la luz y el rayo, vienen dadas por las fotografías de Meret Oppenheim (1936), trascripción de la «belleza convulsiva, y velada», de acuerdo con la definición bretoniana, o su famoso lienzo del *Portrait imaginaire de D. A. F. de Sade (Retrato imaginario del Marqués de Sade),* que conocerá una amplísima difusión a la hora de mencionar la Revolución francesa y la toma de la Bastilla.

---

[7] «Los dientes de las mujeres son objetos de tal encanto / Que no se debería verlos más que en sueño o en el momento / del amor. ¡Tan bella! Cibeles / Estamos para siempre perdidos en el desierto de la eterniebla. / Qué bella / «Después de todo» / Si las flores fueran de cristal / Bella como una flor de cristal / Bella como una flor carnal / Hay que pegar a los muertos cuando están fríos / Los muros de la Santé / Y si encuentras en la tierra una mujer de amor sincero / Bella como una flor de fuego / El sol, con un pie en un estribo anida un ruiseñor en un velo / De crepé / No estáis soñando / Qué bella era / Qué bella es».

En cuanto a Marcel Duchamp, hay que resaltar el lugar especial que ocupa en la historia cultural del siglo xx, dedicado desde muy pronto a la pintura e influenciado por las vanguardias de su tiempo hasta alejarse del cubismo y tomar una dirección singular que se manifiesta ya en 1911 con su obra *Nu descendant l'escalier (Desnudo bajando la escalera)*. El otro gran trabajo que traduce su evolución artística es la pintura sobre vidrio *La mariée mise à nu par ses célibataires, et même... (El vestido de la novia)*, también llamada el «Gran Vidrio», que comenzó en Nueva York en 1915 y fue abandonada en 1923, gesto que se interpretó como un adiós a la creación, similar al silencio de Rimbaud. Según Breton, es una empresa sin precedentes como exploración en terreno desconocido de una expresión entre el erotismo, la especulación filosófica, las ciencias, el lirismo y el humor. Con respecto a su gran singularización en el arte, la serie de *ready made* (objeto manufacturado encontrado, «ya hecho», elevado a la condición de obra plástica) se sitúa entre la escultura cubista y la de objeto simbólico, continuando su búsqueda de una nueva forma de producción que marcará sus composiciones a partir de 1915, inaugurada por su *Roue de bicyclette (Rueda de bicicleta)*. En esta serie se incluyen igualmente el *Porte-bouteilles (Botellero)* y su célebre *Fontaine (Fuente)*, un urinario, queriendo plasmar su teoría de que cualquier objeto podía convertirse en obra de arte si se veía privado de sus funciones utilitarias. Ello responde a la necesidad de superar en el arte los límites que separan lo ya visto, lo visible, lo que ya aparece dado, de lo experimentable. Si en 1935 Breton abordó la cuestión de la crisis del objeto surrealista, un año más tarde lo matiza y, siempre siguiendo a Hegel, expone que tanto el pensamiento artístico como científico deben asimilar el pensamiento racional y su apertura a lo irracional, para reafirmarse y seguir desarrollándose. Y es así, dice Breton en *El surrealismo y la pintura,* «que el surrealismo se acompaña necesariamente de un *surracionalismo*». Recurre aquí a Gaston Bachelard quien introduce la palabra «surracionalismo» en el vocabulario científico, palabra que quiere traducir todo un método de pensamiento que añade actualidad y vigor a la palabra «surrealismo» cuya acepción hasta ese momento era tan solo artística. Este matiz le ayuda a Breton a evidenciar el espíritu común, fundamental, que guía la aspiración humana, ya se trate del poeta, del pintor o del científico.

Como se está viendo, la confrontación entre la representación y la realidad, ya planteada por las vanguardias y que anuncia el dadaísmo, inspira el complot contra la literatura y el arte. Marcel Duchamp proporciona un ejemplo de su rebeldía poniendo bigotes a la Gioconda, uno de los iconos del arte universal, así como Picabia en 1920 titula una mancha de tinta «La Virgen María». Definirlo como cuadro, objeto, intervención o instalación, lo cierto es que los medios se cruzan entre ellos. Y Breton en el *Manifiesto,* paralelamente al automatismo, hizo del *collage* un medio surrealista, adaptándolo a un poema, como ya se ha visto[8].

Duchamp se encuentra con Breton en 1922. Este había adoptado el seudónimo de Rrose Sélavy, juego de palabras a partir de «Eros», «Rosa», el nombre femenino más común, pero también el de la flor símbolo del amor, y «C'est la vie» («Es la vida»). Breton le dedicaría un poema en *Claro de tierra.* Desnos se conecta con él en las sesiones mediúmnicas. Breton reconoce en Desnos «la voz surrealista más inquietante», queriendo contar en el movimiento con un artista que actuaba desde Nueva York. También le incluye en *Los pasos perdidos,* con un texto en el que le califica de contrario a santo Tomás

---

[8] Véase *supra,* pp. 64-66.

por su desprecio a todo tipo de tesis y su confianza en las de-
cisiones de azar. Pero su idea de abandonar la pintura convencional o «retiniana», y promocionar otro tipo de mirada en
el arte que suscite una reflexión, se comprende en el intento
de consolidar un pensamiento artístico del surrealismo.

Klee, Miró, Masson, Tanguy

Ni Miró ni Tanguy aparecen citados el *Manifiesto*. Sin
embargo, hay una referencia a un autor, que más tarde desme-
recerá de la atención de Breton en el resto de su recorrido
artístico: Paul Klee. Quizá figurara en la selección de pintores modernos predispuestos a «escuchar la voz surrealista»
en principio desde su posicionamiento vanguardista, o quizá
respondiera en sus pinturas a esa idea de «la infancia en la
edad adulta», una de las ideas del *Manifiesto,* a la hora de una
definición de su proyecto.

En este punto Joan Miró coincidiría con Klee en el componente «infantil» de su mundo creativo. Y es cierto que Miró
siempre se encontró cercano al pintor suizo, y no solo en un
universo que se encuadra en «pintura de o para niños». Los dos
son pintores, los dos pueden coincidir en una frase de Klee,
«una línea es un punto que camina». René Crevel dedica uno
de sus libros a este pintor.

Pero Miró merece una especial atención por parte de Breton en *El surrealismo y la pintura.* El artista catalán, antes de
instalarse en París en 1920, ya tiene una personalidad y una
sensibilidad formada en cuyo arte se refleja el alejamiento del
academicismo y la apertura a nuevas formas de expresión.
En la capital francesa es vecino y gran amigo de André Masson, y comparte la efervescencia de esos años entre los poetas Reverdy o Max Jacob y, por supuesto, Dada. Miró pinta en

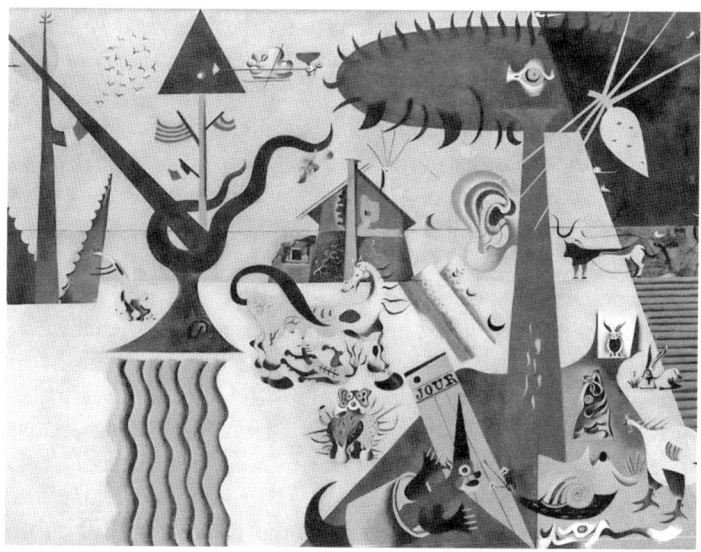

Figura 15. Joan Miró, *La tierra labrada.*

1923 *La tierra labrada* (Fig. 15), que ya ofrece los elementos propios de su poética e imaginario (tierra natal, agricultura, bueyes, casa, perro, cielo de pájaros y lunas, ojos y oídos abiertos). Es una de las láminas del libro de Breton, donde aparecen abordados por un lado el «surrealismo» y por otro la «pintura». En lo que a Miró respecta, si por un lado le encanta reconocer una estrella en la horca de labranza o un cuerpo humano en una composición de puntos, líneas y ángulos, por el otro, no acaba de convencerle que el móvil fundamental de su pintura sea solo pintar abandonándose al automatismo y sin sopesar el valor y la razón profunda intelectual que subyace en tal actitud. A pesar de todo, y precisamente por esto, Breton reconoce que quizá sea el más surrealista de todos.

Más adelante, en 1926, en plena actividad política, Breton y Aragon lanzarán un panfleto de protesta contra el *Romeo y Julieta* de los Ballets rusos, en el que colaboraron Joan Miró y Max Ernst, por el hecho de poner su talento al servicio del dinero. En medio de la perturbación, y con la asistencia de la policía, gritan «¡Vivan los Soviets, viva la Revolución rusa!». En el fondo, más que contra sus amigos pintores, protestan contra el ruso blanco Diáguilev, pero también es motivada por la indiferencia de Breton hacia Prokófiev. Para Breton la única música que cuenta es la de la voz surrealista en imágenes y palabras.

Sin duda el mejor reconocimiento de Breton a Joan Miró será el elogio que hace de sus «Constelaciones», veintidós pinturas sobre papel reunidas entre 1940 y 1941, iniciadas antes de su vuelta a España y continuadas en Mallorca, en la trágica atmósfera de la guerra. En *El surrealismo y la pintura,* escribe Breton: «El despertar de mayo-junio de 1940 cobra un carácter agitado y tumultuoso. Los coches con caparazones de pesadas rayas de colchones corren a la deriva en todas las carreteras de Francia». El arte, primero de manera latente y luego manifiesta, no se vio nunca tan amenazado en su propia base. Nunca fue, en su condición de aventura y descubrimiento, tan precario como en aquel verano. Y en medio de semejante catástrofe, Joan Miró alza la voz de su condición y carácter de artista, de su resistencia, con sus «Constelaciones»: astros, aves y colores pintan la única evasión posible en el terrorífico panorama mundial, la única afirmación posible de la libertad. Tras el desembarco de las tropas aliadas, el primer mensaje artístico que llegó de Europa a América fueron estas «Constelaciones».

Para acompañar los dibujos, Breton compuso unos poemas que dará a leer un día, mucho más tarde, en 1958, en una velada a la que acudieron Joan Miró y su esposa, así como Octavio Paz y la suya. El escritor mexicano comenta que los textos le parecen más próximos a De Chirico que a Miró: «Las constelaciones de Miró son racimos de frutos celestes y marinos; las de Breton construcciones de ecos y de reflejos». Miró, en silencio, escuchaba estas afirmaciones, pero no se sabe cómo las percibía.

Entre los pintores cercanos al surrealismo está André Masson. Profundamente marcado por las heridas sufridas en la Primera Guerra Mundial, internado durante un tiempo, su sensibilidad se agudizó incorporando en sus dibujos similares a los de los locos, la violencia, la sangre, la crueldad y la muerte. En 1922 se instala en París, y entabla una gran amistad con Joan Miró, compartiendo con su él su amor a la tierra y su cultura del sur. Breton, sin conocerlo aún, adquiere, como hemos mencionado antes[9] un cuadro suyo *Los cuatro elementos* (1924). Más tarde será conocido por sus dibujos automáticos cuyo erotismo y gestualidad pueden considerarse un reflejo de la «belleza convulsiva». Su fusión con la materialidad se traduce también en sus «cuadros de arena», *collages* y pinturas con este material y goma arábiga. No obstante, su recorrido en el surrealismo está sembrado de encuentros y desencuentros con Breton. En 1929 se aleja de este último y se acerca a Bataille. En el *Segundo Manifiesto* Breton lo descalifica completamente. Vuelven a reanudar sus contactos antes de la Segunda Guerra Mundial y, tras emigrar ambos a Estados Unidos, coinciden en Martinica y escriben juntos un *Diálogo criollo* en 1942, retomado más tarde en *Martinica encantadora de serpientes*. Masson rompe definitivamente con el surrealismo en 1943. Antes, Breton le había dedicado un artículo (1939) en *El surrealismo y la pintura,* donde ensalza su obra en cuanto arte-acontecimiento poderoso por su carácter revelador y descubre, como en De Chirico, la construcción de un mito de la época.

---

[9] Véase *supra,* p. 186 y Fig. 11.

Además de su amistad con Miró, Masson estuvo fuertemente vinculado a España (1930-1937) por su luz, sus paisajes quemados y la tauromaquia, temática que transpone a sus obras. La violencia y el horror de la Guerra Civil marcaron su vida.

Yves Tanguy es otro de los pintores, que, sin aparecer citado en el *Manifiesto* merece una especial atención por parte de Breton en su recopilación *El surrealismo y la pintura*. Yves Tanguy entra en contacto con el grupo a través de Jacques Prévert, a quien conoce en 1920 en el servicio militar. Al ver por primera vez una obra de De Chirico, queda fuertemente impresionado y decide consagrarse a la pintura. Es así pues, autodidacta y su obra empieza a ser conocida en 1929 fuertemente influenciado por Miró y por Breton. Este se refiere al pintor de esta manera:

> *Yves Tanguy, le peintre des épouvantables élégances aériennes, souterraines et maritimes, l'homme en qui je vois la parure morale de ce temps: mon adorable ami*[10].

Seres errantes que el pintor nos hace *ver,* continúa Breton comparándolo con Gérard de Nerval, cuyo genio consiste en apropiarse de sus *espectros,* y, citando al poeta,

> *condenser dans leur moule immatériel et insaisissable quelques éléments purs de la matière, [...] se réunissant et s'éclairant tout à coup comme les atomes légers qui tourbillonnent dans un rayon de soleil*[11].

---

[10] «Yves Tanguy, el pintor de tremendas elegancias aéreas, subterráneas y marítimas, el hombre en el que reconozco la compostura moral de este tiempo: mi adorable amigo».

[11] «Condensar en su *molde* inmaterial e inaccesible algunos elementos puros de la materia, [...] reuniéndose e iluminándose de pronto como los remolinos de átomos ligeros en un rayo de sol».

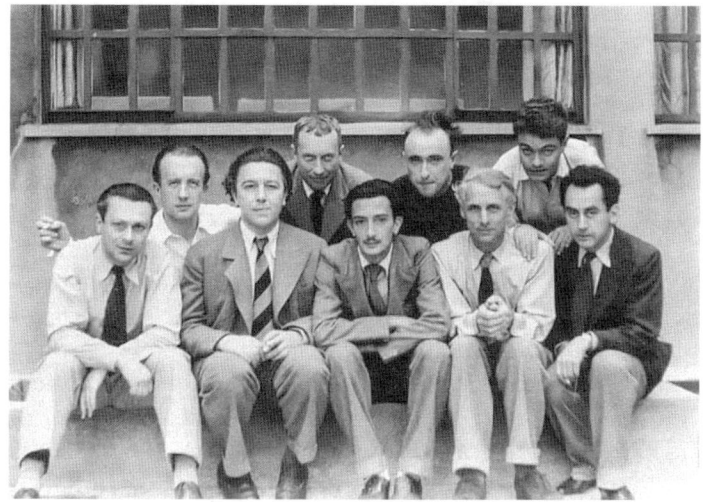

Figura 16. Grupo de los surrealistas hacia 1930.

Si puede hablarse de *poesía* en la pintura, Yves Tanguy es su mayor representante.

Dalí

En 1926 Salvador Dalí es expulsado de la Escuela de Bellas Artes de Madrid. Previamente sus obras habían sido valoradas en París por Picasso y Miró, así como por Paul Éluard que lo había visitado en Cadaqués. En el intervalo de tiempo que discurre entre sus viajes a la capital francesa y su instalación en la misma, Dalí conoce a Gala, hasta entonces esposa del poeta citado. Gala es «Gradiva» («la que avanza»), heroína de la novela de Wilhelm Jensen *Die Wahn und die Träume (El delirio y los sueños)* interpretada por Sigmund Freud.

Cuando en 1928 Dalí, repudiado por su familia, se instala en París, ya va con todas las intenciones de dominar la escena artística. En aquel momento le parece que solo el grupo surrealista podía responder a su actividad. André Breton le parecía insustituible en su papel de jefe y, a pesar de las disidencias entre ambos a lo largo de los años, siempre respetará su integridad e incluso su rigidez (Fig. 16).

Pero cuando llega a la ciudad, dispuesto a aglutinar en él la esencia innovadora en el arte, consciente de su poder irrefrenable y de sus deseos de recuperar la civilización grecorromana, se encuentra con una intelectualidad «podrida con la nefasta y ya declinante influencia del bergsonismo, el cual con su apología del instinto y del *"élan vital"* había conducido a las más groseras revaloraciones estéticas». Dalí repudia la influencia de África y la cultura de sus objetos salvajes en el espíritu parisiense, sosteniendo a capa y espada la producción civilizada, ultradecadente y europea del *«modern style»*. Lamenta que en pleno centro de París el diseño de los accesos «1900» del metro estuvieran siendo sustituidos por construcciones funcionales. Atribuye a su propio mérito haber recuperado la interrupción de tal modernización, al favorecer que se reprodujeran revistas y canciones de ese momento. París se transformaba ante sus ojos obedeciendo a su propia voluntad.

En su *Diario de un genio,* Dalí alude a la época que precedió a su expulsión del seno de su familia, años de «subversión espiritual», época en la que estuvo encarcelado en Gerona por la obscenidad de sus cuadros, por sus misivas llenas de injurias dirigidas, en colaboración con Buñuel, a los médicos humanistas y a todo personaje de prestigio en España, incluido el Premio Nobel Juan Ramón Jiménez. Fue el momento de su asimilación de Nietzsche y de su propia superación del filósofo. Este, a sus ojos, aparecía como un ser débil, un ser que había sucumbido a la locura. «La única diferencia entre un loco y yo es que yo no estoy loco», se convierte en lema de la vida del artista.

Dalí aspira entonces en convertirse en el Nietzsche de lo irracional, con la intención no de someterse a lo irracional por lo irracional, sino de lanzarse a conquistarlo. De esta actitud se deriva su método analítico de la «paranoia».

La «paranoia crítica» se inscribe en la historia del surrealismo hasta el punto de considerar a Dalí el segundo teórico del movimiento. Al automatismo puro y pasivo definido por Breton, él opone un pensamiento estimulante que constituye una reinterpretación y cuestionamiento de dicho ejercicio. El análisis «paranoico-crítico» se inspira, como la actividad del inconsciente, reivindicada por Breton, en la psiquiatría, con la diferencia de que Dalí integra la aportación del *Manifiesto,* hablando así pues con conocimiento de causa de los principios que lo guían. Es una forma de razonar que parte de una percepción falsa de la realidad que sistematiza de forma consciente delirios y obsesiones, productos de un «irracional concreto». Pero quizá la mejor síntesis de la participación y posición de Dalí en el surrealismo la ofrezca el propio autor en un capítulo de su *Vida secreta:*

Mi lucha. Mi participación y mi posición en la revolución surrealista. «Objeto surrealista» contra «sueño narrado». Actividad crítico-paranoica contra automatismo

Mi lucha
Contra la Simplicidad.   Por la Complejidad.
Contra la Uniformidad.   Por la Diversificación.
Contra el Igualitarismo.   Por la Jerarquización.
Contra el Colectivo.   Por lo Individual.
Contra la Política.   Por la Metafísica.

Contra la Música.	Por la Arquitectura.
Contra la Naturaleza.	Por la Estética.
Contra el Progreso.	Por la Perennidad.
Contra el Maquinismo.	Por el Sueño.
Contra la Abstracción.	Por lo Concreto.
Contra la Juventud.	Por la Madurez.
Contra el Oportunismo.	Por el Fanatismo maquiavélico.
Contra la Espinaca.	Por los Caracoles.
Contra el Cine.	Por el Teatro.
Contra Buda.	Por el Marqués de Sade.
Contra el Oriente.	Por el Occidente.
Contra el Sol.	Por la Luna.
Contra la Revolución.	Por la Tradición.
Contra Miguel Ángel.	Por Rafael.
Contra Rembrandt.	Por Vermeer.
Contra los objetos salvajes.	Por los ultracivilizados Objetos 1900.
Contra el Arte moderno africano.	Por el Arte del Renacimiento.
Contra la Filosofía.	Por la Religión.
Contra la Medicina.	Por la Magia.
Contra las Montañas.	Por la Costa.
Contra los Fantasmas.	Por los Espectros.
Contra las Mujeres.	Por Gala.
Contra los Hombres.	Por Mí.
Contra el Tiempo.	Por los Relojes Blandos.
Contra el Escepticismo.	Por la Fe.

Cada una de las contraposiciones aquí expuestas, una vez sopesadas cada una, explicaría su coherencia en el proyecto daliniano. Recorridas en su conjunto, y en el espacio que requieren en este estudio, nos quedamos con algunas reflexiones que parecen relevantes. En primer lugar, todas las afirmaciones vienen precedidas por la preposición «contra», ilustrativa de un gesto imaginario derivado de la actitud íntegra de un Lautréamont o un Sade, antecedentes de la reacción teórica y práctica definitoria del espíritu surrealista, con la que todo el mundo está de acuerdo.

En segundo lugar, merece la pena detenerse en la atención puesta en el «objeto surrealista» frente al «sueño narrado», pues añade una consideración más a la contribución del surrealismo en las artes plásticas. El «objeto surrealista» tiene su origen como género particular en los *collages* y fotomontajes que no precisan de técnica particular y a cuya práctica se entregan la mayoría de los miembros del grupo, de forma espontánea y lúdica, en búsqueda de una creación libre y automática. Pero la concepción de lo que configura el «objeto surrealista» en sí procede de Dalí y Giacometti. Uno de los más célebres es la *Boule suspendue (Bola en suspensión)* de este último (1930), objeto móvil y mudo, objeto espectacular del tipo de asociaciones incongruentes del *Teléfono-langosta* también de Dalí y que proliferan en las exposiciones de los años treinta. Son una manifestación de la «crisis del objeto» una de las preocupaciones del grupo enfocada desde un punto de vista económico y político: el fetichismo de la mercancía en una sociedad de intercambio material, considerada a la vez desde un punto de visto antropológico que incluye valoraciones religiosas o psicoanalíticas.

Es evidente que, en esta serie de «contras» del programa daliniano, afloran las disensiones que protagonizarían el alejamiento del pintor con respecto al jefe del movimiento surrealista. A pesar de que Dalí seguía al pie de la letra el ideario de Breton y de que este saludaba con entusiasmo su «paranoia», este último, sin embargo, se quedó atónito cuando descubrió los elementos escatológicos de su pintura. La negación del excremento respondía, según el pintor, a una estrechez idealista fundamental del primer periodo del surrealismo. Más tarde, cuando la relación entre las dos personalidades fue espaciándose, Dalí acuñó la definición del surrealismo afirmando «El surrealismo soy yo», él era el único que lo había perpetuado, desmaterializado y espiritualizado. Breton respondió a esta actitud con un anagrama vengativo que identificaba a Salvador Dalí con «Avida Dollars», que según el pintor se aplicaba perfectamente a su valoración del oro, invocando la iconografía digestiva de todos los tiempos y civilizaciones. Y para ello cita como ejemplos «la gallina de los huevos de oro», o el asno que defecaba oro en las *Metamorfosis* de Apuleyo, a los que podría sumarse la figura del caganer que se coloca en el Belén catalán, símbolos todos ellos de prosperidad y buena suerte.

Una de las motivaciones de la expulsión de Dalí del grupo surrealista fue su alejamiento de la causa revolucionaria comunista, por un lado, y su pretendido hitlerismo, por el otro. La imagen de Lenin, sustituto de la figura del padre que le expulsa de casa, y ahora padre de la Revolución, aparece en dos de sus cuadros, *Alucinación parcial. Seis imágenes de Lenin sobre un piano* (1931), que compone después de la violenta crítica del Partido Comunista a un artículo suyo en *Le Surréalisme au service de la révolution*, en el que Dalí detalla sus obsesiones sexuales (Fig. 17). Por otra parte, *El enigma de Guillermo Tell* (1933) representaba al personaje con el rostro de Lenin y una de sus nalgas como una excrecencia flácida (Fig. 18). De 1934 procede *El espectro y el fantasma* uno de los lienzos que plasmaban la personalidad del Führer transformado en mujer de carnes rollizas comestibles con la intención de escandalizar y llegar a un grado de locura impensable. La mayoría de dichos lienzos fue destruida durante la invasión de Francia por el ejército alemán, según se afirma en su *Diario*. Dalí insistió sobre el carácter apolítico de estas obras, impregnadas del humor negro que caracterizaban las

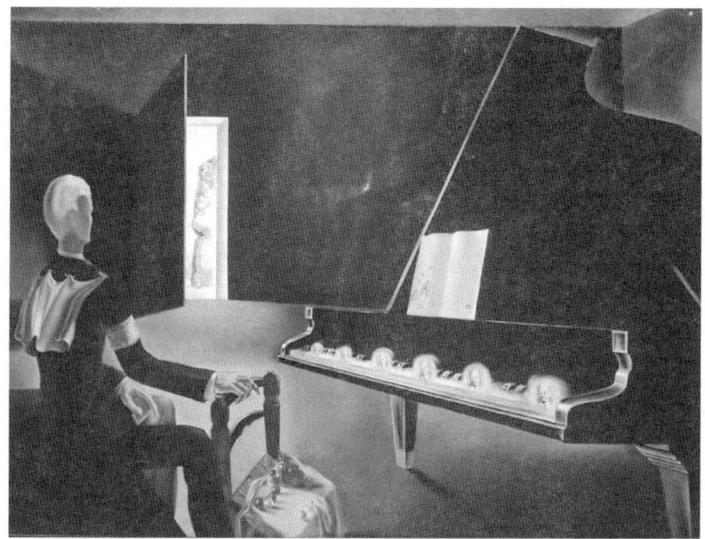

Figura 17. *Alucinación parcial.*
Seis imágenes de Lenin sobre un piano (1931), de Salvador Dalí.

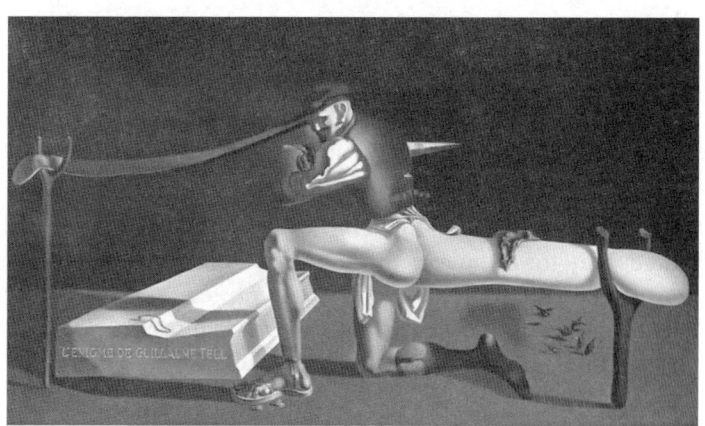

Figura 18. *El enigma de Guillermo Tell* (1933), de Salvador Dalí.

de Lenin. Pero esto no convenció a los miembros del grupo, a raíz además de una difusión según la cual a Hitler le gustaban ciertos elementos de algunas representaciones suyas, como cisnes, soledad, megalomanía o wagnerismo. *El enigma de Hitler* (1939), una pintura a la que su autor concedía un valor profético del periodo sombrío que iba a extenderse sobre Europa, y de la propia muerte del Führer, le valió la excomunión de los nazis y la aprobación de sus contrarios, a pesar de que el pintor nunca viera una contradicción con su anterior temática hitleriana, sino el fruto de una aplicación de su método crítico-paranoico al masoquismo integral del dictador poseído por la idea de una guerra total y de su derrota heroica señalada con el suicidio.

Sin embargo, la ruptura con Breton era insalvable y Dalí prosiguió su camino, siempre considerándose surrealista integral, lo que no podía darse dentro de un grupo que solo respondía a móviles políticos partidistas.

El cine y Buñuel

Si la pintura apenas aparece señalada en el *Manifiesto* de 1924, la reflexión sobre las posibilidades del surrealismo en el cine se limita a imaginarlas. El cine es algo nuevo, apenas tiene la edad de los representantes del grupo. Se vive como un atractivo de nuevas sensaciones y se aprecia en su cercanía con los géneros populares. Breton se describe entrando en las salas sin consultar el programa y dando preferencia a las películas más insustanciales. En *Nadja* evoca las sesiones de cine compartidas en Nantes con Jacques Vaché:

> *Nous nous installions pour dîner, ouvrions des boîtes, taillions du pain, débouchions des bouteilles et parlions haut com-*

me à table, à la grande stupéfaction des spectateurs qui n'osaient rien dire[12].

Puede remontarse a 1919 la afición de Breton y Aragon por los folletines de Louis Feuillade (1915-1916), autor asimismo de la serie *Fantômas,* obras que se desmarcan de las modas y de los filmes reconocidos por la cultura cinematográfica incipiente. Del personaje de Musidora, intérprete femenina de los «Vampiros», los surrealistas harán una musa. Pero también admirarán a Charlie Chaplin, el cine ruso o alemán de los años veinte.

Ya se ha visto cómo Man Ray o Marcel Duchamp, en su calidad de artistas visuales, se ejercitaron con la cámara para plasmar la imagen en movimiento. Por otra parte, suele adscribirse al dadaísmo, y también al surrealismo, la película *Entr'acte* dirigida por René Clair en 1924, con guion de Picabia y música de Erik Satie. El pintor quería una libre asociación de ideas y metáforas, a modo de «instantáneas» o sobreimpresiones. En esta serie de imágenes se quiso ver una aplicación de los supuestos surrealistas o de la escritura automática.

Sin embargo, esta valoración es cuestionada por Agustín Sánchez Vidal, quien al hacer del *Un chien andalou (Un perro andaluz)* el primer film auténticamente surrealista, basa este carácter en ingredientes que proceden más que del automatismo, del expresionismo alemán de Murnau *(Nosferatu),* Pabst *(Loulou),* del cine soviético de Eisenstein *(El Acorazado Potemkin)* o de la propia paranoia crítica de Dalí.

Sánchez Vidal, gran especialista de la relación entre el surrealismo y el cine, recuerda la dificultad de calificar tanto

<hr>

[12] «Nos instalábamos para cenar, abríamos latas, cortábamos pan, descorchábamos botellas y hablábamos en voz alta como en la mesa, ante el gran asombro de los espectadores que no se atrevían a decir nada».

una obra literaria o artística de «surrealista». En el caso del cine con más dificultad aún pueden reconocerse prácticas o recursos literarios en la utilización de un lenguaje que estaba naciendo, que estaba descubriendo sus propios medios de expresión y que nada tenía que ver con la escritura de los siglos contra la que se erigían las vanguardias. Tampoco la esfera artística del cine podía permitirse una experimentación igual a la que se prestaban las técnicas de creatividad en la poesía o en la pintura. *Un perro andaluz* fue financiada por el propio Buñuel, y *L'âge d'or (La edad de oro)* gozó del mecenazgo de los vizcondes de Noailles.

Calificar así pues de surrealistas las películas más dispares solo por ser afines al ideario o sensibilidad del movimiento o restringir el inventario a las dos películas de Buñuel es apostar equivocadamente por un extremo u otro. Pero lo cierto es que las dos películas de Buñuel son incontestablemente reconocidas como la aportación mayor del cine al surrealismo. Incluso se inculpa a Buñuel de no haber existido una escuela cinematográfica por haber ido él demasiado lejos con sus presupuestos y técnicas utilizadas.

Cierto es que Buñuel contaba con una cultura propia. Antes de llegar a París y antes de iniciarse en el cine, ya era conocido por su obra poética y teatral. Era un gran admirador de Ramón Gómez de la Serna, con quien estaba dispuesto a realizar una adaptación cinematográfica de unos cuentos breves del escritor y que se sintió muy defraudado al inclinarse el cineasta por otro proyecto. Era cercano a Dalí, a Lorca y conocía los escritos de Breton –el *Manifiesto* entre ellos–. Era teórico y creador, conjunción que no se da en el cine de vanguardia francés. Marguerite Bonnet señala esta carencia de doctrina cinematográfica en el proyecto de Breton. En un escrito contenido en *La llave de los campos* se refiere al cine como una etapa en la historia del arte, como una etapa de la vida, que se supera con el tiempo. También sus recelos hacia el cine se fundan en el aspecto comercial. Y, como hacia los pintores, el jefe del surrealismo lanza violentas críticas a Artaud por su papel en la película de Dreyer *La pasión de Juana de Arco* o el *Napoleón* de Abel Gance.

Ya se ha mencionado cómo llegó Buñuel a París. En su libro *Mi último suspiro* es interesante escuchar su versión del surrealismo:

> El surrealismo fue, ante todo, una especie de llamada que oyeron aquí y allí, en Estados Unidos, en Alemania, en España o en Yugoslavia, ciertas personas que utilizaban ya una forma de expresión instintiva e irracional, incluso antes de conocerse unos a otros. Las poesías que yo había publicado en España antes de oír hablar del surrealismo dan testimonio de esta llamada que nos dirigía a todos a París.

Así, aunque reconoce haber practicado ya una especie de escritura automática y ser surrealista sin etiqueta, lo cierto es que admite que el ambiente que se respiraba en la capital francesa contribuía a generar un espíritu y que en su caso personal el contacto con el grupo fue esencial y decisivo para el resto de su vida.

Otra cosa: le fascinaba, en las discusiones que tenían lugar en los cafés, la fuerza moral que se demostraba en ellas. Una moral que rechazaba los valores convencionales y se apoyaba en la pasión, la risa, la atracción por los abismos, pero todo ello dentro de una coherencia y una seguridad que daba la mayor firmeza a la fe en el proyecto. De hecho, Buñuel fue sometido a un proceso por haber cedido la publicación del guion de *Un perro andaluz* a una revista que se consideraba burguesa y editada por Gallimard, *La Revue du cinéma*. Se le acusaba además del éxito de la película, que empezaba a ser

sospechoso. Fue un proceso en toda regla que creó en el cineasta un conflicto interior que duró mucho tiempo y que
le llevó a consolidar su idea del surrealismo: un movimiento
poético, revolucionario y moral. La situación se resolvió al
intentar renunciar a la publicación en Gallimard, incluso yendo con Éluard a la editorial a destruir las planchas con un
martillo. Fue imposible. Se compensó ello con la aceptación
de publicarlo en *La Révolution surréaliste,* entre otras revistas,
con un prólogo en el que se explicaba que la película era un
llamamiento público al asesinato. Incluso Buñuel propuso
quemar el negativo en la Place du Tertre de Montmartre, pero
no se le permitió.

En definitiva, cuando le preguntan a lo largo de su vida
qué ha sido el surrealismo, Buñuel duda entre su triunfo y su
fracaso. Admite que sus representantes figuran entre los mejores escritores y pintores del siglo XX, un reconocimiento y
un éxito que eran lo que menos les importaban. Querían cambiar la vida y eso es lo que no se consiguió.

Pero queda imborrable la afinidad entre ellos, la respuesta
poética que dieron. En el caso de Buñuel, merece la pena recordar su reconocimiento a Benjamin Péret, entre los poetas:
su libertad, su inspiración, su gran humor.

Luis Buñuel se impone con su producción al utilizar un
lenguaje cinematográfico, un imaginario fílmico que trabaja
en profundidad, sin detenerse en experimentaciones con la
técnica, logrando con gran maestría la combinación de lo irracional y lo concreto. Incluye en sus películas los temas del
programa surrealista trabajándolos desde su vinculación a las
zonas del inconsciente. Las imágenes que resultan se encade-
nan de acuerdo a recursos propiamente cinematográficos y
no traducen un simbolismo unívoco, pero tampoco son ar-
bitrarias, dejan aflorar pulsiones profundas que obedecen a
una lógica del inconsciente.

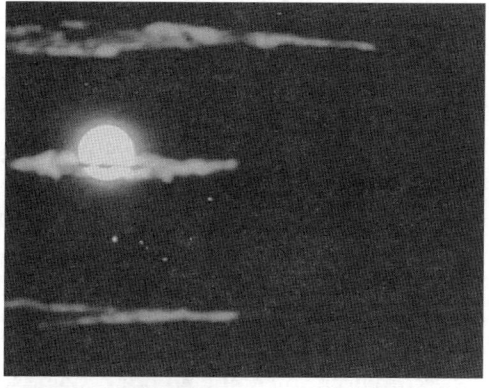

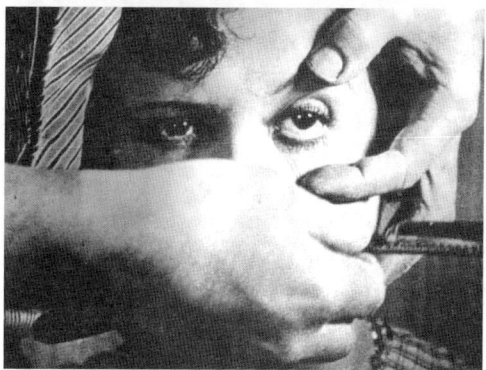

Figura 19. Fotogramas de *Un perro andaluz,* de Luis Buñuel.

El primer plano del ojo seccionado por la cuchilla de afeitar y universalmente comentado, aparece después de una luna ella misma atravesada horizontalmente por una nube en la noche. Son imágenes aisladas pero asociadas en la analogía y los ritmos visuales (Fig. 19).

Se ha anticipado ya, en relación con el dinamismo imaginario del surrealismo, la presencia de obsesiones recurrentes como los rostros del tiempo en las figuras de la noche tenebrosa, la luna, el mundo de los insectos, hormigas o mariposas en un cráneo. Volvemos ahora a ello recordando los escorpiones en *La edad de oro,* que dan paso a unos bandidos, mundo salvaje y libre que anticipa el abandono al instinto por los amantes, antes de ser separados por la sociedad; película de contraste entre el amor pasional y la frustración ante los obstáculos impuestos por la religión y la policía. Reflejo de las convicciones políticas del autor, esta película queda en la memoria del cine surrealista al ser además saboteada por la Liga de los Patriotas, durante su proyección en 1930.

Hay que recordar también que no por casualidad Buñuel, quien al llegar a París ya había leído el *Manifiesto,* texto que le había marcado, decide firmar con Jean-Claude Carrière el guion de una película basada en *The Monk* de Lewis, *Le Moine* de Ado Kyrou (1972), texto al que tanta importancia da Breton en su panfleto de 1924.

De igual manera, en ningún momento debe olvidarse la colaboración de Dalí con Buñuel. Él definió la función de las imágenes contrastadas del lenguaje fílmico con los saltos o choques de la comunicación sin hilos: telegrafía sin hilos, imaginación sin hilos, un ejemplo más del recurso a las metáforas de la electricidad y del contacto que tanto abundan en el universo de Breton.

Precisamente el final del *Manifiesto* invita con ironía a la ensoñación científica en una multiplicidad de formas disparatadas: «*Les sans-fils? Bien. La syphilis? Si vous voulez. La photographie? Je n'y vois pas d'inconvénient. Le cinéma? Bravo pour les salles obscures*»[13].

---

[13] Véase la traducción en *supra,* pp. 68-69.

Exilios

Los estallidos de la Guerra Civil española y, posteriormente, de la Segunda Guerra Mundial provocaron una gran oleada de artistas exiliados, siendo sus focos de acogida París, México y Nueva York. Ya se ha visto el carácter cosmopolita de la capital francesa desde la época de vanguardias, visitada por autores tanto literarios como plásticos de países muy diferentes y alejados.

Antes de la Guerra Civil española, en París se encuentra, además de Dalí y Buñuel, el canario Óscar Domínguez, vínculo esencial entre André Breton y la facción surrealista de Tenerife que se abordará en su momento[14]. Estrechamente unido al grupo, participa en exposiciones y desarrolla técnicas propias como la decalcomanía, a la vez que practica el «cadáver exquisito». Ya en plena guerra se integran en el círculo Esteban Francés y Remedios Varo, esta última acompañando al poeta Benjamin Péret.

Esteban Francés y Óscar Domínguez protagonizaron lo que se ha conocido como el «caso Brauner», un accidente que provocó Domínguez en una disputa a raíz de la cual el artista rumano resultó cegado. Al parecer, una noche calurosa y de copas de 1938, Domínguez salió en defensa de Remedios Varo, acusada de infidelidades por Esteban Francés. Brauner se levantó para sujetar a este último, mientras Yves Tanguy intentaba retener a Domínguez. Este consiguió sin embargo desasirse y lanzar un vaso de cristal que fue a clavarse en el ojo de Brauner. Dicho caso fue interpretado en clave surrealista como el cumplimiento de una premonición, ya que Victor Brauner había realizado su obra *Autoportret premoiție (Autorretrato con el ojo arrancado)* en 1930. Sabido es también el valor simbólico

---

[14] Véase *infra,* pp. 246 y ss.

de la visión y de la videncia en el imaginario artístico del movimiento y el significado que para ellos cobraban los mitos culturales y representaciones naturales en su dimensión poética, siendo la vista sinónimo de revelación y conocimiento.

Entre los artistas catalanes llegados a París, se cuentan los miembros el Grupo Logicofobista, vertiente espiritual y social que, en torno a 1936, pretendía superar los planteamientos del surrealismo de Miró, Dalí o Domínguez, crear una nueva generación a la que se unían también los madrileños Ángel Ferrant o Maruja Mallo. La Guerra Civil acabó con este propósito.

Es indudable la influencia de Dalí en el estilo de la pintura de Francés y Varo. Pero además les une a todos ellos el universo onírico dominante en sus obras. Este se hace patente además y cobra nuevas formas de expresión al encontrarse en contacto con otras culturas. El exilio de un importante número de surrealistas a México con motivo de la ocupación francesa por los nazis, abrirá nuevas formas de expresión.

México se convertirá por entonces en un gran foco intelectual. Pero antes de la Segunda Guerra Mundial, en 1938, André Breton había visitado el país, interesado por el arte precolombino y por el muralismo, versión plástica del arte revolucionario. En esas fechas tiene lugar su encuentro con Trotski, siendo acogido por Diego Rivera y Frida Kahlo. Es un momento difícil para el comunismo por la evolución estalinista en la URSS y su política contra la libertad artística. En cuanto al muralismo, su forma de expresión se ve también deudora de una consigna revolucionaria. Como diría más tarde Octavio Paz, los mexicanos no habían desarrollado un proyecto ideológico más allá del nacionalismo y los muralistas habían importado el marxismo en un país donde no había proletariado y donde los pintores trabajaban para el Estado. El muralismo respondía al realismo socialista.

Sin embargo, ya en 1928 Rufino Tamayo perseguía un arte mexicano que retomara la tradición del arte prehispánico y el arte popular, más allá de motivos raciales o folclóricos. Ello le distanciaba de Diego Rivera. André Breton asociará en un primer momento dicho muralismo sobre todo a la tradición indígena, y a Frida Kahlo con el pájaro *quetzal*. La pintora sin embargo no encontró en París la respuesta a su arte que ella hubiera imaginado, mientras que, en el plano político, no tardaría en surgir la ruptura entre Breton y Rivera, por el sello estalinista de este último. Después de la guerra, se verá sustituido por Tamayo en el horizonte de identificaciones artísticas mexicanas por parte del fundador del surrealismo.

En México se sitúa no obstante la obra de una de las principales protagonistas de la pintura surrealista: Leonora Carrington. Tras pasar por París y emparejarse con Max Ernst al lado de quien desarrolla su arte en un pueblo retirado en el campo, Leonora llega al país americano tras sucumbir a una gran crisis psicológica después del internamiento de Ernst en un campo de concentración cuando se instala el fascismo en Francia. Tras una dolorosa estancia en España, en Santander, sometida a tratamiento psiquiátrico, logra huir a Lisboa y a continuación a México, en donde se quedará hasta el final de sus días. La pintura de Carrington refleja un universo muy ligado a las tradiciones populares celtas y los cuentos de hadas de Irlanda, su país natal. La madre y la abuela le contaron que descendía de gitanos, eso explicaría su amor por la adivinación y las ciencias ocultas o el estudio de la Cábala que llevará a cabo junto con su amiga y también pintora Remedios Varo. Le fascinan autores como Jonathan Swift o Lewis Carroll. Swift es autor surrealista según Breton, así aparece en el *Manifiesto*. A su vez Leonora es incluida en la *Antología del humor negro*. Con todo, según ha manifestado en entrevistas a lo largo de su vida, en el surrealismo no había un «coro», cada artista iba por su camino, y en cuanto a la alquimia, el tarot o la escritura de los sueños trascienden las artes divinatorias y revelan poéticas del inconsciente:

> Yo no pinto sueños
> hasta donde sé
> Los sueños están en un espacio diferente.
> Debe haber
> Muchos, muchos espacios diferentes.
> Todo está interrelacionado
> Todo en el mundo fenoménico
> Estaría totalmente relacionado.
> Son vehículos
> Que se mueven de un mundo liminal
> a otro,
> de un lugar subliminal
> a otro.

Esta afirmación de Carrigton define claramente su afinidad con el pensamiento de Breton en *Los vasos comunicantes,* el *Arcano 17* y toda forma de creatividad emparentada con la circulación de la energía a través de una concepción magnética del universo entre el mundo interior y el mundo exterior.

Breton exploró el inconsciente mediante las técnicas de la escritura automática, la hipnosis, los juegos de azar, y los artistas plásticos se inspiraron en gran medida en dicha exploración y comunicaron entre sí sus experiencias. Otro lugar de encuentro vinculado a la huida de la Guerra Mundial fue Estados Unidos, en especial, Nueva York. Allí coincidieron con André Breton Esteban Francés, Yves Tanguy, Óscar Domínguez, Victor Brauner, Max Ernst o Roberto Matta.

Si todos ellos intentaban expresar visualmente los procesos que obsesionaban a los surrealistas, el chileno Roberto

Matta en especial da muestras de plasmar los mecanismos que rigen el lenguaje interior de la conciencia, a través de sus «morfologías psicológicas» o cartografías fantásticas que traducían el dinamismo de una actividad espiritual o de las emociones que habitan el ser humano. Matta y el grupo poético que lo precedió, La Mandrágora, se destacaron por detestar el nacionalismo y por odiar a Pablo Neruda, convertido en poeta oficial al servicio del Partido Comunista. Es una muestra del surrealismo latinoamericano que restaba importancia a las ideologías y los partidos, y reivindicaba el individualismo y la subversión ante las formas de moral impuestas por las políticas autoritarias.

En cuanto a la vinculación al surrealismo desde el Caribe, hay que retener la figura de Wilfredo Lam, cubano influenciado por Picasso y las máscaras africanas. En París, se encuentra con con Breton e ilustra su poema *Fata Morgana*. Otro contacto importante en París en su vertiente antropológica es el de Michel Leiris, autor de *L'Afrique fantôme (El África fantasmal)*. Coincide con Lévi-Strauss y con el propio Breton en el barco que les conduce a América huyendo del fascismo; más tarde integrará también en su universo los conocimientos de Carl Jung. En Martinica Lam se reencuentra con la naturaleza del trópico, fundamental en su evolución plástica. Aquí también está Breton donde entabla amistad con Césaire, fundador de la negritud, movimiento intelectual y artístico opuesto al colonialismo francés. «Surrealismo negro» llamó Breton a la pintura de Lam. El artista introduce el surrealismo en sus pinturas, fusionado a la exuberancia vegetal del trópico. Así el cuadro *La jungla* de 1943 donde la selva integra la naturaleza, lo humano, lo mágico, sus mitos y leyendas. Su obra consigue superar la cuestión identitaria del negrismo, fenómeno paralelo al que el indigenismo planteaba en Perú o México.

VI. Más allá de París

La recepción del *Manifiesto del surrealismo* en España

Vinculada a la situación de la crítica literaria, la recepción del *Manifiesto* en España se remonta al mismo año de su publicación, independientemente de que su traducción se publique mucho más tarde.

La lectura y comentario del texto aparece reseñada por Fernando Vela en diciembre de 1924 en la *Revista de Occidente* (VI/18) con el título «El suprarrealismo». El autor prefiere denominarlo así, en lugar de «surrealismo», aludiendo a una exploración en las alturas, como denota la preposición «sobre», en el sentido de «más allá», con lo cual el suprarrealismo francés sería una variación del ultraísmo hispano de 1919, nacido de las tendencias vanguardistas europeas.

La crítica española contemporánea al surgimiento del surrealismo en Francia como movimiento específico francés es negativa en cuanto a su novedad. Se describe con cierto desprecio, como un «ismo» más que no dejará a su paso ninguna huella. Vela subraya el carácter experimental del «Bureau de Recherches» («La Central de investigaciones») creado al mismo tiempo que el *Manifiesto* para determinar el trabajo del grupo, organismo cuya responsabilidad recayó en Antonin Artaud. El suprarrealismo según Vela, refiriéndose al trabajo acotado del inconsciente descubierto por Freud, primera fuente de la creación literaria, sería como un laboratorio de química que solo trabaja en carburantes. Restringir la observación al mundo de los sueños supone una gran limitación en el programa de la iniciativa francesa. El *Manifiesto* en esta crítica equivaldría al «prospecto de un abono o fertilizante espiritual y *Pez soluble,* que le sigue, como la muestra de la rozagante mazorca cosechada».

Así, con respecto a la valoración de dicho *Pez soluble* como ejemplo de escritura automática, Fernando Vela concluye: «la teoría es más entretenida que el resultado y, como tantas veces en Francia, estos incidentes de la vida literaria, más divertidos que la propia literatura».

Justo después de él, Guillermo de Torre escribe «Neodadaísmo y Superrealismo» en la revista *Plural* (enero de 1925). Señala el carácter sensacionalista del superrealismo y lo convierte en una derivación de Dada, sin aportar nada diferente. Como Vela, critica los fundamentos teóricos del movimiento y, en particular, sus bases sobre los estudios freudianos. Para Torre el inconsciente no es la única fuente de inspiración poética; el verdadero superrealismo debe ser involuntario, resultado de la transformación de la realidad elevada a un plano superior, a una atmósfera de pura realidad poética.

En los dos casos se ve claro que no hay una preocupación por leer el texto de Breton en profundidad, en un momento además en que tampoco en Francia se daba el caso, considerándose ilegible no solo el estilo de *Pez soluble,* que no se volvió a publicar hasta la década de los setenta, sino ilegible también la escritura del propio *Manifiesto.* Valga como ejemplo el caso de Bataille, que descubre la obra de Breton en 1924-1925 a través de Michel Leiris, a quien confiesa no conseguir aproximarse al texto, considerando además la escritura automática un total aburrimiento y una forma convencional. En los dos países el *Manifiesto* se percibe ante todo en su dimensión teórica más que poética.

En España, la recepción del nacimiento del surrealismo en Francia se vio condicionada por las circunstancias históricas, muy diferentes en los dos países. Francia salía de una Guerra Mundial, a raíz de la cual se generan las manifestaciones de rebelión en Europa como el dadaísmo, muy lejos de lo que suponía la vanguardia española de los años veinte. Esta reacciona a las nuevas técnicas de escritura y al espíritu revolucionario que representan en la esfera estética, pero mantiene la idea de una poesía centrada en la pureza del lenguaje y el trabajo del artista. Experimentar no es una cuestión dominante en los autores de la «generación del 27», quienes, en su mayoría, se declaran no surrealistas y en absoluto influenciados por el caso francés. Se ha citado muchas veces, y Víctor García de la Concha así lo indica en su libro sobre el surrealismo, la desvinculación de Federico García Lorca con dicho movimiento, al que opone una poesía de emoción pura, tremenda lógica poética, iluminada por la conciencia más clara. Para Rafael Alberti, el surrealismo español estaría en lo popular, en coplas y rimas extrañas y para Marie Laffranque, gran conocedora de Lorca, el surrealismo en España entroncaría con la antirrealista y anticonformista inspiración poética neobarroca que culmina con el homenaje a Góngora precisamente alrededor de 1924, año de publicación del *Manifiesto* de Breton.

Así pues, la recepción de este último pasa antes que nada por identificar una esfera de influencia o una independencia del carácter parisino. Pocos comentarios se refieren a su contenido. La interpretación del texto es escasa, estrictamente literal y las doctrinas que se exponen se juzgan radicales y reductoras a una doctrina insuficiente para explicar el lirismo de la creación.

Sin embargo, el surrealismo vivido en París fue compartido por poetas y pintores españoles, como ya se ha mostrado. Picasso está allí mucho antes de la publicación del *Manifiesto*. En este escrito el pintor español es el ejemplo a seguir, el más auténtico. Y en *La Révolution surréaliste* (4, 1925) Breton reconoce que el artista ha elevado al nivel más supremo el espíritu, no de contradicción, sino de evasión, propio del programa a seguir. Ya en 1901 Picasso expone dos veces en París con su amigo Iturrino, amigo también de Matisse y Derain. Miró llega a París en 1920, Óscar Domínguez en 1927. Y, por parte de los escritores, están Juan Larrea, en 1924, José María Hinojosa, en 1926. Comparten el proyecto surrealista tanto en sus valores de libertad, fascinación por el mundo de los sueños y la fluidez en la escritura. De esta forma, más que la crítica literaria en el país, son importantes las experiencias de estos artistas y su transmisión a la escena cultural española. Más reveladoras que los escritos teóricos fueron la lectura y las traducciones de los escritos al español y al catalán. En 1918 Philippe Soupault aparece en catalán en versión de Josep Vicenç Foix («Poema cinematogràfic») en la revista *Trossos,* y se traduce al español un año después en *Grecia* («Servidumbres», «La hora del té»). En esta misma revista y ese mismo año se acogen poemas de Louis Aragon («Estatua») y de André Breton («Lafcadio»). De este último también se publica un texto de *El revolver de cabellos blancos* traducido por Manuel Núñez Arenas, y publicado en *Alfar* (1926). Y un año más tarde *Litoral* adopta *El amor la poesía* de Paul Éluard, en versión de Luis Cernuda. Los ejemplos se multiplicarán a medida que el caso francés en su singularidad sea mejor conocido. Entre los nombres citados hay que dedicar atención al durante mucho tiempo poeta olvidado José María Hinojosa, por reflejar a través de su personalidad y experiencia la evaluación que se podía hacer en su país de origen de lo que acaecía en el país vecino.

Hinojosa, nacido en Málaga en 1904, llega a París en 1925 e inicia su carrera literaria. Se relaciona con los artistas españoles que allí se encuentran y frecuenta las tertulias del café de La Rotonde, integrándose en el ambiente difundido por el grupo que Breton ha creado. A su vuelta a España contribuye con las revistas vanguardistas. Es reconocido sobre todo por su obra en prosa *La Flor de California,* género que le excluye del «surrealismo español» al considerársele marginal a esta modalidad por su fiel observancia de la ortodoxia francesa (Paul Illie). El poeta es seguidor de las directrices bretonianas y, en opinión de Julio Neira, heredero de la postura vital surrealista y de los principios del *Manifiesto* de 1924. Su poema «Sueños», según este comentarista, parece reflejar la incorporación del mundo onírico tal como se describe en el programa artístico del texto fundador:

> Embadúrnate el cuerpo, de oscuridad
> y de silencio,
> y podrás levantar
> la copa de los sueños.
> Pasaron superpuestas
> ráfagas de recuerdos,
> y los nuevos clisés
> solo quedan impresos,
> mientras hay luz de menta
> dentro del pensamiento.

Cuando vuelve de París, el poeta se muestra totalmente cambiado ante los ojos de sus compatriotas y será víctima de su novedad. Solo Buñuel, Dalí o Pepín Bello no se muestran escépticos ante la escritura que aportaba. Asimismo, cuando aparece *La Flor de California,* prologada por José Moreno Villa, este simpatiza con la técnica de Hinojosa, que le hace comprender mejor los cuadros de Bores o de Miró, y a su vez ayudan a comprender la poesía del malagueño. Pero Hinojosa es deudor también de su compleja personalidad y de sus orígenes de familia conservadora al frente de grandes cortijos. El tratamiento de lo religioso en su creación literaria puede atribuirse a un cambio en su evolución, resultado de su propia maduración o también de la experiencia de su viaje a Rusia en 1928 acompañado por José Bergamín. La realidad de la Revolución rusa le hace disentir de una forma de pensamiento y retomar los valores de la clase a la que pertenecía. Instalada la Segunda República se sitúa en el espectro político tradicionalista y se presenta a las elecciones por el Partido Agrario. En cuanto político derechista, y al producirse el Alzamiento Nacional franquista, es detenido y fusilado por los milicianos. Si abandonó vital y literariamente la actitud de su rebeldía juvenil, ello no quita para considerarle sincero en su adscripción al surrealismo y el primero en las letras españolas en adoptar una orientación definitivamente innovadora –aunque no fue tomada en consideración–.

El terreno, sin embargo, estaba abonado y, además de la difusión de los parisinos a través de las revistas, es preciso recordar las conferencias, tanto de Breton en Barcelona en 1922 y de Louis Aragon en 1925 en la Residencia de Estudiantes de Madrid donde se hospedan García Lorca, Dalí y Buñuel. Este último sigue de cerca la evolución del grupo surrealista y su planteamiento del arte, que determinará el pensamiento creador del cineasta. Una vez instalado en París le escribe a Pepín Bello, también miembro de la Residencia, una carta en la que integra una declaración inspirada en los «Secretos del arte mágico surrealista», uno de los capítulos del *Manifiesto*. Y termina afirmando sobre el surrealismo: «Es lo ÚNICO INTERESANTE EN EL TERRENO DE LA CREACIÓN ¿ARTÍSTICA?».

Cuarenta años después de la publicación, en 1965, ve la luz la primera versión en español realizada por Aldo Pellegrini con título *Los manifiestos del surrealismo* publicada por Nueva Visión (Buenos Aires), reeditada en Argonauta (1998, 2001) e ilustrada la portada con el *Objeto de destrucción* de Man Ray. La introduce un texto del traductor en la que se informa de haber sido realizada treinta años antes, no consiguiendo que viera la luz en el momento de su escritura. Atribuye no poder transmitir este texto de importancia fundamental en el terreno ideológico y artístico a su carácter subversivo y no conformista. Esta edición comprende los tres manifiestos bretonianos y Pellegrini subraya las diferencias entre ellos: el primero presenta los principios del surrealismo, su técnica poética o de creación, la interpretación de la vida y la utilización de los auténticos instrumentos de conocimiento; el segundo insiste en la concepción ética del movimiento; su tono polémico se aviene con su carácter apasionado, consciente de lo que sucede en el mundo en el que toma la palabra; y, finalmente, los *Prolegómenos a un Tercer Manifiesto* serían un balance del surrealismo en su ideario de confrontación con la sociedad que lo genera. De la lectura de los manifiestos, el traductor extrae lo esencial de la definición surrealista: el rechazo a que se considere una escuela literaria más que una concepción de vida y de los valores de la condición humana, siendo estos la imaginación, el amor y la libertad por encima de todo. Comparte a su vez la lucidez de los escritos de Breton en su desconfianza de los sistemas e ideologías que restringen esos mismos valores. Su lectura refleja también una gran preocupación por el destino del hombre, degradado y frustrado dentro de una realidad dominada por la tiranía del dinero y la aceptación de una imbecilidad siniestra que ocupa todo el espacio mediante el ejercicio del poder. Como traductor, plantea el problema del lenguaje, determinante en el autor del *Manifiesto:* dialoga con el tono violento, incisivo, el ritmo cambiante que guían su escritura y su sintaxis, coherente y controlada a pesar de todo. Esto supone una gran dificultad para formular en una lengua extranjera una prosa ágil pero compleja hasta el extremo en sus posibilidades de expresión. Se trata así pues de encontrar un equilibrio entre la transmisión de las ideas y el estilo que las formula. Finalmente, el autor de este prólogo reivindica la actualidad de los manifiestos surrealistas debido a la situación de la sociedad contemporánea, la de 1965 o la de nuestros días, y termina su discurso con un llamamiento a los jóvenes y a su capacidad de rebelión, ya que siempre encontrarán en los manifiestos el sueño y la posibilidad de cambiar la vida.

La segunda versión del *Manifiesto* en castellano, a cargo de Andrés Bosch se publica en 1969 en la editorial Guadarrama y se reedita en 1980, siendo la tercera edición recogida por Visor en 2009. Su título es *Manifiestos del surrealismo* y se ilustra en portada con el dibujo de un pez sobre el que se lee «*SURRÉALISME*». Una nota del editor informa de que se ha adaptado la composición del libro de Jean Jacques Pauvert (1962, 1979) en la que se incluyen, además de los manifiestos, «Pez soluble», «Advertencia en la reedición del Segundo Manifiesto», el «Segundo Manifiesto», «Antes y después del Segundo Manifiesto», «Carta a las videntes», «Discurso en el Congreso de escritores», «Situación surrealista del objeto», «Prolegómenos a un Tercer Manifiesto surrealista o no» y «El surrealismo en sus obras vivas». Se excluyen dos capítulos: «Posición política del surrealismo» y «De cuando los surrealistas tenían razón», considerándolos menos interesantes. Esta edición no se acompaña de introducción del traductor, como la anteriormente señalada.

Se ha visto que la recepción del *Manifiesto* en España hay que entenderla desde la vida cultural del país, a través de la nacionalización del movimiento, en paralelo a otras tendencias de creación artística. Es preciso reiterar que los numerosos estudios sobre el «surrealismo español» apenas abordan el programa del texto fundador, sino en lo que respecta a la definición que se da del surrealismo o de la imagen poética.

Sin embargo, bastante pronto, en torno a 1932-1935, los poetas que no compartían los principios surrealistas, sobre todo los que se referían a la escritura automática, admitieron que la exploración del lenguaje, a partir de las técnicas propuestas, iba más allá de la improvisación y que el proyecto anunciado por Breton atribuía a la poesía un papel mucho más importante que el de ejercicio literario. Poco a poco, poetas como Dámaso Alonso o Pedro Salinas reconocieron rasgos surrealistas en los autores de la generación del 27 en relación con el uso de un lenguaje nuevo: así Vicente Aleixandre, Juan Larrea, Federico García Lorca, Luis Cernuda o Rafael Alberti. Pero se trataba más que nada de un «reconocimiento», de ver cierto espíritu surrealista, una poesía surrealista escrita, lejos todavía de la «práctica de la poesía» de la que habla el *Manifiesto* bajo los auspicios de Lautréamont y de Rimbaud.

Con motivo del cincuentenario de la publicación del texto de Breton en 1974, Pablo de Corbalán publicará *Poesía surrealista en España,* obra que subraya la imposible separación entre el componente moral del surrealismo y su actividad artística. Pero esto tan solo para afirmar sobre todo la existencia del surrealismo español, limitándose el comentario a la presentación de la antología.

Será necesario llegar a las décadas de los ochenta y los noventa, cuando las traducciones de los libros surrealistas franceses lleguen a un público español y que el Museo Reina Sofía acoja una importante documentación y organice expo-

siciones definitivas para la recepción del surrealismo en España y la consagración de su identidad, cuando la comparación
del fenómeno en un país u otro deje de tener sentido.

Entre Viejo y Nuevo Mundo

En 1944, Juan Larrea escribe un ensayo que titula *El surrealismo entre Viejo y Nuevo Mundo*. Resumiendo sus conclusiones, podría decirse que según su autor el surrealismo
es un fenómeno histórico, fruto poético extremo de la civilización occidental, que aspira a ser universal; nace y crece
en París, capital artística del último periodo de Occidente,
pero su materia es internacional agrupando adeptos de otros
países, aunque predominando en la literatura los franceses y
en pintura los españoles; es de carácter colectivo, en oposición a una tendencia individualista europea dominante en
esa época; su voluntad es revolucionaria, frente al estado de
decadencia del mundo occidental, se amolda a las circunstancias de su lugar de origen, desde donde plantea las contradicciones del pensamiento heredero de una tradición cultural; su situación en el tiempo corresponde al periodo entre
las dos guerras internacionales; su programa se inspira en componentes de la Revolución francesa y del romanticismo,
viendo en Gérard de Nerval un claro antecesor en su descubrimiento del sueño como una segunda vida y del carácter
visionario de la poesía. Esto entronca con el significado de
los mitos ancestrales y la poesía natural del Nuevo Mundo;
si en un momento y por su postura revolucionaria el surrealismo pareció centrarse en la URSS, equidistante entre Oriente y Occidente, apunta sin embargo hacia el Nuevo Mundo,
nuevo continente solar de otra realidad capaz de acoger el
«mito inmenso» de un más allá universal y terrestre; transmi-

tido este mensaje, el surrealismo estaría llamado a desaparecer por decisión de sus propios componentes.

Mucho antes de escribir ese ensayo, Larrea se encuentra en París con César Vallejo en 1926. Juntos crean la revista *Favorables, París, Poema,* en la que escriben entre otros Gerardo Diego y Vicente Huidobro. Por aquellas fechas de provocación ante cualquier acto de cultura burguesa, coinciden los dos poetas como espectadores del ballet de Diáguilev en el teatro Sarah Bernhardt una noche de aquel año y, como ya se ha comentado, irrumpen los surrealistas a gritos en la representación, repartiendo puñetazos y protestando contra Max Ernst y Miró, que habían colaborado en los decorados[1].

Larrea adopta una postura muy crítica hacia el surrealismo de Breton y, a pesar de admirarlo en ciertos aspectos, esbozará un retrato demoledor de su persona, subrayando los rasgos egocéntricos, superficiales y equívocos de su programa. En el fondo se pronuncia como lo había hecho Guillermo de Torre en la idea del surrealismo fruto de las cenizas de dada, y el interés que suscita el *Manifiesto* respondía al desarrollo de presupuestos que ya estaban en el orden del día desde el «ultraísmo» y eran propios de la época moderna.

Tras la muerte de Vallejo, Larrea reúne una serie de ensayos sobre el poeta, entre los cuales uno aborda especialmente la relación de César Vallejo con Breton. Alude en él a la crónica periodística «Autopsia del surrealismo» de 1930, donde, en cuanto marxista confeso, el peruano arremete contra Breton. El poeta había viajado a Rusia anteriormente y publicado un artículo, «Una reunión de escritores bolcheviques», donde hace suyas las convicciones de estos. Rechaza el superrealismo por decadente y opuesto a la vanguar-

---

[1] Véase *supra,* pp. 201-202.

dia intelectual soviética, y niega el freudismo y el sueño en la creación artística, que debe ser realista, experimental y científica.

En 1928 no era esa su posición. Entonces atribuye al surrealismo una actividad favorable a la creación de un espíritu latinoamericano. Este necesita un pensamiento activo, un impulso destructor de todas las simulaciones de cultura forjada y propia. «El movimiento surrealista –en todo lo que tiene de más puro y creador– puede ayudarnos a esta higienización de nuestro espíritu, con el contagio saludable y tonificante de su pesimismo y desesperación».

Sobre la cuestión de si Vallejo es el inventor del surrealismo, sobre si, como en el caso de los escritores españoles, puede hablarse de rasgos surrealistas en sus obras, es evidente que por las fechas de *Los heraldos negros* (1918) y *Trilce* (1922), Vallejo es anterior al surrealismo y no precisa de ningún etiquetado en su poesía. Ella habla por sí sola, en París, y más allá de París:

SOMBRERO, ABRIGO Y GUANTES

Enfrente a la Comedia Francesa, está el Café
de la Regencia; en él hay una pieza
recóndita, con una butaca y una mesa.
Cuando entro, el polvo inmóvil se ha puesto ya de pie.
Entre mis labios hechos de jebe, la pavesa
de un cigarrillo humea, y el humo se ve
dos humos intensivos, el tórax del Café,
y en el tórax, un óxido profundo de tristeza.

Importa que el otoño se injerte en los otoños,
Importa que el otoño se integre de retoños.
la nube de semestres; de pómulos la arruga.

Importa olor a loco, postulando
¡qué cálida es la nieve, qué fugaz la tortuga,
El cómo qué sencillo, qué fulminante el cuándo!

También en París se encuentra en esos mismos años otro artista peruano, Alfredo Quíspez-Asín, más conocido como César Moro. Toma este nombre de un personaje de novela de Ramón García de la Serna. Durante su estancia en París (1928-1933) participa en el surrealismo en contacto sobre todo con Éluard y Breton. Escribe en francés toda su obra salvo el libro de poemas más difundido *La Tortuga ecuestre,* escrito entre 1936 y 1939 de vuelta a Lima. Además de organizar exposiciones surrealistas, su escritura queda asociada particularmente a la persona de André Breton, a quien dedica un poema. «Como un piano de cola de caballo de cauda de estrellas…», dice. Otra de sus composiciones «La leve pisada del demonio nocturno» adopta imágenes y ritmos de la «palabra mágica del surrealismo», tal como la define Moro en sus poemas de amor:

Y te levantas como un astro desconocido
Con tu cabellera de centellas negras
Con tu cuerpo rabioso e indomable
Con tu aliento de piedra húmeda
Con tu cabeza de cristal
Con tus orejas de adormidera
Con tus labios de fanal
Con tu lengua de helecho
Con tu saliva de fluido magnético…

Imposible no pensar en «La unión libre» ya comentado[2], letanía de cualidades dirigida a la mujer amada, al amante

---

[2] Véase *supra,* p. 160.

en el caso de Moro, poemas de veneración erótica, poemas de amor.

Con el tiempo, en 1944, Moro dejará de identificar poesía con surrealismo, yendo a un tipo de creación que, como en el caso de Vallejo, no responde a ningún canon reconocido. Estuvo en México en la década de los cuarenta hasta comprender su otra causa de distanciamiento del surrealismo: la homosexualidad. Breton admitía toda transgresión salvo esa, y ello lo decepcionó profundamente. Volvió a Perú, como profesor de francés en un colegio militar, donde se vio humillado y ninguneado hasta por sus compañeros. Uno de sus alumnos le rescatará del olvido: Mario Vargas Llosa.

La difusión del espíritu surrealista en el mundo hispánico pasa incontestablemente por la figura de Octavio Paz, poeta de dos culturas y vida entre dos continentes. Pero hay una historia del sueño mexicano del surrealismo que se centra en el encuentro entre Breton y Trotski al que se ha dedicado especial atención al considerar detenidamente en este trabajo la posición política del movimiento. Ya se señaló el interés de Breton por el primitivismo y el arte muralista, conexión de un pensamiento ancestral y a la vez revolucionario. El surrealismo percibido antropológicamente, en cuanto respuesta del ser humano a la confrontación de la realidad mortal a través del mito y los rituales sagrados, está ya en la mente de Antonin Artaud, quien, en 1936, parte en expedición al país de los Tarahumaras, en búsqueda de una espiritualidad perdida en la civilización occidental.

También se ha señalado la presencia de Octavio Paz en torno a las constelaciones de Miró, acogidas por Breton. Entre ambas fechas asistimos a un desarrollo de acontecimientos históricos a lo largo del siglo xx, vividos directamente por el poeta mexicano. A lo largo de ellos podemos seguir su evolución tanto poética como política. Octavio Paz hereda el espíritu revolucionario zapatista de su padre y a la vez despierta a su iniciación poética sintiéndose próximo de los escritores vanguardistas de su país en los años treinta, así como admiraba a los españoles de la generación del 27. Sin embargo, también es muy sensible al romanticismo y a la faceta mágica del surrealismo. Le marcarán profundamente tanto la Guerra Civil española como su estancia en el Yucatán, donde crea una escuela para hijos de obreros y campesinos, y donde tiene la ocasión de convivir con la explotada cultura indígena.

Su incipiente creación literaria ya está definida por la vinculación entre moral y política comprobando desde el primer momento la contradicción entre la poesía social y el quehacer poético. Paz participa en el «Congreso Internacional de Escritores en Defensa de la Cultura» que se celebra en la España en guerra. El contexto intelectual con que se encuentra en España lo forman hispánicos del momento, tanto hispanoamericanos como Carpentier, Neruda, Huidobro y Vallejo, como españoles ligados a la revista *Hora de España:* Gil Albert, Cernuda, Gaya y Altolaguirre. Estos autores rechazan el arte puro y persiguen a la vez un arte comprometido, sin renunciar a la independencia crítica. El libro más célebre de poemas de Octavio Paz, en el que se condensa toda una vida, ofrece un título paradójico, *Libertad bajo palabra:* una libertad, sí, y un lenguaje también, que impone condiciones y límites.

La tensión entre estética y política se plasma en la difícil relación y consecuente ruptura del mexicano con Pablo Neruda, al repudiar Octavio Paz el pacto de Hitler y Stalin en 1939. A ello se suman otra serie de desencantos políticos que le inclinan a otro tipo de influencias. Se acerca a trotskistas y surrealistas exiliados en México, entre los que se encuentran Victor Serge y Benjamin Péret. En 1943 una beca del

Guggenheim posibilita a Octavio salir de México y empezar un periplo que le llevará a Estados Unidos, Europa y Asia.

En Francia se encuentra con el París de la posguerra, donde, más allá de fascismo y estalinismo, se cree en la posibilidad de una nueva vanguardia artística. Pero los grupos ideológicos difieren mucho entre sí: el existencialismo de Jean-Paul Sartre o el comunismo de Aragon resultan muy alejados de los restos del surrealismo que se agrupan en torno a André Breton y Benjamin Péret, con quien Paz comparte además su interés por México. Con el espíritu surrealista Paz coincide en la unión de la acción poética y política, y la investigación del inconsciente. Pero le separan las técnicas del automatismo, el lugar reservado a Sade dentro de sus referencias; en definitiva, el pertenecer a otra generación y a otra cultura de arraigado hispanismo.

El surrealismo francés, si descubre México en los años treinta, desconocía completamente la escena literaria o artística española. Alejo Carpentier (*El Nacional,* Caracas, 1947) señala que, en 1929, la revista belga *Variétés,* supervisada por Breton, no incluía la península ibérica en el trazado del continente europeo. Es decir que, desde el punto de vista surrealista, España no aportaba nada que mereciese la pena, cuando, como se ha visto, muchos artistas españoles habían viajado ya a París y entrado en contacto con el movimiento.

A la inversa, el hispanista se deja totalmente imbuir del ambiente cultural del momento: «El surrealismo desató mis imágenes y las echó a volar» afirma Paz con respecto a esa época. André Breton invita a Paz a las reuniones del grupo surrealista en el Café de la Place Blanche y publica en el *Almanach Surréaliste du demi-siècle* una traducción de su poema en prosa «Mariposa de obsidiana» que se incluirá más tarde en el libro considerado más cercano al surrealismo: *¿Águila o sol?* Este es un libro de poemas en prosa inspirado en emblemas míticos mexicanos, símbolos y lenguaje popular en una especie de dinamismo del inconsciente cultural del país.

A modo de guiño a Breton, que siempre escribía en verde, aunque el poema no le esté dedicado, escojo este «Escrito con tinta verde», recogido en *Semillas para un himno* (1943-1955):

> La tinta verde crea jardines, selvas, prados,
> follajes donde cantan las letras
> palabras que son árboles,
> frases que son verdes constelaciones
>
> Deja que mis palabras desciendan y te cubran
> como una lluvia de hojas a un campo de nieve
> como la yedra a la estatua
> como la tinta a esta página
>
> brazos, cintura, cuello, senos,
> la frente pura como el mar
> la nuca de bosque en otoño,
> los dientes que muerden una brizna de hierba.
>
> Tu cuerpo se constela de signos verdes
> como el cuerpo del árbol de renuevos
> No te importe tanta pequeña cicatriz luminosa:
> mira al cielo y su verde tatuaje de estrellas.

En sus escritos sobre el surrealismo, Octavio Paz demuestra haber captado totalmente su esencia: su radicalidad al cuestionar el carácter inmutable de la sociedad y, al mismo tiempo, buscar una vía de salida, y no cualquiera, sino la verdadera vida, como la soñaba Rimbaud. El surrealismo no es una escuela, ni una poética, sino una actitud del espíritu humano, quizá la más primitiva, antigua, secreta y poderosa. El surrealismo ejerce una actividad destructora de aquellos valores de una civilización racionalista y cristiana. Pero esta destrucción se concibe en aras de hacer reaparecer el rostro de otra realidad en la que todo está vivo, el mundo no es un conjunto de utensilios, sino un campo magnético. El surrealismo es ante todo una invitación a la aventura interior, al redescubrimiento de nosotros mismos, un signo que transmiten los grandes mitos y los grandes poetas. «Este signo es un relámpago: bajo su luz convulsa entrevemos algo del misterio de nuestra condición» («André Breton o la búsqueda del comienzo», en *Corriente alterna,* México, Siglo XXI, 1972 [1967]).

De esta manera, el surrealismo para Octavio Paz es un estímulo que abre a otra forma de existencia, una vida en libertad, una vida en conciliación de contrarios, una superación de la confrontación del hombre con el mundo, con el otro, con sus semejantes y consigo mismo. Este sueño de continuidad es susceptible de ser reconocido en la historia a través de las diferentes culturas. La aventura surrealista no es invulnerable al tiempo y pertenece a una época. Es muy complejo, a partir del momento en que hay un cambio de época, seguir llamando surrealismo a aquello que ya no es un comienzo. ¿Cómo va a percibirse el pensamiento y programa que se dictaba entonces en el *Manifiesto,* una vez que estalla la Segunda Guerra Mundial? ¿Puede hablarse de una prolongación del surrealismo?

Cuando en 1950 José María Valverde *(Correo Literario de Madrid)* pregunta a Breton sobre su reacción ante el «neosurrealismo», el autor niega que pueda existir. Todo el que se atribuye la etiqueta de surrealismo revolucionario, alusión a un grupo y revista de 1947 en Bruselas, comete una falsificación que debe tratarse de impostura. Y con respecto a su valoración de Pablo Neruda en su libro *Residencia en la tierra,* a la que se alude en la misma entrevista, no puede ser más negativa. Breton admite no haber conocido durante mucho tiempo la actividad intelectual hispánica, aunque sí reconoce haber mantenido un contacto con España a través de Miró. El poeta de quien se siente más cerca en esta esfera lingüística es Octavio Paz y también admira la expresión de Antonio Porchia. Pero a Neruda, en relación con el surrealismo, lo descalifica totalmente, vinculado a una agitación y propaganda que nada tienen que ver con el espíritu del movimiento.

Como eco del *Manifiesto,* traducido por Aldo Pellegrini, quisiera también en este capítulo aludir a la poesía del traductor y de su amigo Enrique Molina, quienes desde Argentina evocan en 1952 y con la revista *A partir de cero* el surrealismo de los comienzos.

Uno de los poemas de Pellegrini «La mujer transparente» dice:

Tu voz era una bebida que yo sorbía silencioso
ante las miradas asombradas
un pájaro de luz
salió de tu cuerpo transparente
pájaro de luz
instante que revolotea
a una velocidad vertiginosa
atravesando calles y calles
persiguen tu cuerpo que huye
¿cuándo podrás alejar a la jauría enloquecida?
Desamparada
te has destrozado al caer
los restos de tu cuerpo se arrastran por todos los rincones
del mundo
un día renacerás tú

la transparente
única, inconfundible
levemente inclinada, nunca caída
rodeada de impenetrable silencio
avanzando tu pie frágil entre la vacilante monotonía
ah un día renacerá tu risa
tu risa de pájaro transparente
tu risa herida.

Gran poeta y pintor, Enrique Molina, tripulante de barcos mercantes, soñador y hombre de viajes, de errancia y libertad que proyecta en la atracción del mar y de la isla, refugio de la sociedad y la civilización occidental, ofrece este poema que retoma el mito de Robinson, a quien advierte de no renunciar a su apuesta vital: «No, Robinson».

En tu isla Robinson verde
Recamado con la pelambre del
desvarío
Los helechos descomunales
Las estrellas con el loro virgen y
la cabra atravesada por el rayo
¡aquellas fiebres!
[…]
No cedas ahora viejo perro
No regreses con tu manzana
hirviente arrastrando
Tus plumas de oscuro pájaro
Evadido
Y ese olor de raíces y setas en la
luz del cuchillo
Confabulado con los secretos de
la luna

…
Más abandonado que un dios
Más salvaje que un niño
Más resistente que las montañas
contra ese cielo que disputa
                    Tus alimentos
legendarios
¡ah, Robinson sin auxilio ni terror
ni remordimiento
…!

        Como una caricia
Sobre tu isla rechinante
En la pureza de tu exilio
¿y a qué tu grito
tu mano abierta en la que cae la
lluvia?
¿a qué tu negra Biblia contra la
Biblia de vello de tu peso?
esa plegaria a nada
a todo
¡Robinson sin propiedad y sin
altar dueño del mundo!

Y esta figura de Robinson y el sueño de un más allá, de otra forma de vida conciliada con la naturaleza salvaje conecta con otro poeta del exilio, él también, como Larrea, entre el Viejo y el Nuevo Mundo, él también de origen español: Eugenio Granell.

Se distingue este autor por condensar en él al músico, al escritor, al pintor y al docente de literatura. Su vida fue un auténtico periplo, partiendo de España después de la Guerra Civil, pasando por los campos de concentración en Francia, por París, donde cuenta con Benjamin Péret, para embarcarse a Sudamérica, y allí, no pudiendo entrar en Chile, continúa hasta la República Dominicana. En 1941 conoce a Breton con motivo de su viaje a Martinica, y con él mantendrá una amistad hasta el final de su vida en 1966. Granell pasará a Guatemala, y de este país a Puerto Rico, huyendo cada vez de posiciones políticas totalitarias y es aquí donde escribe su *Isla cofre mítico* (1951) un homenaje a la composición de Breton «Martinique charmeuse de serpents» («Martinica, encantadora de serpientes») publicada diez años antes.

En este libro singular e inclasificable genéricamente se da voz a autores de diferentes culturas quienes emprenden un diálogo desde su visión isleña: Gracián, Gauguin, Breton, Henry Miller, Césaire, Nerval, Marx, Alfonso X, Ortega y Gasset o Unamuno. A este le recuerda precisamente en su asociación de la isla a Robinson en la energía creadora que simboliza su aventura de libertad, lejos de los valores de la civilización del Viejo Mundo.

De isla a isla

La isla de Tenerife constituye uno de los episodios más relevantes a la hora de abordar la internacionalización del surrealismo. Canarias aparece así como un caso aparte en relación con los otros lugares mencionados. Se hace alusión ante todo a su importancia por el viaje que en 1935 emprendieron a la isla Breton y Jacqueline Lamba junto a Benjamin Péret.

Pero antes de esa fecha ya existía un contacto directo entre el movimiento de Breton y Tenerife. Y este pasaba por Óscar Domínguez, natural de La Laguna y trabajando en París, cerca de Dalí, Tanguy, Ernst o Duchamp. Por otra parte, Eduardo Westerdahl, hijo de padre sueco y de madre canaria, y habituado a los medios extranjeros en cuanto comerciante, asimila con espíritu cosmopolita las ideas estéticas, sociales y políticas europeas en un viaje a través de Berlín, Praga, Fráncfort y París. A raíz de ese viaje en 1931, Westerdahl crea la revista *Gaceta de Arte* abierta a todo tipo de tendencias innovadoras y críticas en el campo del arte, la literatura, la filosofía, las modas o el cine. Entre los fenómenos de cultura contemporánea interesaban Paul Éluard, René Crevel y André Breton.

La revista tenía buenas relaciones con aquellas más modernas de Madrid y Barcelona, pero la influencia en la península se intentaba mediante su apertura a Europa. Se quería conectar con el espíritu más subversivo de Occidente, y su equipo se mostraba muy distante de los planteamientos poéticos en la línea de Juan Ramón Jiménez o del centenario de Góngora, aunque sí se respetaba a la generación del 27, y, entre sus miembros, reconocían al Alberti de *Sobre los ángeles,* al Lorca de *Poeta en Nueva York* o al Cernuda de *Los placeres prohibidos,* y se sentían sobre todo muy cerca de Juan Larrea.

Los poetas canarios desde 1932 empezaron a adoptar en su campo de creación los métodos de trabajo y los principios dictados en el *Manifiesto,* y siguen a Breton en la escritura del inconsciente, de acuerdo con el automatismo psíquico. Entre los animadores de *Gaceta del Arte,* además de su director, estaban Agustín Espinosa, Pedro García Cabrera, Domingo López Torres y Domingo Pérez Minik. Entre ellos se considera a Domingo López Torres el mayor conocedor de los objetivos y logros de la actividad surrealista. Por ello figura como el principal teórico con artículos en defensa de sus ideas («Psicogeología del surrealismo», «Aureola o estigma del surrealismo»). También apoya el surrealismo revolucionario, y sobre este escribe un ensayo. Defensor del comunismo, fue por ello eliminado en 1937, con 26 años, durante la Guerra Civil, arrojado al mar desde un barco, su cuerpo metido en un saco. Poeta de estricta independencia, cuyos motivos eran el mar, las playas, los valores de la isla o la mujer, se invita a escuchar uno de sus poemas, con repercusión en la revista *La buena ventura* de Valladolid.

CATÁSTROFE

Ni tú, ni yo, ni el gozo aquel
que estaba
saltando entre los montes
al comenzar el día
previeron el enorme cataclismo
de tus pequeños pechos entreabiertos
en un fondo de luces y cristales,
cortados con tan hábiles cuchillos
que todos los perfiles eran tuyos
No tuvo el aire la menor queja,
ni la rosa, ni el mar, ni la sonrisa.
Tan natural fue todo
que yo quedé sin ti, en el fiel de ti misma,
sin sentido siquiera.

Enormes precipicios, gritos desesperados, envolvieron inútilmente las 6 de la mañana de aquel día.

En otros poetas de la facción surrealista de Tenerife, la fidelidad al credo de Breton se percibe en lo referente a la imagen y al imaginario ascensional y líquido del que ya se ha hablado. Pedro García Cabrera, por ejemplo, se expresa así en «La cita abierta»:

Por la derecha de la voz del sueño de la estatua
Pasa un río de pájaros
El río es una niña y el pájaro una llave.
Y la llave un campo de trigo
Que abre un lento caracol de cien días.

Otro ejemplo de continuidad entre las imágenes poéticas nos lo proporciona Agustín Espinosa. Se trata del desplegar del sueño:

¿Quién es esa mujer que se ha arrojado al mar para no tener que desnudarse más ante marineros, comerciantes y soldados, tan frágil y blanca que su cuerpo, un momento sobre el agua, se fundió con la espuma marina y con la estela de la luna y con las alas de las gaviotas?

Solo una teoría de la imaginación dinámica puede informar de la continuidad de tales imágenes, algo que escapa a la experiencia de la vida consciente y al realismo de las formas. Dicha fluidez se incluye en la temática del surrealismo, en este caso el deseo de libertad que manifiesta la imagen de la mujer arrojándose al mar para no tener que desnudarse ante los hombres, no por moralidad, como es el caso de la Virginie de Bernardin de Saint-Pierre que sucumbe a la tempestad y la muerte por su gesto. La mujer del poema acaba siendo una afirmación de ella misma transformada en los elementos del aire y el agua.

El viaje de Breton a Canarias parece haber sido inspirado por las conversaciones con Óscar Domínguez. La personalidad del canario llamó sin duda la atención del surrealista, su fascinación por lo insólito, sus marcadas gesticulaciones al expresarse en un idioma que había aprendido de oídas, y las mágicas descripciones de las bellezas de su isla. A modo de «invitación al viaje», el parisino escribía en su composición *L'air de l'eau (El aire del agua)* el siguiente poema:

> Se me dice que allá abajo las playas son negras
> De la lava que marcha hacia el mar
> precipitándose al pie de un humeante pico de humeante nieve.
> Bajo un segundo sol de canarios salvajes.
> Cuál es, pues, este país lejano…

Breton hace de Tenerife «una de las zonas ultrasensibles» del planeta. Las páginas que dedica en *El amor loco* a la ascensión del Teide y al jardín de La Orotava son un ejercicio de imaginación como único resorte del mundo que pueda afirmar la condición humana (Fig. 20). Domingo Pérez Minik resalta que en este relato

> la literatura surrealista se confundía con el Teide, André Breton se quiso convertir en nuestro volcán y el amor que sentía por Jacqueline se contamina con esta geología que nunca se ha sabido si pertenecía al cielo o al infierno.

De acuerdo con su imaginación ascensional el poeta evoca la realidad del volcán, el poeta asocia el mar de nubes que lo rodea con una estrofa del poema de Baudelaire, «Le Voyage» («El viaje») con la diferencia de que en las nubes de Tenerife el sueño se hace realidad física, y Breton insiste en esta circunstancia. La superación de la realidad no se hace en nombre de una metafísica, sino al contrario.

Sigue Minik informando del trascurso de la estancia de los surrealistas en Tenerife y alude a las excursiones que realizaron por la isla. Les sorprende el encuentro con las arenas negras: Jacqueline Breton cogía a brazadas aquellas arenas,

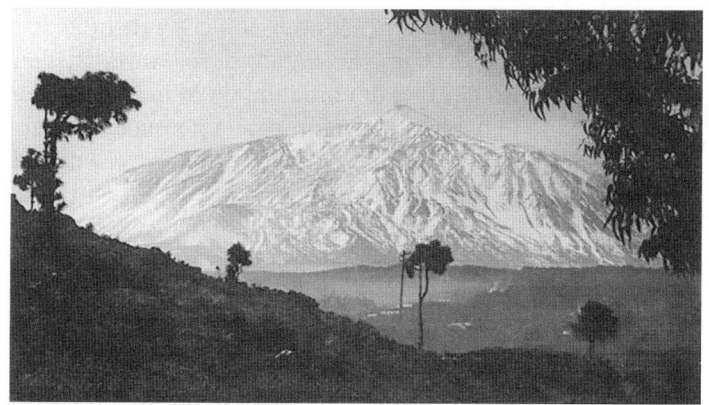

Figura 20. Ernesto Fernando Jover, *El Teide.*

se cubría el cuerpo con este íntimo, grácil y brillante mineral volcánico que llena muchas costas del mar de Tenerife. Benjamin Péret descubría fascinado una gran estrella de mar en una cala del pueblo de Guiamar, en el sur, lanzando exclamaciones delirantes ante sus compañeros de viaje: *«Une étoile de mer, une étoile de mer, une étoile de mer!»*, gritaba el poeta, como si se tratara del primer verso de un nuevo poema surrealista. Y, así, se sentían felices ante las más inverosímiles conjunciones de pájaros, árboles o piedras, todo a merced de su visión sensible, poética.

Ello sucedía antes de la exposición del 11 de mayo de 1935. Era un acontecimiento sin precedentes, primera exposición surrealista en España en la que se reunían setenta cuadros emblemáticos del surrealismo internacional: franceses, belgas, alemanes, italianos. Se exhibían obras de Arp, Bellmer, Brauner, De Chirico, Dalí, Domínguez, Duchamp, Ernst, Giacometti, Valentine Hugo, Dora Maar, Magritte, Miró, Picasso, Man Ray, Tanguy.

Antes de organizar la exposición, y con el fin de financiar la actividad cultural, así como la estancia de los surrealistas en Canarias, se pensó llevar el documental de Man Ray *L'étoile de mer,* del que se habló en relación con la poesía de Robert Desnos[3]. Pero al final Buñuel prestó *La edad de oro* con la misma finalidad. Tras una campaña contra el cine inmoral lanzada por el sector más religioso de la sociedad, *Gaceta de Arte* redacta un manifiesto en el que se ponía énfasis en la importancia del evento, frente a la actuación del diario católico *Gaceta de Tenerife* –responsable de la prohibición de la película–. El cartel anunciador había sido diseñado por Luis Ortiz Rosales (Fig. 21). De la exposición no pudieron recaudarse fondos, pues no se vendió ni una sola pieza, a pesar de los precios irrisorios en que se ofrecían. No obstante, todo el mundo los admiraba y asistía a las conferencias llenando salas y pasillos. Según Pérez Minik, si no faltó entusiasmo en la muestra, ello se debía a que el público de Santa Cruz de Tenerife estaba acostumbrado a presenciar obras de vanguardia. Pero igualmente es cierto que, en aquel momento, no existía la noción de mercado del arte.

Se perseguía entonces subsanar la realidad económica que debían afrontar los organizadores con la proyección de la película de Buñuel. Pero se negó el permiso de una película que era «veneno puro», «herejía criminal» y «corrupción repugnante» para la prensa católica del lugar. El gobernador civil de Tenerife autorizó un pase privado, pero la película no pudo volver a presentarse hasta 1936, después del triunfo del Frente Popular. Solo tuvo un pase en Madrid, en 1931.

Al final de la estancia de los surrealistas llegó el momento de preparar la *Déclaration* de principios en la que se afirmaban los puntos en común entre *Gaceta de Arte* y *La Révolution*

---

[3] Véase *supra,* p. 196.

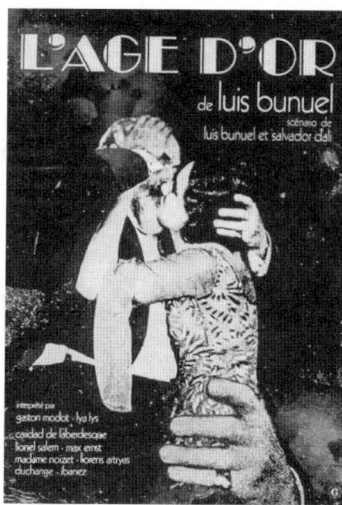

Figura 21. Cartel de *La edad de oro.*

surréaliste, a pesar del descontento de una parte de los surrealistas canarios por querer conservar su independencia ante lo que se veía una manipulación por parte de Breton queriendo intervenir en la revista canaria y hacer de la «isla Surrealista», tal como la bautizó, un enclave que respondiera a una sola forma de entender el arte, la cultura y la historia, una manera de meter a Canarias en el cinturón surrealista.

Eran tiempos dramáticos para la política española. Todo el intercambio internacional y cosmopolita de Tenerife acabó con la Guerra Civil. *Gaceta de Arte* también dejó de existir. La comunicación con el mundo quedó cortada, y lo mismo ocurrió entre los miembros de la facción, de acuerdo con las posturas adoptadas por unos y por otros en función de los acontecimientos. Aunque la amistad no se perdió, se produjo una dispersión intelectual, un refugio en el silencio.

André Breton, como dice Minik, «colonizó» Tenerife y no hay en Francia ningún estudio del surrealismo que olvide mencionarlo. Sobre todo desde que, en 1957, en *El amor loco* a la vez que se describe la ascensión al volcán se desarrolla la más inspirada teoría sobre los sueños, lo que presta a esta obra el valor de manifiesto, prolongando y matizando los principios de 1924.

No sucede lo mismo con la crítica española, que hasta muy tarde no ha mencionado la participación canaria en el surrealismo. Salvo algunos trabajos de Juan Carlos Mainer o la antología de Corbalán, ya mencionada con motivo de cincuentenario del *Manifiesto*. Desde el extranjero se puede contar con la obra del inglés C. B. Morris *Surrealism and Spain,* pero no se puede entender que otros como Victor Bodini o Paul Illie, pasen por alto en sus estudios sobre el surrealismo y los españoles la significativa representación de Canarias.

Y es que en ese espacio geográfico convergen no solo la presencia del fundador del surrealismo oficial, sino sobre todo su propia dinámica cultural y política, separada de la península como del continente, abierta al cosmopolitismo y a una visión del arte que engloba sus diferentes manifestaciones: poesía, pintura, cine y política no pueden desligarse. *Gaceta de Arte* también tuvo sus manifiestos:

> *GA* sostiene la internacionalidad del espíritu contemporáneo.
>
> *GA* marcha contra las tendencias nacionales, contra los estilos pintorescos, contra las formas locales de expresión.
>
> La pintura moderna es antinacional, en sus más opuestas tendencias.
>
> El surrealismo es la explosión de una sociedad bajo la angustia represiva de una moral fuera de la época.
>
> Todo regreso es falso.

Este último apunte es también balance de lo que puede entenderse por surrealismo, a la manera en que también lo exponía Juan Larrea: un fenómeno histórico de la civilización occidental que intenta superar esta condición tendiendo a una universalidad; es de naturaleza colectiva, se amolda al programa definido por el grupo parisino, aunque, en el caso de Canarias, manteniendo su independencia; su situación en el tiempo corresponde al periodo marcado por el final de la Primera Guerra Mundial y el estallido de la Segunda.

VII. ¿Qué pasa después?

Ausencias

Acerca del futuro del surrealismo después del advenimiento de la Segunda Guerra Mundial, las tomas de posición son muy diferentes. Teniendo en cuenta que el surrealismo se definió como una actitud vital y no como un «ismo» más, dependerá de la recepción del fenómeno a escala individual o colectiva que podrán considerarse las prolongaciones del movimiento. Las crisis que tienen lugar en el seno del grupo y que llevan a la exclusión de algunos miembros es motivo de distanciamiento o abandono de la actividad conjunta y de la relación con Breton.

Entretanto, se cuenta además con una serie de pérdidas reales tanto de miembros del grupo como en el orbe del surrealismo. Tras el suicidio de Vaché, se da la desaparición de Arthur Cravan en el Golfo de México en 1919. Jacques Rigaut pone fin a sus días en 1929. Hemos visto a Mayakovski no asumir la imposible conciliación entre pensamiento revolucionario y poético, y marcharse en 1930. La misma vivencia de fracaso se llevará a René Crevel en 1935. Antes, Raymond Roussel se eclipsa en 1933.

A través de estos nombres, de estas fechas, se perciben los hechos históricos que están definiendo estos años. 1940 marca el momento de la ocupación, que provoca la gran dispersión de los artistas, vía Estados Unidos. En 1941 se marcha Breton. Ese mismo año Óscar Domínguez regresa a París, después de haber coincidido en Marsella con el colectivo surrealista en espera del visado que les permitirá salir de Francia. En el país se ha quedado uno de los grandes representantes: Robert Desnos que, aunque se distancia de Breton, no deja de ser la «voz surrealista» y el «poeta visionario». Trabaja como periodista en la prensa y en la radio para la Resistencia. Es detenido por la Gestapo en 1944 y deportado a Auschwitz, Buchenwald y Theresienstadt, en Bohemia, donde morirá de tifus en 1945. Algunos apuntes biográficos describen a Desnos en medio de los horrores de los campos ejerciendo sus poderes de médium y reconfortando a los presos leyéndoles las líneas de la mano y augurándoles un porvenir luminoso, cuando interiormente, siempre predijo la debacle que iba adquiriendo fuerza en el continente. De Buchenwald le llega a Youki, su novia, una carta testamento el 7 de enero de 1945, última misiva y posiblemente no escrita de su propia mano, sino dictada:

> *Pour le reste, je trouve un abri dans la poésie. Elle est réellement «le cheval qui court au dessus des montagnes» dont parle Rrose Sélavy dans un de ses poèmes et qui pour moi se justifie mot à mot* [1].

Además de este testimonio, hay otro, procedente de Theodor Fraenkel, el amigo y compañero de Breton en el colegio, compartiendo las mismas clases de poesía y más tarde

---

[1] «Por lo demás, encuentro un refugio en la poesía. Es realmente "el caballo que corre por encima de las montañas", como dice Rrose Sélavy en uno de sus poemas y que para mí se justifica palabra por palabra».

VII. ¿Qué pasa después?

los estudios de medicina. Afirma haber dejado de ver a Desnos en 1942 sin volver a saber de cerca su triste itinerario. En su recuerdo Fraenkel transmite estos versos premonitorios también:

> *Tu dirás au revoir pour moi à la petite fille du pont*
> *à la petite fille qui chante de si jolies chansons*
> *à mon ami de toujours que j'ai négligé*
> *à ma première maîtresse*
> *à ceux qui connurent celle que tu sais*
> *à mes vrais amis et tu les connaîtras aisément*
> *à mon épée de verre*
> *à ma sirène de cire*
> *à mes monstres à mon lit*
> *quant à toi que j'aime plus que tout au monde*
> *je ne te dis pas encore au revoir*
> *je te reverrai*
> *Mais j'ai peur de n'avoir plus longtemps à te voir*[2].

Detenernos en el caso de Desnos supone, además de un recuerdo doloroso, relanzar la cuestión de lo que sucede después de estas ausencias. ¿Son las personas, la poesía, la época, lo que se difumina?

Al desencadenarse el choque internacional de fuerzas sumado a la Guerra Civil española, las trasformaciones políticas, el nuevo orden de las cosas, traen consigo no solamente

---

[2] «Le dirás adiós por mí a la niña del puente / a la niña que canta tan bonitas canciones / a mi amigo de siempre que desatendí / a mi primera amante / a los que conocieron a la que sabes / a mis amigos verdaderos, los reconocerás fácilmente / a mi espada de cristal / a mi sirena de cera / a mis monstruos a mi cama / y en cuanto a ti que quiero más que nada en el mundo / todavía no te digo adiós / te volveré a ver / Pero tengo miedo de que ya no haya mucho tiempo para verte».

la dispersión, sino también el desmoronamiento moral en el continente europeo. Parecía entonces que el surrealismo tenía los días contados. Ante su desaparición se responde optimista o pesimistamente según la proximidad, implicación y decepción de quienes participaron en la aventura.

1949...

¿Por qué 1949? Podría elegirse otra fecha, pero al hilo de lo que se ha ido escribiendo, y de la suerte de quienes estuvieron en las primeras filas de lo acontecido entre los años veinte y treinta, retomamos a Óscar Domínguez, quien en esos días escribía a Eduardo Westerdahl:

> ¿Mi actitud frente al surrealismo? Ruptura completa con Breton y el grupo surrealista que prácticamente murió en el principio de esta guerra de 1939.

Óscar Domínguez había participado activamente en el grupo. Y Breton le reserva un capítulo en la edición ampliada de *El surrealismo y la pintura* que se había publicado en 1928. De hecho, Breton se refiere a la técnica de la «decalcomanía del deseo» propia del pintor canario, en cuanto receta merecedora de integrarse en el apartado «Secretos del arte mágico surrealista» incluido en el *Manifiesto*. El final de Óscar Domínguez también será trágico: tras una degeneración de su estado de salud a lo largo de los años cincuenta, fue internado varias veces en un psiquiátrico antes de suicidarse después de haber permanecido varios días en coma etílico.

Lo que interesa aquí es el impacto que la guerra tuvo en lo que había sido hasta entonces reconocido como el periodo más relevante de la vitalidad del movimiento.

En 1949, Julien Gracq pronuncia una conferencia en Amberes, invitado por Suzanne Lilar, con el título «Le Surréalisme et la littérature contemporaine» («El surrealismo y la literatura contemporánea») en la que se hace balance con respecto a las prolongaciones de la vitalidad a la que se ha aludido. Para Gracq, el surrealismo fue víctima de su éxito; un éxito que no tiene que ver con un reconocimiento en la escena literaria o un éxito de venta de sus libros… Nada que ver. Se trata más bien de una aptitud a que se le asocie a muchas cosas con las que no tiene nada nada que ver. Cualquier cosa puede ser surrealista: un cartel, un juego de palabras o un conjunto de objetos.

Hasta tal punto, continúa Gracq, que es imposible no caer en un abuso de interpretación. El problema, según él, es que no se da al proyecto surrealista su dimensión histórica, que consistió en venir después y remplazar lo que le había precedido, es decir, el movimiento dada. Ya se ha comentado el nacimiento de este último nutrido por un deseo de destrucción como no se había conocido antes en el mundo de la literatura. La ambigüedad se plantea sin embargo por coincidir ambas reacciones con precursores en común como Vaché, Cravan, Rigaut y un espíritu violento que caracteriza a ambos grupos. Hay una prolongación del dadaísmo en el surrealismo, y el problema en la nueva propuesta surrealista es que su sistema de ideas se calca sobre una forma de vida heredada. Sin embargo, el surrealismo más que negar, afirma. La fuerza está en su juventud y en su fuerza, y en la modestia también de saber que se trata de una esperanza, un intento en la oscuridad, pero un intento, el único que merece la pena emprenderse. Afirmación son también en el *Manifiesto* todas las formas liberadoras: de Sade a Freud, el himno a la imaginación y hasta la escritura automática. Y, sobre todo, la liberación de la poesía con respecto de la literatura. Una vez más la referencia a la práctica de la poesía que inspira Lautréamont. Poesía es todo lo que por un momento pone entre paréntesis el mundo de contradicciones en el que nos vemos continuamente sumidos en la vida cotidiana. Comenta Gracq que diez años antes de esta conferencia, Breton le confiaba no poder entender que, después de *Los campos magnéticos,* la gente pudiera seguir escribiendo novelas y poemas como si no hubiera pasado nada. La respuesta a tal evidencia son las modas, las reglas de estética, las escuelas y hasta los manifiestos que dictan la orientación de la literatura perdiendo el sentido de su significado y función histórica. El *Manifiesto* de 1924 no es una excepción, de ahí la exigencia de comprender y orientar su lectura un siglo después.

La situación del surrealismo en 1949 era su afirmación en un panorama de posguerra en el que el existencialismo se alineaba a una condición del hombre postrado ante la nueva realidad. Así visto, el surrealismo sigue apareciendo como una apuesta, una apuesta vital. Pero ¿individual?, ¿colectiva?

En el caso de España pueden considerarse ambos casos. Según Fernando Aranda, autor de *El surrealismo español* (1981) y prolongando la actitud de una crítica literaria inclinada a marcar el distanciamiento de las vanguardias hispanas con respecto a la influencia de Francia, este país, de la ocupación nazi a la posguerra, está agotado desde el punto de vista creativo. Fueron los exiliados los que mantuvieron el nivel de producción, siendo claro el caso de México al que ya se ha aludido. La tragedia de la Guerra Civil española conllevó asimismo el exilio y se asocia la supervivencia de un espíritu surrealista a sus representantes antes de la contienda, los del 27 y los del 36. Sin embargo, también se incluyen aquellos que se quedaron, los protagonistas del «exilio interior». A partir de ahí se consideran continuidad de las vanguardias aquellas formas de expresión que atendían a los contenidos del surrealismo: el humor, el absurdo, lo irracional, ya sea en forma de la revista *La Codorniz* inspirada por Miguel Mihura en 1940, o en la idea de un teatro en la misma línea, que protagonizará años más tarde Fernando Arrabal en la escena internacional.

Desde un punto de vista colectivo este estudio señala al Núcleo de Zaragoza, primer brote que surge después de la guerra impulsado por Alfonso Buñuel y al que se unirán Juan Eduardo Cirlot, barcelonés, que llega a la capital aragonesa para cumplir el servicio militar, García Abrines, y sus libros de *collages,* Antonio Saura, pintor llegado de Huesca, y el poeta consagrado Miguel Labordeta.

Otra versión del surrealismo de aquellos años fue el grupo de los Surrealistas ibéricos o Postistas cuyo jefe fue Carlos Edmundo de Ory, inventando un «ismo» *(Postismo)* que evitara la palabra prohibida. Poetas próximos a este grupo fueron al comienzo Ángel Crespo o los citados Labordeta y Arrabal.

Además, estarán los discípulos de Miró y Foix con la revista *Dau-al-Set* fundada por Tharrats y que dirigió Joan Brossa, este también director de ediciones de notable repercusión siendo uno de los focos de interés el surrealismo. Casi al mismo tiempo en Madrid nace la Escuela de Altamira con Eduardo Westerdhal, Ángel Ferrant, Cossío, Vivanco… que intenta apartarse del academicismo imperante buscando las formas de las pinturas rupestres.

Estas son solo algunas indicaciones de la vida artística y literaria heredera de la generación que asiste al nacimiento del movimiento y prosigue su actividad a lo largo de todo el siglo XX. Remito al libro de Aranda para seguir con precisión y exhaustividad el recorrido que los distintos géneros han ido perfilando a lo largo de los años, su localización y difusión en relación con un redescubrimiento del surrealismo. Los autores de los cincuenta siguen activos después: Dalí, Buñuel, Miró, Larrea, García Cabrera… Y a ellos se suman los que han tenido contacto directo o han integrado un espíritu. Si en las obras de arte contemporáneo hay rasgos de onirismo, inconformismo o libertad de formas, ya se considera surrealismo.

Y con respecto a los años 1960-1968 ya se ha visto que la sublevación de mayo se emparentó directamente con la rebelión de sus predecesores surrealistas. De acuerdo con el último libro citado, el movimiento internacional tuvo nula influencia en España y contesta una vez más el monopolio de París. Entrados ya en los setenta en España, y sobre todo tras la muerte de Franco, los principios de subversión contra un orden establecido claro que llegaron a España, y no hay sino que recordar a toda una generación que en las universidades, en las fábricas o en la calle reclamaba esa transformación. Pero nadie se decía surrealista. Lo que marcaba el ritmo era la salida al extranjero, el cosmopolitismo. Continúan publicándose revistas en torno al surrealismo y predican la acción en la calle: así sale en Madrid, en 1980, la revista *Luz Negra-comunicación surrealista,* primera vez que aparece en España la palabra en portada. En torno al grupo que la dirige surge el Grupo surrealista, uno de sus fundadores fue Eugenio Castro, fallecido en marzo de 2024. La revista *Salamandra* y otros textos de posición poética y beligerante marcan su andadura hasta hoy.

Muere Breton

Breton tenía problemas respiratorios y estos fueron agravándose después de los sesenta años. Esto no le impidió continuar con su actividad y en 1963 puede hablarse de un surrealismo vivo y dinámico. Pero es cierto que el principio de cambiar el mundo que guiaba el proyecto ha chocado con el estalinismo. Otra causa de desmoralización política es la cuestión de la izquierda derivada también de la situación en la URSS o la carrera espacial a la que se lanzan rusos y americanos por la conquista de la luna. Cuando organizaciones de pensamiento trotskista le piden asociarse para reconstruir la FIARI, el fundador del surrealismo les contesta con su negativa. «Ni hoy, ni de esta manera». Los tiempos han cambiado. Será su último pronunciamiento político.

En la primavera de 1966 visita algunos de sus paisajes privilegiados en Bretaña: Paimpont, Quiberon, Douarnenez, donde se encontrará con el poeta George Perros. Después, y como cada verano, Breton y su mujer Elisa se instalan en Saint-Cinq-Lapopie, localidad a veinte kilómetros de Cahors donde tienen una casa en la que reúnen a amigos y prosiguen sus tertulias en torno a la actualidad circundante como lo hacen en el «café» de París La Promenade de Vénus. Esta vez se encuentran allí, entre otros, la pintora Toyen y el poeta croata exiliado en Francia, Radovan Ivsic. A este último debemos un relato en el que se recogen las últimas vivencias de aquel mes de septiembre de 1966. *Rappelez-vous, cela, rappelez-vous bien tout (Recuérdelo, recuerde bien todo)*. Ivsic informa del estado físico y mental del escritor, abierto a todas las novedades que le iban llegando. A pesar de su estado de salud, se le ve bien. Tiene intención de volver a París en otoño y asistir a la obra *Les Paravents (Los biombos)*, de Jean Genet, cuyas representaciones están causando escándalo. Si este caso merece su interés, no ocurre lo mismo con la publicación de *Les mots et les choses (Las palabras y las cosas)* de Michel Foucault. Jean Schuster aparece entusiasmado por el ensayo y su exposición sobre una «arqueología del saber» opuesta a la concepción hegeliana de la historia. Cuando termina —apunta Ivsic—, Breton permanece en silencio durante unos instantes y con suma calma le pregunta: «Muy bien, pero, a nosotros, ¿qué nos aporta ese libro?». La calma de Breton desconcierta a Schuster que se queda mudo. Breton manifiesta su aburrimiento con esas construcciones profesorales que nada tienen que ver con su espíritu.

A partir de un momento, el 3 de septiembre, Breton decide que no regresará a París. Radovan Ivsic, por momentos, se queda solo con él ya que Elisa tiene que desplazarse. Mantienen conversaciones y hablan del presente y del pasado de los surrealistas convertidos al estalinismo, atrapados en el espejismo ideológico (Aragon, Éluard), o aquellos que habían olvidado la revuelta inicial, como Max Ernst. Reconoce los sinsabores de las últimas reuniones en el café de París y de no entender lo que escriben sus amigos.

Ante el agravamiento de la enfermedad se le aconseja ser tratado en Toulouse o en la capital. Se organiza el traslado en ambulancia hasta la rue Fontaine. Durante el trayecto, por momentos habla con toda normalidad y hasta con humor cuando tiene que subirse a la camilla: «Todo esto suena un poco a Mack Sennet». Sin embargo, en otros se muestra confuso y ausente. «¿Adónde vamos?».

Y es sobrecogedor que, en una de las paradas durante el viaje, para andar un poco, se siente al borde de la carretera en una piedra y le pregunte a Ivsic: «¿Cuál es la verdadera envergadura de Lautréamont?». Serían las últimas palabras que le escucharía en vida.

Ingresado en el hospital de Larueboisière el día 27 de septiembre, fallece en la madrugada acompañado por su esposa y su hija. Un mes antes, le había dicho a Mimi Parent: «Quiero que me entierren de pie dentro de un reloj», precisando a continuación: «¡El enterrador va a sudar tinta para cavar un profundo hoyo vertical!».

El entierro tiene lugar el 1 de octubre en el cementerio de Batignolles, siete años después de haber acogido a su compañero fiel Benjamin Péret. Su epitafio dice: André Breton,

1896-1966, *«Je cherche l'or du temps»*[3]. No hubo discursos, pero asistió una gran muchedumbre. Presentes estaban Julien Gracq, Jean Jacques Pauvert, René Alleau, Marguerite Bonnet, los surrealistas del café… Y apartado del gentío una silueta llora respetuosamente. Es Luis Buñuel. En la distancia, Vicente Aleixandre le dedica un poema en el que dice «Adiós, André Breton»:

FUNERAL

Alguien me dice: ha muerto André Breton

España, antaño en *piedra bajo el sol*
Quemada, extensa, *en lenguas se abrasó*

Pues ella entera y sola se entreabrió
Oh voces minerales en que *ardió*

Diversos, sin espera, solo amor,
en desvarío alzados, solos no,
a solas, sola España, escoria y flor.

Oh desvarío: tierra: tú en tu voz.
Poetas: Sí, «Poeta en Nueva York».
Allá «Sobre los ángeles» sonó
el trueno. No; *la luz.* «La destrucción».

Oh *luz de ciega* noche y *verde sol.*
Erguidos, misteriosos, su clamor
se abrió, duró. Callaba y se extendió.

Por eso bajo el *fuego* está la voz.
Por eso en solo *piedra* se oye el son.

---

[3] «Busco el oro del tiempo».

Como andaluz real que no cesó.
Que suena en vida o muerte, en su pavor.

Por eso bajo el *fuego* está la voz.
Por eso en solo *piedra* se oye el son.
Coro andaluz real que no cesó.
Que suena en vida o muerte, en su pavor.
Que alarga un *mudo brazo* y dice adiós.
Adiós, André Breton.

Poema que traduce una aproximación un tanto mineral y genuinamente española de los poetas andaluces hacia el mayor representante del surrealismo.

Un personaje extraordinario como André Breton es descrito de mil maneras por sus partidarios o por sus detractores. Ya se ha visto cómo, ya muy pronto, los miembros del grupo lo condenan o se distancian de él. Pasa por ser intransigente, autoritario y ya es un lugar común verlo convertido en «papa del surrealismo». Hay quien dice no haberlo visto nunca reírse, o tan solo reírse silenciosamente. Pero hay también quien se pronuncia en favor de su sentido del humor en la vida cotidiana. Para André Pieyre de Mandiargues tan solo fueron surrealistas los que le conocieron de cerca, los que se sentaban con él en los cafés o en su casa, los que mantenían una correspondencia con él, es decir, los que tenían con él más que una relación artística, una vinculación psicológica y afectiva.

Su gran virtud: total disponibilidad a la aventura.

Entre los retratos de que es objeto, quiero retener el que le dedica Georges Perros:

> *Aimer ou ne pas aimer, voilà la question.*
>
> *André Breton était une place forte. Un monument, rien moins qu'historique. Un lion que nous aurons un peu connu*

devenu vieux, nous autres, à peine nés aux heures flamboyantes du surréalisme. L'homme était de taille très suffisante pour assumer la fascination posthume qu'il exerçait. Ni simple, ni soucieux de paraître ce que chacun voulait qu'il soit. Mais inaltérable, granitique, intact, victorieux. Aussi peu «sentimental» que possible. Mais tout pénétré d'un sérieux catégorique [...]. D'où sa franchise, parfois terrible. Définitive. Sans pitié[4].

Breton aparece con los rasgos que la imaginación presenta en el *Manifiesto:* no perdona. Cual guerrero que aniquila todo lo que se interpone entre él y lo que le fascina y convence, su creencia. Se pregunta Perros si puede llamarse a eso «poesía». La palabra se queda corta, pues en Breton se trataba de reinventar la vida a partir de lo insólito que se desprende de ella misma. Breton, dice Perros, era una certeza: «Le echaremos de menos. La integridad, la fidelidad, incluso la rigidez de su presencia suponían una fuerza viva. Era, sin lugar a dudas, el jefe, el gran Indio de algo esencial que nos remueve».

Pero volvamos a su epitafio, detengámonos en la imagen con que él mismo se define. «Busco el oro del tiempo». Tiempo aquí puede entenderse en un sentido amplio y también ambiguo, pues se asocia a la dimensión temporal, pero también al tiempo de una época, aquella en la que se vive. El verbo en presente abre la perspectiva y convierte la fórmula en afirmación, máxima o sentencia. La imagen del «buscador

---

4 «Amar o no amar, esa es la cuestión. // André Breton era una plaza fuerte. Un monumento. Nada menos que histórico. Un león que hemos conocido un poco ya envejecido, nosotros apenas nacidos en los flamantes tiempos del surrealismo. El hombre tenía muy suficiente altura para asumir la fascinación *póstuma* que ejercía. Ni sencillo ni preocupado por ser lo que cada uno quisiera que fuera. Pero inalterable, granítico, intacto, victorioso [...]. De ahí su franqueza, a veces terrible. Definitiva. Sin piedad».

de oro» la encontramos en su *Introduction au discours sur le peu de réalité (Introducción al discurso sobre la poca realidad)*, texto que Breton escribe en septiembre de 1924, es decir, justo después de haber finalizado el *Manifiesto*. Apareció primero en la revista *Commerce* a principios de 1925, y fue recogido por Gallimard en 1927. El *Manifiesto* hace referencia a un *Discurso sobre la poca realidad*, discurso que jamás se escribió, pero cuyos ejemplares, solicita el autor, deben ser todos destruidos.

La *Introducción al discurso sobre la poca realidad* arranca con una imagen que también remite al *Manifiesto:* «sin hilo»[5].

> *«Sans fil», voilà une locution qui a pris place trop récemment dans notre vocabulaire, une locution dont la fortune a été trop rapide pour qu'il n'y passe pas beaucoup du rêve de notre époque, pour qu'elle ne me livre pas une des très rares déterminations spécifiquement nouvelles de notre esprit[6].*

En esta cita ya queda plasmada la función del lenguaje en la aventura que Breton está sugiriendo, aventura de continuidad entre el sueño y la realidad. Este texto (medio lírico, medio teórico) es una llamada a considerar la necesidad de nuevos instrumentos de lenguaje. «La mediocridad de nues-

---

[5] Al final del *Manifiesto* (*supra,* p. 68) se menciona la ensoñación científica y el autor juega con las palabras «sans fils» y «sífilis». En las anteriores traducciones se confunden los «hilos» y los «hijos», con la misma ortografía en francés, desconocedoras sin duda de las expresiones «télégraphie sans fil», «téléphonie sans fil», «imaginations sans fil» utilizadas por Breton en otros lugares, como en el texto al que me estoy refiriendo. Véase también *infra,* p. 316.

[6] «"Sin hilo": una locución que ha entrado en nuestro vocabulario muy recientemente, una locución cuya suerte ha sido tan rápida que se filtra en ella mucho del sueño de nuestra época, que me procura una de las muy raras determinaciones específicas nuevas de nuestra mente».

tro universo ¿no depende esencialmente de nuestro poder de
enunciación?», se dice en él. El lenguaje debe ser liberado
de su esclavitud utilitaria. Como en el *Manifiesto,* se condena la descripción, la copia de la realidad, los estudios de
costumbres. Hay que dejar paso al lenguaje, por delante de
todo lo demás, y siempre de la mano de la imaginación. Y
ahí sí estamos en la poesía. La figura del buscador de oro
comparte significado con la empresa del poeta, asimilada
por Baudelaire, y que ya se ha mostrado en este trabajo.
«Me diste barro y lo he convertido en oro», epílogo a un libro condenado, *Las flores del mal.*

Breton no se refiere en su aventura a una operación simbólica emparentada con la transformación alquímica. Directamente se sitúa en su presente y su realidad dando prioridad
al sueño que se persigue y a su proyecto de decirlo con otras
palabras y de una forma liberada. El buscador de oro enlaza
a su vez con la figura del aventurero que se marcha a América para hacer fortuna, fundamental en el imaginario infantil
o adolescente de la época. Aquellas lecturas que llevan a Blaise
Cendrars a construir su novela *El oro,* en torno al sueño de
cambiar una vida y la maldición de la riqueza material.

Algo similar puede deducirse de la pregunta de Breton
sobre Lautréamont. Se ha visto que, de todos los anteceso-
res surrealistas evocados, es el caso más enigmático, sobre el
que se tiene menos datos, un caso aún más inclasificable que
el de Rimbaud. Pues no es el mismo el Lautréamont de *Los
Cantos de Maldoror* que el de las *Poesías,* obra que sí que goza
de un reconocimiento literario. Los *Cantos* son una obra de
imaginación, una obra en la que se apela a una intervención
directa de lo irracional en un plano concreto. Su manifestación es la agresividad de todos los monstruos, agresividad que
transmite, y aquí de nuevo Bachelard y Gracq orientan el comentario, un resentimiento de adolescente contra todo lo

que oprime la expresión de la vida en libertad. Y que se entiende aún más en un ser que muere muy pronto. Las «matemáticas severas» del colegio y el internado que se vive como una prisión forjan una mirada apocalíptica sobre las cosas, capaz de transformar una piedra en proyectil. La imaginación de la infancia no cuenta con grandes construcciones: es sobria, obsesiva, va directa al grano. Lautréamont define esa mirada destructiva de la realidad como «el pueril envés de las cosas». Puede reconocerse en esta afirmación el sentido del deseo de la vuelta de la infancia, tan evocado en el *Manifiesto*.

Actualidad (o inactualidad) del surrealismo

Está claro que en estas últimas reflexiones se insiste en la idea que preside el texto fundamental del surrealismo: la literatura entendida desde sus instituciones se opone a la poesía en tanto que forma de vida.

Las palabras y las cosas de Foucault, decía Breton, es profesoral. En el libro de Radovan Ivsic se dice también que el ensayo del filósofo sobre Roussel tampoco había convencido a Breton. La supuesta obra y figura maestra de Foucault se aborda desde unos parámetros derivados de la crítica textual que está triunfando en los años sesenta. En esta perspectiva la escritura se reduce a texto, el lenguaje materializa el divorcio entre la palabra y la realidad, es decir, la postura opuesta que adoptaba el surrealismo.

La historia del siglo xx habrá sido, tanto literaria como artísticamente, la historia de la renovación de sus lenguajes y de su propio lenguaje. Y la importancia histórica de las tentativas llevadas a cabo por la actitud rupturista del dadaísmo y el surrealismo marcan un hito en la evolución del pensamiento del lenguaje, al mismo tiempo que llaman la atención sobre el callejón sin salida en que se encontrará la literatura, una literatura condenada posteriormente al silencio, una literatura ensimismada, una literatura reducida a escritura.

La agitación individual que traducen estos movimientos de renovación entre los años veinte y treinta, localizados fundamentalmente entre París y Viena, aporta una nueva idea de la «forma», extensible a todos los campos. Son los surrealistas franceses, los expresionistas alemanes, los artistas de la Bauhaus, Bajtín o el Círculo de Praga. En 1924 había tenido ya lugar la guerra que protagonizó el principio de siglo. El periodo de entreguerras prosiguió el desarrollo de las nuevas tendencias en el clima de desorden y amenaza que procuraba la ascendencia del nazismo, hasta que la Segunda Guerra Mundial viene a marcar un antes y un después en la evolución de la historia y la cultura, especialmente literaria. Vuelve a triunfar la realidad más deprimente y castradora: el existencialismo y su escepticismo reinante donde la literatura se asfixia en su compromiso con la militancia política o se extravía en la búsqueda de técnicas de escritura.

Entre 1950 y 1980, desde el punto de vista epistemológico, se asiste a una estabilidad en los dos lados del Atlántico donde se asientan conocimientos en torno a las ciencias humanas, inspiradas por los grandes Marx, Saussure, Freud y Jung.

Una vez desaparecidas estas figuras, hacia los años ochenta, se produce un nuevo corte en la historia cultural del siglo XX. No es que se hayan perdido las convicciones que rigieron el conocimiento de las humanidades desde el punto de vista ideológico, sociológico, psicoanalítico, lingüístico y formalista. Sin embargo, ciertas evidencias comienzan a disiparse. Los presupuestos filosóficos del estructuralismo se cuestionan, se piensa la literatura desde la abstracción y la semiología teoriza sobre errores metodológicos. En plena crisis de veracidad, no se puede hablar de ciencias humanas; en los estudios literarios el análisis del discurso y la pragmática parecen abrir nuevas vías sin anclaje, como sucede con la filosofía y con la historia. Tras la muerte de Dios pronunciada por Nietzsche y la del hombre por Foucault, el «posmodernismo», después de una definición del conocimiento que integre y no compartimente saberes, transmite la necesidad de nuevos instrumentos de pensamiento y de lenguaje.

Y es ahí donde puede considerarse la actualidad (o inactualidad) del surrealismo. Para ello contamos con la voz de Annie Le Brun, a quien se ha citado ya en relación con la actividad política del surrealismo que se prolonga hasta los acontecimientos de mayo del 68 en Francia. Annie Le Brun se incorpora a los surrealistas en los años sesenta y a través de ellos conoce a Radovan Ivsic, con quien compartirá su vida. A ella me referiré en múltiples ocasiones cuando sea cuestión de observar la continuidad del surrealismo un siglo después. Interesa, sobre todo, su libro *Qui vive: Considérations actuelles sur l'inactualité du surréalisme* (1991). En esta obra, la autora se centra en el lugar que el surrealismo ha ocupado en la escena cultural, desde la fecha de la autodisolución del movimiento, en 1969, hasta el momento en que escribe. Tan solo lo que tuvo de inactual en su momento puede darle algo de actualidad en nuestros días, comenzando por la insumisión sensible que supuso la empresa lanzada por Breton y sus seguidores, y sobre la cual parece reinar una gran confusión generada por la evolución de los hechos que se han sucedido a lo largo de las últimas décadas.

Comenzando asimismo por recordar que el surrealismo, como dice el *Manifiesto,* no pretendía crear obras de literatura o de arte, sino de abrir perspectivas de libertad y ensanchar el horizonte de acción del ser en el mundo, mediante el rechazo de todo lo que limitara dicha proyección. Y lo que ha sucedido con la visión del surrealismo desde nuestra época no ha sido una «ocultación», tal como la deseaba Breton en el *Segundo Manifiesto,* sino al contrario, una «aclaración» que no ha hecho sino confundir el verdadero propósito de lo que fue.

En primer lugar, Annie Le Brun, desde el realismo dominante en la poesía en la segunda mitad del siglo XX, arremete contra la crítica literaria y el malentendido en torno a la figura de Rimbaud. En concreto se refiere a George Steiner y su obra que ha inspirado claramente el enjuiciamiento de las humanidades: *Presencias reales.* Habla Steiner en su crítica de la era del epílogo, del silencio de la poesía después del gesto de Rimbaud. Le Brun ve en esto una actitud conformista, le reprocha que hable de «estética autodestructora rimbaldiana» ya que en ningún momento fue cuestión de estética, sino de conciencia poética como criterio intelectual y moral. También parece haberse olvidado de lo que Breton afirmaba en 1924 con respecto al lenguaje: *«Le langage a été donné à l'homme pour qu'il en fasse un usage surréaliste»*[7], lo que parece todo lo contrario a lo que deja percibir la poesía de finales del siglo XX, poesía del «desierto», el «exilio», la «carencia» o el «vacío» que no hace sino acentuar la ruptura entre las palabras y las cosas. Al lenguaje mudo del espíritu de la deconstrucción, esencial en la cultura del momento, Annie Le Brun opone el viento liberador del automatismo y sus imágenes poéticas, «palabras de paja en llamas», «palabras que actúan contra la idea que pretenden expresar» o «palabras que hacen el amor». La cuestión del lenguaje inspira todo el contenido del libro, por surgir en plena escena posmoderna precedida de los años de la «textualidad» como criterio de lectura, análisis teorizado por Roland Barthes o

---

[7] Véase la traducción en *supra,* p. 55.

Philippe Sollers pasando por Julia Kristeva. Se subraya así pues, el olvido del surrealismo por parte de estas corrientes no solo en la idea del lenguaje, sino también de la reacción inmediata que tuvo el movimiento ante lo que sucedía en el mundo, una reacción que le confería actualidad a través de los valores que guiaban la aventura y que han desaparecido del horizonte intelectual, cultural y político. Así arremete igualmente contra los nuevos filósofos de los años ochenta, y en especial contra Bernard Henry-Lévy, en quien reconoce no haber entendido nada del surrealismo ni de Breton, ni de la poesía, hasta llegar a proponer que se olvide ese momento de la historia, momento único y aparte, insiste Le Brun, que aportó, antes que ninguna otra cosa, una evaluación sensible del mundo.

En la segunda edición de *Qui vive* (2024), treinta años después de la primera y en la perspectiva del centenario del *Manifiesto,* Annie Le Brun insiste en la ineficacia, tanto entonces como hoy, de la utilización de instrumentos teóricos para captar la realidad en la dimensión que el surrealismo le confiere, es decir, desde una actitud de rebelión indisociable de las fuentes de la poesía. Invita a la lectura del *Manifiesto* en lo que denomina «frases relámpago», que salpican el discurso del texto, con imágenes o fórmulas que ya he tenido la ocasión de comentar, pero que se precisan ahora en esta relectura. Frases como «*Je veux qu'on se taise, quand on cesse de ressentir*»[8], traduce el pensamiento sensible, el pensamiento-emoción acorde con las ideas del autor sobre el lenguaje. Del mismo modo su exigencia en el *Segundo Manifiesto* de «LA OCULTACIÓN PROFUNDA, VERDADERA DEL SURREALISMO», a propósito del contrasentido de un éxito y triunfo de sus ideas, afirma que toda celebración de este último se confundiría con todo

---

[8]   La traducción en *supra,* p. 24.

aquello por lo que combatió. Por ello la aventura emprendida se define como una búsqueda de los orígenes, de los comienzos. Percibir «la aurora de las cosas». De ahí la reclamación de la juventud en cuanto periodo de intensidad y libertad ante la conquista de soberanía que se olvida la mayoría de las veces una vez llegada la edad adulta. Y así se entiende el privilegio de la infancia en la relación del ser humano con la realidad, como dice el *Manifiesto,* y que se matiza en este prólogo.

Siguiendo de cerca a André Breton, quien después de conocerla le confía representarlo en un Coloquio de Cerisy La-Salle y hablar por él, Annie Le Brun adopta el discurso teórico y poético, así como el gesto radical del fundador del surrealismo. Sus libros son una respuesta concreta e inmediata a los problemas que definen una sociedad sometida por los poderes que rigen el mundo y ante los cuales hay que tomar postura.

Es por lo cual, y, puesto que el mundo y la realidad no son los mismos a lo largo de los años, que lo que viene después de la actividad surrealista, dicho por ella misma, es «otra cosa». Me unió una amistad con Annie Le Brun que se remontaba a los años noventa, entrando en contacto con ella y con Radovan Ivsic, con motivo de dos conferencias que vino a pronunciar en la Universidad del País Vasco donde yo ejercía docencia. Recuerdo que al presentarla como «poeta surrealista», enseguida corrigió tal denominación prefiriendo definirse fuera de toda etiqueta clasificatoria. Tras sus colaboraciones en revistas y escritura de poemas, Annie Le Brun, después de la disolución del grupo, se mantuvo al margen de toda organización y se dedicó a combatir los falsos valores impuestos por el sistema político y social del momento. Así en 1977 publicó *Lâchez tout (Déjenlo todo),* en el que no duda en criticar los argumentos del «neofeminismo» de esos años, en la estela del realismo socialista de Simone de Beauvoir, seguida por escritoras como Marguerite Duras y muchas otras a la hora de perfilar un feminismo militante, intolerante y represivo de la condición de la mujer, reducida a la conquista del poder que, a lo largo de la historia, se le ha negado. Su ensayo desató una fuerte polémica en Francia, que le dio la oportunidad de ser escuchada para otros proyectos, como la edición completa de las obras de Sade, encargo del editor Jean-Jacques Pauvert.

Lâchez tout se refiere al poco eco que tuvo en el feminismo el libro de Suzanne Lilar, a quien ya me he referido y sobre la que vuelvo con esta otra obra suya, *Le Malentendu du Deuxième sexe (El malentendido del segundo sexo)*. Se invita en él a la lectura de Simone de Beauvoir en función de parámetros que cuestionan a la mujer no solo en su sexo, sino en su relación con el otro, relación amorosa y relación con el propio cuerpo.

Es evidente que hasta hoy Simone de Beauvoir sigue siendo un icono en el feminismo, muy poco cuestionada desde un punto de vista político, partidaria y defensora del estalinismo junto a su compañero Sartre. Por otra parte, la fuerza con que Beauvoir integra la idea del ser femenino frente al masculino es consecuencia de una forma de pensamiento occidental dual, en términos de oposición (el bien y el mal, la razón y el sentimiento, la conciencia y el sueño, el hombre y la mujer), términos contrarios que el surrealismo intentó superar a través de su programa liberador.

Puede concluirse del libro de Le Brun que, en la relación hombre-mujer, no es cuestión de relación falocrática, sino de agresión de la pluralidad sobre la singularidad, sobre aquel, hombre o mujer, que quiere desmarcarse de una forma de pensar o de actuar dominante.

En nuestra era audiovisual e informática la reflexión sobre la imagen por parte de la autora ocupa particular relevancia, al observar una producción incontrolable de representaciones y considerar su relación con el mercado del arte. Es el tema del libro *Ce qui n'a pas de prix (Lo que no tiene precio)*, escrito en 2018, y que supone una continuación de otro libro suyo, a saber, *Du trop de réalité (Del exceso de realidad)*, publicado en el 2000, guiño al libro de Breton *Introducción al discurso sobre la poca realidad*.

Du trop de réalité es una respuesta a la instalación de la virtualidad en nuestras vidas. A través de la metáfora de la red en la que estamos atrapados, se relacionan todas las formas de conexión que proliferan en nuestro espacio y en nuestro tiempo. De las autopistas y aeropuertos a las cadenas comerciales e internet, asistimos a una densificación y extensión sin límites de nuestra realidad.

Si en este libro se aborda la demasiada realidad, en el siguiente se consideran los «demasiados residuos», fórmula que resume la situación del planeta y la gestión política medioambiental, a través de la cual se propone desertar ante el afeamiento del mundo en su mercantilización total, llamando a salvar aquello que no tiene precio y quieren ponérselo. Del realismo socialista al realismo feminista se llega ahora al realismo global y el totalitarismo del dinero que intenta vender y comprar hasta la belleza. Este realismo se instala globalmente a partir de la idea de Margaret Thatcher, según la cual no hay más alternativa que un universo de mercado. En tal universo Annie Le Brun destaca la confabulación de las finanzas, el comercio y el arte en pro de una uniformización que va del vestir y el comer al turismo, que se vende como estilo de vida y abarca todas las esferas del individuo.

Especial interés suscita su profundización en el arte contemporáneo y en la consideración del museo en nuestra época, por haber dejado de ser este último un lugar para soñar y transformarse en un lugar donde se exhibe riqueza. Algo que caracteriza esta nueva concepción es el gigantismo de las piezas, en consonancia con otras formas de ocupación del espacio individual. Así, vemos proliferar los monumentos emblemáticos en las ciudades, los paneles publicitarios, la supresión de espacios verdes por enormes superficies de asfalto, de acuerdo con las modas del diseño arquitectónico, idéntico en todos los emplazamientos.

Pero la ocupación del espacio sensible del individuo se manifiesta también en lo que llama «estética de las marcas» que dominan la moda en el vestir y borran la singularidad personal, así como la expansión de una «belleza de aeropuerto» donde se combinan los productos de lujo, ya sea de modistos, bolsos o perfumes, repetidos hasta la saciedad. Colores, olores, siempre los mismos, se imponen en nuestros espacios cotidianos y como ejemplo de eso se evoca el «hedor rosa» de fresa almibarado de las tiendas de juguetes, de chuches, de complementos, que se filtra mediante ambientadores en todo tipo de locales y se instala hasta en los taxis.

La postura adoptada en este libro ante la usurpación del universo sensible apenas cita el surrealismo, si no es a través de un recuerdo a Breton sobre la mirada, definiendo nuestro «ojo salvaje»[9]. O bien se cita a Péret y Picabia como a muchos otros en su insumisión contra el intento de borrar la singularidad del ser humano. En *Lo que no tiene precio* William Morris supone una referencia fundamental en cuanto artesano, artista, poeta, comprometido con la naturaleza y activista político, alertándonos de que la fealdad no es neutra, sino que actúa sobre el individuo y deteriora su sensibilidad. En la misma línea aparecen citados Walter Benjamin, Günther Anders o Elisée Reclus, pensadores de nuestra historia, nuestra geografía, nuestra cultura, defen-

---

[9] Véase *supra,* pp. 189 y ss.

sores del sueño, la utopía, la anarquía, la poesía en la senda
ya recorrida por aquellos que han sido faros de la escritura
de Annie Le Brun: Sade, Victor Hugo, Alfred Jarry o Raymond Roussel. De todos ellos ha proporcionado una nueva
lectura, una aproximación actual que demuestra una claridad de pensamiento poético y político absolutamente necesario.

Alternando con sus libros, Annie Le Brun se destaca igualmente por haber comisariado en los últimos años varias exposiciones dedicadas precisamente a dichos faros que han
determinado su posición artística.

La primera de ellas pone en escena el imaginario de Victor
Hugo durante du exilio en Guernesey. Se organizó en la casa
del poeta y llevaba por título «Les arcs-en-ciel du noir» («Los
arcoíris del negro»), adaptando el color negro de la tinta a la
temática de los condenados a muerte y resaltando, como en
la imagen de Breton *la nuit des éclairs*[10], toda la poesía de
una luz indisociable de la oscuridad.

La segunda tuvo lugar en 2014, en el Museo de Orsay en
torno a la figura del Marqués de Sade, y fue anunciada bajo
el epígrafe «Attaquer le Soleil» («Atacar el Sol»). En ella se
expone el cuestionamiento radical que acomete la obra de
Sade sobre lo que representan nociones como los límites, la
proporción, la belleza o la fealdad, más allá de prejuicios
religiosos, ideológicos morales o sociales. Los textos de Sade
invitan a la confrontación del tema de la ferocidad, el deseo
o lo monstruoso a través de obras que pueden ilustrar estos
principios tales como las de Goya, Géricault, Ingres, Rodin
o Picasso.

Más allá de París, y en reconocimiento a Radovan Ivsic,
Annie Le Brun lleva a su país de origen, Croacia, composi-

---

[10]   Véase la traducción en *supra,* p. 60.

ciones que dialogan entre las culturas y creaciones propias que definieron la vida del escritor. Su título, *Radovan Ivsic et la forêt insoumise (Radovan Ivsic y el bosque insumiso)*, significa el gesto del poeta durante su vida bajo el comunismo, que le llevó a aislarse en lo único que podía encarnar su resistencia, la naturaleza, así como la destrucción de la misma por la guerra que se llevó a cabo en el país para lograr su independencia. El periodo de París se refleja en obras que traducen la relación del autor con el surrealismo y, en particular, con André Breton: textos, fotomontajes y pinturas de aquellos creadores más próximos, entre los cuales se encuentra la pintora checa Toyen.

A esta última consagra Annie Le Brun la muestra más reciente, «L'Écart absolu» («La desviación absoluta»), término de cálculo matemático definido por Fourier, inspirador tanto de Isidore Ducasse como de Picasso y Breton, para medir distancias. Breton organiza una exposición surrealista con el mismo nombre en 1965. Encuentra su eco en esta recopilación de obras de Toyen, en el Museo de Arte Moderno de París en 2022. De esta exposición, y para un programa de la radio France-culture, Annie Le Brun, escoge comentar el cuadro *Les affinités électives (Las afinidades electivas)* uno de los grandes temas del surrealismo que se inspira en Goethe: en un sofá acolchado de color frambuesa, se imprime una huella que se prolonga en animal alargado y que sostiene en la boca un armiño. Se destaca en la representación el movimiento que se describe y el enigma que despierta, enigma asociado a un despertar de un deseo erótico, él mismo inventor de formas (Fig. 22).

Finalmente, y prosiguiendo su reflexión sobre la imagen en nuestro mundo actual, Annie Le Brun proporciona un libro más, *La vitesse de l'ombre (La velocidad de la sombra)*. Dedicado al fenómeno del *metaverso* en nuestra cultura ciberné-

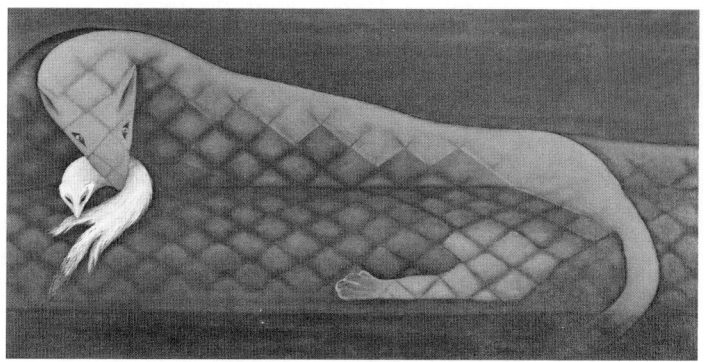

Figura 22. Toyen, *Las afinidades electivas.*

tica, aporta, a través de una constelación de representaciones singulares que conforman su imaginario personal (de Marcel Duchamp a René Magritte, de Alfred Jarry y Raymond Roussel al Parmigianino, de Jacques Henri Lartigue y Vittore Carpaccio a Pablo Picasso, de Paolo Uccello a Francis Picabia y Toyen), una reflexión sobre el desarrollo de la reproducción artística a lo largo del pensamiento occidental, en el que, basándose entre otros en Aby Warburg o en Walter Benjamin, recuerda el nacimiento y supervivencia de las formas a través de los siglos, con su correspondiente apertura de horizontes en la relación con el mundo, horizontes que se pierden con la nueva realidad artificial en la que el ser humano proyecta su vida, una forma de viajar a través de las imágenes de imaginación y deseo totalmente opuesta al desplazamiento sedentario y la negación del cuerpo.

Annie Le Brun falleció en julio de 2024, a pocos meses del centenario de la publicación del *Manifiesto del surrealismo,* que anunciaba el proyecto surrealista, la liberación poética y vital.

VIII. Ellas, dentro y fuera del bosque

Anunciadas

Leonora Carrington, Suzanne Lilar, Annie Le Brun. Tres momentos del surrealismo. Tres testimonios de una aventura vivida que han ilustrado el recorrido que se está realizando en este libro y cuya presencia era tan obligatoria como evidente.

Sobre la ocultación de las mujeres en el surrealismo se ha escrito mucho en los últimos tiempos y, sobre todo, desde la filosofía y política de género propia de esta época. Se ha criticado mucho la misoginia de los surrealistas y su consideración de la mujer en calidad de inspiradora, de musa, pero no de creadora. Un montaje de Magritte sirve de ilustración a esta idea: integrado en *La Révolution surréaliste* (12, 1929), se concentran los surrealistas en torno a una figura de mujer oculta en el bosque (Fig. 23).

El trabajo reciente publicado en España *Bellas damas sin piedad* (2022), coordinado por Lurdes Martínez y en el que yo misma he colaborado, analiza la cuestión del feminismo en relación con el surrealismo, actualizando el debate y aportando una gran información, una abundante documentación y una perspectiva que, más allá de los enfoques e

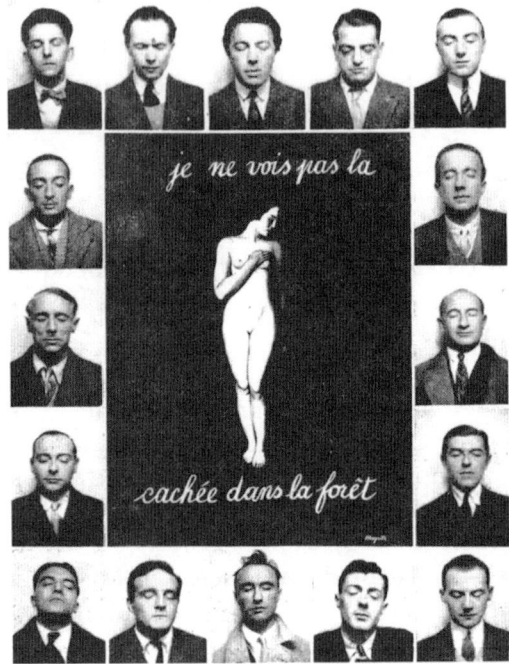

Figura 23. Magritte, *Je ne vois pas la femme...*

interpretaciones académicas, invita a recorrer la trayectoria de mujeres indagando «en la naturaleza de su compromiso con el surrealismo y en el cuestionamiento, o no, que pudieron hacer del mismo desde su condición femenina». En dicho libro se escogen figuras que pertenecieron al entorno del movimiento, sin poder abordar dicha presencia de forma exhaustiva. Por mi parte, y en este capítulo, esa limitación se hace más evidente ya que se trata aquí y en todo momento de escribir siguiendo la estela del *Manifiesto del surrealismo*.

Se coincide así en algunas de ellas (Simone Kahn, Carrington o Cahun), pero se insiste en relaciones diferentes con el grupo constituido en torno a Breton. Y también he querido dar voz, en relación con este tema, y en dichos itinerarios, así como llevo haciéndolo a lo largo de este escrito, a los poetas y a la poesía que muestran esa relación del hombre y la mujer, poetas que aportan los fundamentos en la base del proyecto creador, del proyecto de vida.

En su libro *Arcano 17,* y en relación con el tema de la mujer, Breton recuerda la carta escrita por Rimbaud a su amigo Paul Demeny:

> *Quand sera brisé l'infini servage de la femme, quand elle vivra pour elle et par elle, l'homme –jusqu'ici abominable– lui ayant donné son renvoi, elle sera poète elle aussi!. La femme trouvera de l'inconnu! Ses mondes d'idées différeront-ils des nôtres? – Elle trouvera des choses étranges, insondables, repoussantes, délicieuses: nous les prendrons, nous les comprendrons*[1].

Este texto anticipador de la realidad femenina prolonga la poesía de Baudelaire, quien hace de la mujer la encarnación de toda su obra, y no solo bajo la forma de la prostituta, la mestiza, la esfinge o la belleza de piedra para simbolizar su arte, sino que la evoca en cuanto mujer desconocida, anónima, en la ciudad, mezclada con la muchedumbre, tal como lo dice en su poema «A une passante» («A una que pasaba»):

---

[1] «Cuando se acabe con la infinita servidumbre de la mujer, cuando viva para ella y por ella, el hombre –hasta ahora abominable–, tras darle su remisión, ¡será poeta ella también. ¡La mujer descubrirá lo desconocido! ¿Será el mundo de sus ideas diferente del nuestro? Encontrará cosas extrañas, insondables, repulsivas, deliciosas: las tomaremos, las entenderemos».

> *La rue assourdissante autour de moi hurlait*
> *Longue, mince, en grand deuil, douleur majestueuse,*
> *Une femme passa, d'une main fastueuse*
> *Soulevant, balançant le feston et l'ourlet*[2].

En este ejemplo se reconoce la presencia de la mujer que avanza, inscrita en la poesía urbana, y, en su relación con el surrealismo, permite identificar la temática privilegiada de la mirada, el hallazgo, el encuentro, el azar y lo maravilloso en la realidad más concreta, accesible y terrenal.

Con respecto a este apoyo en los poemas a la hora de calibrar una visión de la mujer en el proyecto surrealista, en lugar de recurrir a cualquier definición, Breton prefiere solicitar las imágenes que se asocian a la figura del ser femenino. Así, en su *Dictionnaire abrégé du surréalisme (Diccionario abreviado del surrealismo)*, obra de 1938 en colaboración con Paul Éluard, la entrada «Mujer» dice:

> *FEMME:* «*Doit être le dernier mot d'un mourant et d'un livre*» (Forneret). «*la femme est l'être qui projette la plus grande ombre ou la plus grande lumière dans nos rêves. La femme est fatalement suggestive; elle vit d'une autre vie que la sienne propre; elle vit spirituellement dans les imaginations qu'elle hante et qu'elle féconde*» (Baudelaire). «*Cette fois c'est la Femme que j'ai vue dans la ville, et à qui j'ai parlé et qui me parle*» (Rimbaud). «*Voyez les femmes à quarante ans, elles laissent leur cœur dans le tronc des pauvres et remplacent les légumes par des attitudes classiques*» (Éluard, Ernst). «*Bien que tu sois femme, je vois sur le mur l'ombre de ta barbe, comme un arbre*

---

2 «La calle atronadora en torno a mí gritaba. / Alta, delgada, de luto riguroso, dolor majestuoso / Una mujer pasó, con gesto fastuoso / elevando el bajo de su larga falda».

miré dans l'eau, comme un lichen sur une Pierre, ou plutôt comme un varech soudé à la bâillante mandibule inférieure de la nacre d'une huître perlière» (Jarry). *«Femme habillée et mâle dépouillé»* (Éluard). *«La femme au corps de papier peint»* (Breton)[3].

Evidentemente nos encontramos una vez más con la consagración poética de la figura femenina antes que con su realidad vital. Mujeres reales que aparezcan en el diccionario se limitan a Gala, citada a través de Dalí (*«Femme violente et stérilisée»* [«Mujer violenta y esterilizada»]); Gisèle Prassinos, poeta de la que me ocuparé más adelante; Jacqueline Lamba, segunda mujer de Breton a la que dicho escrito reserva un lugar (*«Quand s'ouvre comme une croisée sur un jardín nocturne – la main de Jacqueline X»* [*«Cuando se abre como una ventana en un jardín nocturno – la mano de Jacqueline X»*], versos de un poema de Breton en *L'air de l'eau [El aire del agua]*); la siguiente es Ann Radcliffe (1764-1823), identificada con *«le Spectre toqué»* (*«El espectro febril»*), fórmula de Lautréamont; aparece, igualmente, Hélène Smith (1861-1929) (*«Célèbre médium, peintre et inventeur de langages, révélée par Th. Flournoy […] présente successivement des phé-*

---

[3] «Mujer: "Debe ser la última palabra de un moribundo o de un libro" (Forneret). "[…] la mujer es el ser que proyecta mayor sombra o mayor luz en nuestros sueños. La mujer es fatalmente sugestiva; vive de otra vida que la propia; vive espiritualmente en la imaginación que ella hechiza o fecunda" (Baudelaire). "Mirad a las mujeres a los cuarenta años, dejan el corazón en el tronco de los pobres y cambian las verduras por actitudes clásicas" (Éluard y Ernst). "A pesar de que seas mujer, veo en la pared la sombra de tu barba, como un árbol reflejado en el agua, como un liquen sobre una piedra o, más bien, como un alga soldada a la entreabierta mandíbula inferior del nácar de una madreperla" (Jarry). "Mujer vestida y macho despojado" (Éluard). "La mujer de cuerpo de papel pintado" (Breton)».

nomènes d'automatismes verbo-auditif, vocal, verbo-visuel et graphique»[4] [André Breton]); se incluye, asimismo, a Hélène Vanel, bailarina surrealista *(«L'iris des brumes» [«El iris de las brumas»])*; y una última entrada la proporciona Alice Paalen, poeta surrealista según la define Breton mediante la imagen de *«L'abeille noire» («La abeja negra»),* extraída de su libro *À même la terre (En tierra),* publicado en 1936 e ilustrado por Yves Tanguy.

Pero hay otras formas de la mujer en que Breton se detiene, entre la mitología y la naturaleza vegetal (Ofelia, orquídea), encarnaciones reales o imaginarias, como la madre o la virgen.

> MÈRE: *«Vos mères sont brûlées»* (Philippe Soupault). *«Je crache parfois avec plaisir sur le portrait de ma mère»* (Salvador Dalí). *«Il faut battre sa mère pendant qu'elle est jeune»* (Paul Éluard et Benjamin Péret). *«Ma mère est une toupie dont mon père est le fouet»* (André Breton et Paul Éluard)[5].

Breton saca esta última cita de «La vie intra-utérine», uno de los capítulos de su obra escrita con Éluard, *L'Immaculée Conception (La inmaculada concepción),* en la que los autores aportan una explicación de la evolución del hombre (nacimiento, vida, muerte) lejos de la interpretación religiosa y del dogma católico.

Y puesto que nos remitimos a la imagen de la Inmaculada,

---

[4] «Célebre médium, pintora e inventora de lenguajes, descubierta por Th. Flournoy. [...] presenta sucesivamente fenómenos de automatismos verbo-auditivo, vocal, verbo-visual y gráfico».

[5] «MADRE: "Vuestras madres han sido quemadas" (Soupault). "Escupo a veces con placer sobre el retrato de mi madre" (Dalí). "Hay que pegar a una madre cuando es joven" (Éluard y Péret). "Mi madre es una peonza cuyo látigo es mi padre" (Breton y Éluard)».

no queda sino extraer la entrada que el diccionario dedica a la virgen: *«je trouvais une vierge en sueur au fond d'une grotte de glace»* (Maeterlinck)[6]. Esta vez el componente religioso se deja percibir en la asimilación de la virgen a la gruta, lo que hace pensar en la gruta de Lourdes, desde la cual la figura se identifica: «Soy la Inmaculada Concepción».

De nuevo estas digresiones nos llevan al núcleo de lo que es la escritura automática o escritura de la imaginación: una palabra, una imagen, puede pasar a otra de acuerdo con una lógica que no obedece a la razón, que pertenece al universo y dinamismo singular del poeta.

Y hasta un pronombre. En el diccionario, Breton se fija en Jarry y su «Ma» (Mi, en femenino):

Ma fille, ma, car vous êtes à tous – donc aucun d'eux ne fut valable maître[7].

Es inevitable que la cita nos vuelva a lanzar al poema de «La unión libre»[8], y a la repetición de *«ma femme»* y que traduce claramente la inclinación del surrealismo a valorar por encima de todas las relaciones entre el hombre y la mujer, la monogamia, a pesar de la libertad amorosa que todos ellos y todas ellas ejercieron. También en este diccionario se observa que, aunque minoritaria, sí hay una presencia femenina creadora y un reconocimiento de poetas, pintoras, escritoras o bailarinas surrealistas.

---

[6] «"Encontré una virgen sudando al fondo de una gruta de hielo (Maeterlink)"».
[7] «Mi hija, mi, pues pertenecéis a todos; así que ninguno de ellos fue un amo aceptable».
[8] Véase *supra,* pp. 160-161.

Artistas

Retomando aquellas figuras femeninas que se cruzaron en la vida de los hombres, me he referido a Leonora Carrington, compañera de Max Ernst y de todo el grupo que partió al exilio en México. Ya se indicó que André Breton la incluye en su *Antología del humor negro*. Vuelvo sobre ello a título de su personalidad, en la que se reúnen la vida y el arte de forma extraordinaria. Breton cita a Michelet para resaltar aquellos dones propios de lo femenino y que se han resumido en la figura de la bruja, positivamente imaginada en «el iluminismo de su *locura lúcida*» y «el sublime poder de su *concepción solitaria*». Ambos rasgos convergen en la escritora y pintora de quien se retiene siempre su excentricidad –la anécdota de untarse los pies de mostaza–, sus inquietudes alquímicas a la hora de cocinar sirviéndose de un libro del siglo XVI –una liebre con ostras, por ejemplo–, su atracción por lo prohibido y su forma de plasmar lo «maravilloso» moderno, tanto en sus lienzos como en sus textos.

Breton recoge en su antología uno de sus cuentos, que bien podría ser uno de sus «cuentos azules» para adultos que reclama en el *Manifiesto*. Se trata de «La Débutante» («La principiante») y que relata la historia de una joven apasionada por los animales y que hizo amistad con una hiena en el zoo, enseñándole francés y ella haciéndose con el lenguaje de su amiga. La joven detestaba los bailes y se organizaba uno en su honor. Llegó entonces al acuerdo con la hiena de que iría en su lugar. Consiguieron ambas el disfraz y el maquillaje. La hiena consiguió hasta andar con zapatos de tacón. Pero ¿la cara?, ¿cómo camuflarla? La hiena propuso llamar a una criada, comérsela entera reservando el rostro para llevarlo como careta. El problema también era el olor tan fuerte que despedía, ya percibido por la madre, quien, sin descubrir al animal, pensó que era su propia hija al entrar un momento en el cuarto en que las amigas estaban con los preparativos. Así acudió la hiena al banquete quien, en el lugar de la joven, en la mesa se levantó y gritó: «Con que huelo mal, ¿eh? ¡Pues que sepan que a mí no me gustan los pasteles!». Y se arrancó la careta y se la comió. Después, con un gran salto, desapareció por la ventana.

El rechazo de esa vida ordenada y culta acompañó siempre a la artista. Y, como mujer, sí que tuvo que entablar una dura lucha. En cuanto surrealista, ella misma admite que estaban todos juntos, pero que cada uno iba por su propio camino. La cuestión intelectual interesaba menos y, en su caso, al final de su vida, como manifiesta en las entrevistas concedidas, no sabía aún qué era la imagen o la palabra. También se alegraba de ser mayor. De poder liberarse ya de su belleza.

Muchas de las artistas femeninas calificadas de surrealistas declaran su distancia hacia el movimiento organizado, haciendo prevalecer su singularidad creadora sin supeditarse a las etiquetas. Desde Frida Kahlo, que reconoció todo su talento artístico inseparable de su identidad mexicana, a Mimi Parent, que en 1989 declaraba: «El hombre y la mujer deben combatir igualmente la ignorancia, la vileza y la intolerancia, lo mismo que no creo que haya una pintura femenina o una pintura masculina». Esta artista canadiense casada con Jean Benoît desarrolló su carrera en París y entró en contacto con André Breton a través de la hija de este, Aube, con quien mantuvo una gran amistad. Forma así parte de la última generación del surrealismo y la pareja se integrará no solo en el grupo surrealista, sino que pertenece al círculo más íntimo que rodea a Breton en Saint-Cirq-Lapopie hasta su fallecimiento en 1966. Frente a sus predecesores (Ernst, Magritte, Dalí, Tanguy o Miró), padeció de la falta de reconocimiento, como muchos surrealistas, hombres o mujeres, y no gozó de una exposición propia en Francia hasta 1984. Mimi Parent es autora de objetos pictóricos, a medio camino entre la pintura y la escultura, así como de cajas que contenían objetos de contenido erótico entre los cuales se puede citar su «Masculino-Femenino», una corbata confeccionada con su propio pelo que contrasta con las solapas de un traje y una camisa de hombre. Dicha imagen es utilizada como portada del libro *Bellas damas sin piedad,* al que se ha hecho alusión.

«Surréalisme au féminin» («Surrealismo en femenino»), exposición que tuvo lugar en el Museo Montmartre de París entre marzo y septiembre de 2023, organizada alrededor de distintos ejes, agrupó a diferentes representantes. Se perseguía en ella subrayar la diversidad de las artistas en su faceta plástica, fotográfica o poética a través de su relación con el movimiento más innovador del siglo xx y de atender a su dispersión geográfica y temporal. El catálogo insiste, no obstante, en que muchas de las mujeres incluidas cuestionarían el principio de la exposición, reaccionando en contra de ese calificativo de «surrealista», como ya se ha avanzado; así lo rechazarían Leonor Fini, Meret Oppenheim o Dorothea Tanning —quien afirmaba: «Las mujeres artistas. Tal cosa (o persona) no existe. Es la misma contradicción que decir "artista hombre" o "artista elefante". Se puede ser a la vez artista y mujer, una es una evidencia, y la otra es una misma»—.

De Tanning se incluye en la exposición mencionada alguna de sus pinturas. Descubrió el surrealismo en Nueva York y conoció a Max Ernst en 1942, con quien se casa. Cuando se menciona su obra pictórica se resalta la composición *Eine Kleine Nacht Musik (Pequeña serenata nocturna),* que opone e invierte la célebre obra de Mozart, en un gesto propio de la actuación de sus compañeros de grupo con respecto a la cultura tradicional. Su obra poética es más bien tardía, y un

ejemplo de su relación con Max Ernst es este poema que le
dedica, en recuerdo de su novela ilustrada con *collages* «La
Femme 100 Têtes» («La mujer cien cabezas», o «la mujer sin
cabezas»), de acuerdo con el juego de palabras en francés[9].

COLLAGE (LA FEMME *100* TÊTES)

A studio afternoon
Down, left with you, at table chaos
bidden and unbidden, it's all the same
under your hand:germinal

clotted, Mosaic tribes, and island night,
$\qquad\qquad$ *riven*

Beyond the window, rain

A two-dimensional leopard wrapped in instinct
loves herself alone. You carve her out of paper,
$\qquad\qquad$ *out of context.*
Glue tickens like a plot.

Conjured scenario: scissor scheme explodes.
how else to float your favorite chair
among the waves, then sit in it?
Your cut-and-paste deny this play
where chapters strew the floor like sand

A door somewhere un folds

---

[9] Véase *supra*, p. 97.

Perturbation, your sister, reaches for your hand,
The hundred headless woman opens her august sleeve[10].

Se advierte acertadamente en la selección realizada por la exposición que guía estas reflexiones que en ningún momento puede ser suficientemente amplia como para abarcar todas las personalidades, todas ellas distintas, de quienes participaron directamente en el movimiento, fueron embajadoras de este en otros países o se sintieron influenciadas por su espíritu. Pero algo se hace común en ellas: la independencia que mostraron con respecto a un programa, un dogmatismo o un autoritarismo, como en muchas ocasiones se ha señalado con respecto a la actuación demostrada por el núcleo dominante inspirado por Breton.

De la misma forma, en esta presentación de «ellas» se impone una selección ya que tampoco se tiene aquí la intención de cubrir un espectro que supera totalmente el espacio y el interés de este trabajo. Pero una forma de acceder a la entidad de dicho espectro es señalar aquellos rasgos que están detrás de su imaginario y que lo ilustran. La independencia que las reúne, con respecto a una definición, se prolonga en una búsqueda de identidad que se plasma en figuracio-

---

[10] «Un mediodía en el estudio. / Abajo a la izquierda contigo, a la mesa del caos / convidado o no, da igual / bajo tu mano: germinal, / polvo acumulado, tribus mosaicas, una isla nocturna, / hendida. / Más allá de la ventana, lluvia. / Una leoparda bidimensional envuelta en el instinto / se ama a sí misma a solas. La tallas en el papel, / fuera de contexto. / El pegamento se espesa como una trama. / El escenario evocado: el plan de las tijeras estalla. / Si no ¿de qué otro modo hacer flotar tu silla favorita / entre las olas para después sentarse en ella? / Tu cortar y pegar niega esta obra / cuyos capítulos se esparcen por el suelo como arena. / En algún lugar la puerta se despliega. / La perturbación, tu hermana, busca tu mano, / *la mujer cien cabezas abre su augusta manga*» (trad. de Marta López Luaces).

nes que aluden a un deslizamiento entre el mundo animal, vegetal y humano, buscando en las formas híbridas superar la dicotomía entre masculino y femenino, encontrando en ellas una fuerza de resistencia ante un orden doméstico y patriarcal propios del sistema ideológico dominante. Carrington y Toyen son ejemplos claros de este imaginario. Pero hay más.

Valentine Hugo aparece entre las mujeres de ese «surrealismo en femenino». Esta artista polifacética, entre sus escenografías para ballets o teatro, pinturas e ilustraciones de obras literarias, se integra pronto en el círculo de las vanguardias. Su trabajo se apoya en la amistad que la une a Erik Satie, para quien realiza la decoración de *Parade* o *Le Piège de Méduse (La trampa de medusa)* así como en su matrimonio con Jean Hugo, bisnieto del escritor. Se casan en 1919 siendo testigos el citado Satie y Jean Cocteau, con quien también trabaja en obras de teatro como *Les mariés de la Tour Eiffel (Los novios de la Torre Eiffel)*. Realiza asimismo retratos del bailarín Nijinski, presente también en el *Manifiesto,* así como de Picasso.

Uno de sus célebres dibujos es *Le Rêve du 21 décembre 1929 (Sueño del 21 de diciembre de 1929):* un rostro femenino domina la escena; se asoma y se refleja sobre un estanque en el que un cuerpo desnudo se inclina y sumerge la cabeza en el agua. Sin perder la expresión serena del semblante, unas garras afiladas y encorvadas arañan pómulos, ojo y boca, procedentes de un animal que avanza sobre la cabeza y que bien podría ser una marta o una hiena, aunque no se dé en ella algún índice de ferocidad. Toda la imagen está sumida en un clima enigmático de calma e inquietud de una mirada profunda (Fig. 24).

Valentine Hugo mantiene también una gran amistad con Éluard e ilustrará sus libros de poemas. Sin embargo, su esposo, Jean Hugo, nunca se identificará con el movimiento, y acabarán divorciándose en 1932. A partir de ahí, la autora

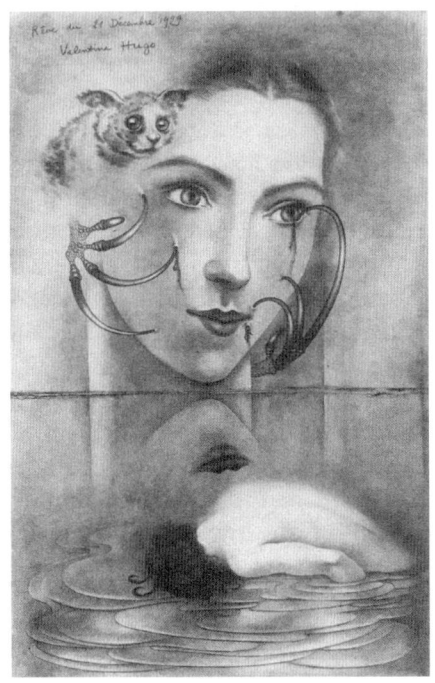

Figura 24. Valentine Hugo, *Sueño del 21 de diciembre de 1929.*

se muda a vivir con los surrealistas, participa de sus reuniones y tiene un gran protagonismo en la realización de «cadáveres exquisitos». Igualmente participará en exposiciones del grupo desde 1933. Dos años más tarde su pintura se muestra en el encuentro de Canarias, con una obra que precisamente se titula *L'esprit du tournesol (El espíritu del girasol)* de 1934, el mismo año en que Breton escribe el poema en torno al astro solar y la planta[11].

---

[11] Véase *supra,* pp. 125 y ss.

Entre sus creaciones más conocidas está el cuadro que diseña la constelación de los surrealistas más significativos, Breton, Éluard, Aragon, cuyas cabezas, inscritas en el cosmos, a la par que otras estrellas, reflejan todo el universo de su creación.

Además de estas obras hay que subrayar las múltiples ilustraciones de los libros de Lautréamont y de Rimbaud, a cuya influencia la autora parece especialmente fiel.

Dentro de las afinidades que pueden establecerse a partir de su personalidad creadora, se invita aquí, aunque arbitraria y únicamente enlazando temas imaginarios como el del agua, la animalidad, la oscuridad iluminada y el elemento femenino, a sugerir partiendo de su nombre, Valentine, el recuerdo de Léopoldine, hija de Victor Hugo que murió ahogada, y a quien el poeta dedica estos versos:

> *Demain, dès l'aube,*
> *À l'heure où blanchit la campagne*
> *Je partirai.*
> *Vois-tu, je sais que tu m'attends.*
>
> *Je marcherai les yeux fixés sur mes pensées*
> *Sans rien voir au dehors, sans entendre aucun bruit*
> *Seul. inconnu, le dos courbé, les mains croisées*
> *Triste, et le jour pour moi sera comme la nuit*
>
> *Je ne regarderai ni l'or du soir qui tombe*
> *Ni les voiles au loin descendant vers Harfleur*
> *Et quand j'arriverai je mettrai sur ta tombe*
> *Un bouquet de houx vert et de bruyère en fleur*[12].

---

[12] «Mañana, al alba, cuando clarea en el campo, / Partiré. Pues ya ves, sé que me esperas. / Iré por el bosque, iré por los montes. / No puedo

Siempre he pensado que este poema de 1887 repercutía en una de las primeras poesías de Rimbaud, que quiero creer conocía perfectamente, y que adopta el mismo ritmo, el mismo tema de la partida, aunque sea con dirección y finalidad distintas. El poema es «Sensation»:

> *Par les soirs bleus d'été, j'irai dans les sentiers*
> *Picoté par les blés, fouler l'herbe menue*
> *Rêveur, j'en sentirai la fraîcheur à mes pieds.*
> *Je laisserai le vent baigner ma tête nue.*
>
> *Je ne parlerai pas, je ne penserai rien:*
> *Mais l'amour infini me montera dans l'âme,*
> *Et j'irai loin, bien loin, comme un bohémien,*
> *Par la Nature, heureux comme avec une femme*[13].

No solo se reconoce en esta composición de 1887, la imagen del «soñador» que Breton adopta como «definitivo», irrevocable, en el *Manifiesto,* sino que el último verso hace sitio a la presencia de la mujer, al lado e igual al hombre en el camino de la vida.

En relación con la poética de Valentine Hugo puede parecer este comentario alejado del propósito que guía este

---

estar aquí, lejos de ti, más tiempo. / Caminaré, puestos los ojos en mis pensamientos. / Sin ver nada fuera de mí, sin escuchar un ruido, / Solo, desconocido, encorvado, las manos cruzadas, / Triste, y el día será como la noche para mí. / No miraré ni el atardecer dorado / Ni las velas de lejos descendiendo a Harfleur. / Posaré sobre tu tumba, cuando haya llegado / Un ramo de acebo verde y de brezos en flor».

[13] «En las tardes azules de verano / iré por los senderos / Picoteado por espigas, pisando hierba menuda: / Soñador, sentiré la frescura en mis pies. / Dejaré que le viento bañe mi cabeza desnuda. // No hablaré, no pensaré nada, pero un amor infinito ascenderá en mi alma, / E iré lejos, muy lejos, como un bohemio, / Por la Naturaleza, feliz como junto a una mujer».

capítulo. Una imagen sin embargo reúne a artistas y poemas entre sí: los múltiples retratos de Rimbaud recogidos en portadas de sus libros, ilustrados con su figura avanzando con «las suelas de viento» entre ciclones y revoluciones, el poeta «en marcha», significativos en el repertorio de la artista.

Si hay una autora surrealista revolucionaria, esta es Claude Cahun. Revolucionaria en todos los planos, como se verá enseguida, empieza por cuestionar esa naturaleza que persigue une identidad: «¿Masculino? ¿Femenino? Depende de los casos. El neutro me conviene siempre. Si existiera en nuestra lengua, no se observaría ese flotamiento en mi mente». Son varios los autorretratos en la que aparece desdoblada (Fig. 25). En otro lugar, preguntándose por los mejores momentos de su vida se responde a sí misma: «Cuando sueño. Imaginar que soy otra. Interpretar mi papel preferido». Y por encima de todo es ella cuando enuncia su vida como un «viajar en la proa de una misma». Ese viaje tiene como punto de partida el nacimiento de Lucie Renée Mathilde Schow en Nantes en 1894. Comenzará a familiarizarse con la escritura trabajando con su padre en la imprenta que dirige y donde se espera de ella que publique artículos de moda. Hacia 1917 adopta el seudónimo epiceno de Claude. El juego de personalidades y representaciones inspira toda su obra. A través de la fotografía y la *performance* se metamorfosea en hombre, mujer, andrógino. Con Suzanne Malherbe, su amiga de infancia y amante toda su vida, que adopta a su vez el nombre de Marcel Moore, crea fotomontajes para ilustrar su ensayo autobiográfico, *Aveux non avenus (Confesiones inconfesas)* del que se ofrece a continuación un extracto:

> *Luisant son averse, son ciré noir au collet large, aux manches sur les doigts, lui prête l'aspect sublime d'un Prophète (pro-*

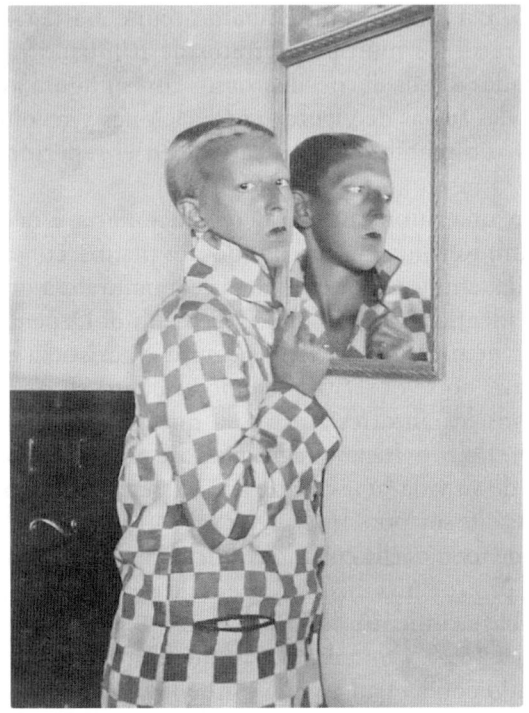

Figura 25. Claude Cahun, *Autorretrato*.

phète de Soi seul). Devant moi, son juste orgueil comme un manteau royal.

Je ne convoite plus même l'aveu de ma défaite et souhaite vivre désormais parmi l'incertitude hérissée. Je veux m'exposer le front nu aux giboulées d'un printemps éternel.

Seuls existent pour moi cet instant et celui qui suivit logiquement sinon temporellement Qu'importent les étapes?

Douce pourtant, sous une chandelle fichée dans une vieille bouteille de Bass, la minute où nos deux têtes (ah! Que nos cheveux s'emmêlent indébrouillablement) se penchèrent sur une photographie. Portrait de l'un ou de l'autre, nos deux narcissismes s'y noyant, c'était l'impossible réalisé en un miroir magique. L'échange, la superposition, la fusion des désirs. L'unité de l'image obtenue par l'amitié étroite des deux corps – au besoin qu'ils envoient leurs âmes au diable!

Non pas leurs âmes mais ce qui leur en sert, non ces sœurs solennelles mais cette conscience quotidienne: esprit, bonheur, stabilité, amour bien fondé, souvenirs, habitudes, avenir, devenir[14].

Claude Cahun conoce a Desnos y entra en contacto con los surrealistas. A pesar de su individualismo, se adhiere en 1932 a AEAR bajo la égida comunista. Hace retratos de Breton y de Jacqueline Lamba. El primero la considera una de las personalidades más curiosas de su época. En 1936 conoce a

---

[14] «Reluciente bajo el chaparrón, su chubasquero de amplias solapas, las mangas hasta los dedos, le presta el aspecto sublime de un Profeta (Profeta de Sí solo). Ante mí, su orgullo a medida como un manto real.
»No persigo siquiera la confesión de mi derrota y deseo vivir en adelante en medio de la erizada incertidumbre. Quiero exponerme a los chaparrones de una primavera eterna con la frente descubierta.
»¿Solo existen para mí ese instante y el siguiente, lógica o temporalmente Qué importan las etapas?
»Dulce sin embargo bajo una vela encajada en una botella de Bass, el minuto en que nuestras dos cabezas (¡ah! que nuestros cabellos enredan enmarañadamente) se inclinaron sobre una fotografía. Retrato de uno u otro de nuestros narcisismos ahogándose en ella, era lo imposible, realizado en un espejo mágico. El intercambio, la superposición, la fusión de los deseos. La unidad de la imagen obtenida por la estrecha amistad de dos cuerpos –¡si preciso que envíen sus almas al diablo!–.
»No sus almas sino lo que les procura, no esas hermanas solemnes sino la consciencia cotidiana; espíritu, felicidad, estabilidad, amor bien fundado, recuerdos, costumbres, porvenir, devenir».

Dona Maar y participa en la Exposición de Objetos surrea-listas de la galería Charles Ratton. Maar colaborará con un fotomontaje titulado *Ubu,* personaje de Jarry.

Ante el avance del fascismo se compra con su amiga una casa en Jersey. La isla es ocupada por los alemanes y Cahun ejercerá una militancia y subversión irrefrenable mediante panfletos y poemas hasta que en 1944 es detenida por la Ges-tapo y condenada a muerte. La sentencia se conmuta por ca-dena perpetua. Será liberada en 1945 y continuará sus series de fotos hasta 1954 cuando muere. En 1972 se suicidará Su-zanne. La obra de Cahun no será reconocida hasta la década de los ochenta.

Las mujeres de Breton

También las mujeres de Breton fueron prácticamente ol-vidadas por sus parejas o amigos y por los historiadores del surrealismo. Se conoce la excepción de Gala, mujer de Éluard y luego de Dalí, que aparece fotografiada dentro del grupo, pero ¿qué sabemos de Simone Kahn, primera mujer de Bre-ton? Se ha hecho alusión a su presencia constante, en la Cen-tral de las investigaciones que dirigía en su momento Artaud y al que describía «bello como una ola y simpático como una catástrofe». Ya en sí esta definición habla como un poema de su sensibilidad, de su afinidad con el sueño surrealista. Tam-bién a través de su correspondencia con su prima Denise se conoce el funcionamiento de las sesiones espiritistas y otras actividades del grupo. No solo es observadora y participa en artículos de *La Révolution surréaliste,* sino que es consejera en su lucidez y con ella se relaciona el distanciamiento de Bre-ton hacia el dadaísmo, que ella desde el primer momento con-sideró una extravagancia. Sin embargo, el hecho de no tener «obra propia», hecho por otra parte que nunca fue considerado prioritario en el credo del movimiento, hace que se vea relegada a la hora de recorrer la andadura de todas aquellas personalidades. Y, sin embargo, ¿no era el propio Artaud quien declaraba que «el surrealismo no es una forma poética», sino que era «un grito del espíritu que se vuelve contra sí mismo y está bien decidido a triturar todas sus trabas, si es necesario sirviéndose de martillos materiales»? Pero en ese momento el surrealismo está demasiado comprometido con las letras consagradas.

La correspondencia de Simone es, no obstante, un testimonio fundamental para conocer la vida y relaciones con las mujeres por parte de los surrealistas. Se ha ido viendo que, a pesar de la creencia en la monogamia, en la pareja, por encima de todo reina la libertad que admite otros modelos, como la bisexualidad o los tríos amorosos. En el caso de Breton, Simone está al tanto de sus coqueteos con Lise Meyer, «la dama de los guantes azules», que dirige un salón en la avenida du Bois, y que seducirá al poeta. Así se expresa al respecto:

> Siempre he mostrado un gran respeto por lo que sucedía entre ella y André. Durante un tiempo creí que era mujer en su mismo plano. Ahora pienso que no lo es en absoluto, que es sobre todo *mujer*. ¿Qué hace? ¿Con qué objetivo y en qué sentido se complace en utilizar a André de ese modo? Me preocupa él más que yo misma y me domina la angustia de verle ceder ante fuerzas indignas de él y que solo pueden conquistarlo de esa manera.

Tras romper con Lise Meyer, a quien reprocha su maldad y su incomprensión del amor que sentía por ella, Breton, al final de la escritura de *Nadja,* se cruza con Suzanne Muzard, amante de Emmanuel Berle, y con quien mantiene un idilio. Las tensiones con Simone son cada vez más fuertes y Breton le pide que le devuelva su libertad. Deciden así pues divorciarse. También Suzanne desaparece de la vida de Breton, en 1931.

La segunda mujer de André Breton, Jacqueline Lamba, es la mujer de la noche del girasol que se describe en *El amor loco*. Lamba es pintora desde 1927 y entre las autoras de la época se distingue por su tendencia a la abstracción. En 1934 conoce a Breton y se casa con él, tienen a su hija Aube. Con él visita la isla de Tenerife y comparte la experiencia surrealista allí desarrollada. Testimonio de ello es una de las fotos que Eduardo Westerdahl toma de la pareja en Tacoronte con motivo de la exposición de 1935 en Canarias (Fig. 26). Participa del exilio americano y su nombre figura entre aquellos ya citados: Domínguez, Matta o Francés, entre otros. En 1943 se separa de Breton y en 1944 tiene lugar su primera exposición individual presentándose ella misma a través de un *Manifiesto* que define los elementos fundamentales de su pintura: el «método», que identifica con el automatismo de Breton, lo único que puede liberar la emoción y objetivarla; la «forma», que suplanta a la línea en la abstracción; la «luz», capaz de destruir el espacio; «el objeto», luz cristalizada en ese espacio. Al conjugar el automatismo y la abstracción desempeñará un papel innovador en el surrealismo de Estados Unidos. Con su segundo marido, el escultor David Hare, viajará a las reservas de los indios de América del Norte y, volviendo a Francia, su pintura se inspirará fundamentalmente en la naturaleza de las montañas, las fuentes o el mar. Morirá en 1993, figurando en su lápida la inscripción «la noche del girasol», recordando lo que fue su mayor identificación como artista: la proyección de la luz desde la oscuridad.

Hasta ahora, las mujeres artistas recordadas en nombre del surrealismo, a excepción de Leonora Carrington y de las ci-

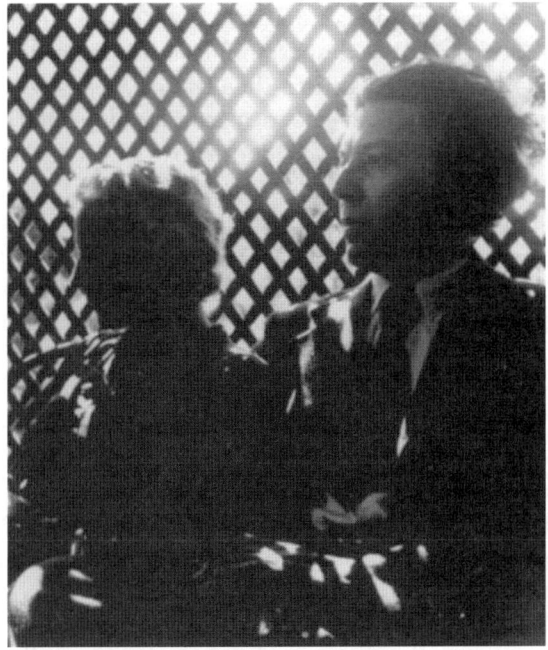

Figura 26. Breton y Jacqueline Lamba en Tacoronte,
fotografía de Eduardo Westerdahl.

tadas en el *Diccionario del surrealismo,* no figuran en las páginas de los escritos de Breton. La mujer se muestra como encarnación de la mujer amada, es decir, del amor, o idealizada
como intercesora entre el hombre y el mundo. Es hora, por
tanto, de citar a aquellas que de una forma u otra participan
en la actividad surrealista. En la *Antología del humor negro* figura la admirada niña de catorce años Gisèle Prasinnos, «monumento imperial a la mujer-niña» según una fórmula de
Dalí. Prasinnos nace en 1920 y en 1934 entra en contacto con
el grupo, a instancias de su hermano Mario, pintor, quien

reconoce el talento de la niña para la escritura automática; algunos de sus poemas despertarán la admiración de Breton y sus compañeros. Esta niña, dice Breton, «es la *revolución permanente* en bellas imágenes de pacotilla coloreadas, el tono de Gisèle Prassinos es único: todos los poetas la envidian. Swift baja la mirada, Sade cierra su bombonera».

Es la imagen arquetípica de la «mujer-niña» y a la vez creadora, la «joven quimera» de Max Ernst, que se presenta en una portada de *La Révolution surréaliste* con el título «La escritura automática». Breton ve en sus textos un documento excepcional. La posibilidad de dar respuesta a la cuestión del automatismo, desde el momento en que la espontaneidad demostrada escapa a toda predeterminación, no habiendo tenido ningún contacto con otros ejemplos parecidos en la lectura de los libros propios de su edad.

Además de poemas, se publican otros escritos automáticos. En *Minotaure* aparecen sus textos ilustrados con una foto realizada por Man Ray. Entre 1934 y 1944, otros relatos suyos nos adentran en universos dominados por lo insólito, universos familiares donde surge lo extraño, lo maravilloso o lo fantástico, como en este fragmento de «Suite de membres» («Continuidad de miembros») seleccionado por Breton, donde una pareja descubre un hijo-caja:

> *A huit heures elle alla réveiller son mari. L'homme se leva et ils se rendirent ensemble dans la cuisine. En déplaçant la cuisinière, ils découvrirent une petite caisse de bois blanc gentiment ornée de décalcomanies artistiques. Par deux gros trous pratiqués dans le couvercle sortaient deux énormes masses emmaillotées dans des chaussettes rayées*[15].

---

[15] «A las ocho fue a despertar a su marido. Al mover la cocina, descubrieron una cajita de madera blanca adornada con artísticas calcomanías. De

Gisèle Prassinos reviste así los caracteres del mito de la mujer-niña que se recoge más tarde, en 1944, en la obra de Breton *Arcano 17*. La mujer-niña es Melusina, el hada de la literatura medieval, cuyo nombre significa «maravilla» o «bruma del mar», portadora del cetro sensible, representante de la transparencia, de otro prisma de visión, diferente del masculino. Estos rasgos se ven acentuados en la inocencia de la mujer que conserva los privilegios de la infancia en su relación con el mundo. *Arcano 17* está dedicado a su tercera mujer, Elisa Breton, a quien conoce en Nueva York en 1943, durante el exilio americano. Se casarán en 1945. Juntos realizarán un viaje a Canadá que le inspirará el libro citado y en él relata cómo su mujer ha superado el dolor por la temprana muerte de su hija. Elisa Breton estará vinculada a la actividad surrealista hasta la disolución del grupo en 1969.

Criminales

La imagen opuesta de la inocencia femenina se plasma en el arquetipo de la mujer fatal, una de cuyas realizaciones es la mujer asesina. Ya se ha mencionado, en la actuación política del surrealismo, la fascinación que demostró el grupo cuando un 22 de enero de 1923 la anarquista de veinte años Germaine Berton asesinó al dirigente de la ultraderechista Action Française, Marius Plateau[16]. En realidad, el atentado

---

dos agujeros practicados en la tapa, salían dos enormes masas envueltas en unos calcetines de rayas. Levantaron la caja entre los dos y la colocaron en el sofá. Luego la señora cogió los zapatos amarillos y se los puso a los calcetines de rayas. Estrechó tiernamente la caja en sus brazos y la colocó en el umbral de la puerta» (trad. de Lydia Vázquez).

[16] Véase *supra*, p. 134.

iba dirigido contra León Daudet, intelectual de derecha y editor del periódico de esa misma tendencia política. El hijo de este último se suicidó poco después y también este acto impresionó a los surrealistas. Era un militante anarquista y su acto fue un homenaje hacia ella y un acto de acusación a su padre: montado en un taxi cuando pasó delante de la prisión donde estaba presa Berton, se descerrajó un tiro en la cabeza.

Se ha citado abundantemente el reconocimiento que los surrealistas demostraron a Berton en el número 1 de *La Révolution surréaliste* con una gran foto de Man Ray centrada en la homicida rodeada por los representantes del grupo y sus inspiradores, así como la cita de Baudelaire que dice «La mujer es el ser que proyecta mayor sombra o mayor luz en nuestros sueños» y que se incluye en el *Diccionario del Surrealismo.* La foto de la asesina, la misma que distribuyó la prensa, está manipulada, acentuándose sus rasgos demoniacos (Fig. 27). Simone Breton, Max Morise y Louis Aragon le hicieron llegar a la cárcel un ramo de flores con la nota «Para Germaine Berton, quien hizo aquello que nosotros no supimos hacer». Para ellos el asesinato había sido un acto de absoluta libertad, un verdadero acto de revuelta. Continuando la actitud de Dada, en su interpretación, el ataque se dirigía contra la sociedad burguesa y el sistema de valores europeo y francés en particular.

Otro caso de enaltecimiento de la violencia es el de las hermanas Papin. El 2 de febrero de 1933, en Le Mans, la señora Lancelin y su hija fueron asesinadas de una forma horripilante: los cuerpos mutilados y arrancados los ojos. Las autoras había sido las hermanas Christine y Léa Papin, que estaban al servicio de las anteriormente citadas. Ambas confesaron el crimen, sin aludir, en cambio, a su motivo. Múltiples fueron las interpretaciones de un acto que acaparó el

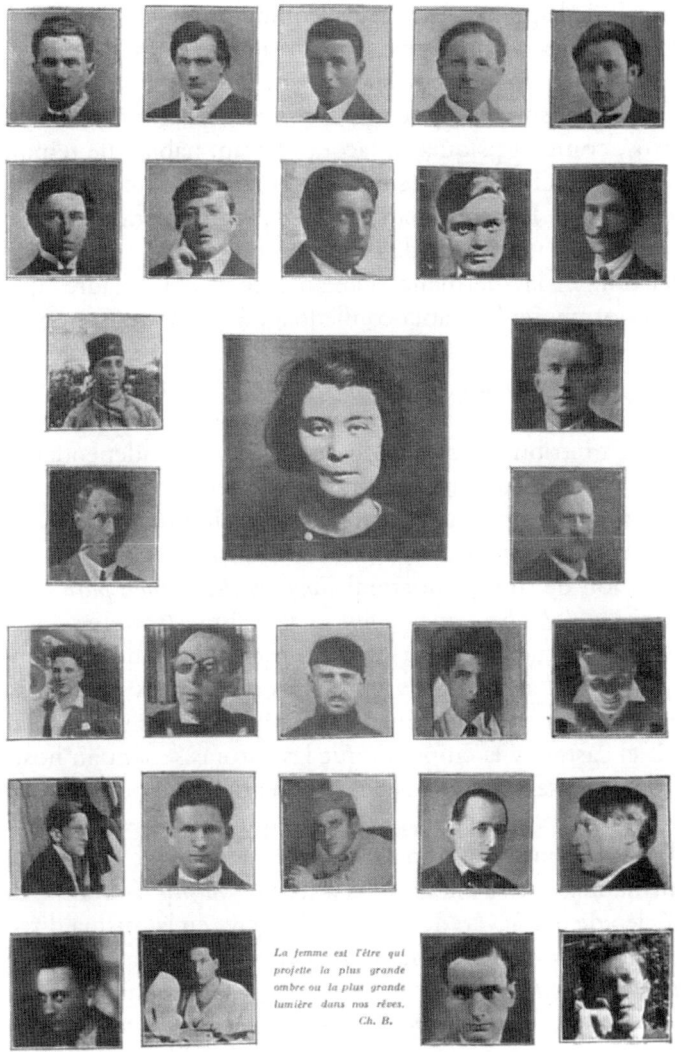

Figura 27. Cartel *Germaine Berton y los surrealistas,* de Man Ray.

interés de la prensa. Para unos, como Simone de Beauvoir y su pareja Jean-Paul Sartre, había sido «un crimen de clase» surgido del rencor entre sirvientas y amos, que inspiraría a Jean Genet su obra de teatro *Les Bonnes (Las criadas)*. Para otros, como el psiquiatra Jacques Lacan, había que remontarse al pasado de las asesinas para entender los móviles de su acción. Este lo explicaba desde la «psicosis paranoica» que dominaba la personalidad de las asesinas. Dos años antes del crimen las hermanas habían roto con la madre, que, anteriormente, las había confiado a un orfanato, recuperándolas después pero siempre bajo la amenaza de abandono. Eran retraídas y, aunque nunca entablaron amistad con sus patronas, estas, al corriente de la locura de la madre, empezaron a retribuirles su sueldo, facilitando su independencia con respecto a su progenitora, lo que representaba, en esta interpretación psiquiátrica, una sustitución maternal.

El contacto de Lacan con los surrealistas obedece a la publicación de su tesis doctoral *Razones del crimen paranoico: el crimen de las hermanas Papin,* en la revista *Minotaure.* Lacan no tenía en cuenta, como los comunistas, el odio de clase, sino que prefería asumir los argumentos surrealistas próximos a la «paranoia» definida por Dalí, actitud defensiva para eximir el castigo y la culpa, ya que las autoras se sentían hostigadas y perseguidas, lejos de comprender la responsabilidad de sus actos. En todo caso el papel que había desempeñado el inconsciente dominó las interpretaciones de un Breton afirmando que se encontraba ante un *«noyau de nuit»* («un núcleo de noche») o de un Éluard y Péret en la misma dirección. Los comentarios que nutrían el caso en la revista *«El surrealismo al servicio de la revolución»* ese mismo año hablaban del gesto de las hermanas, directamente proyectado desde *Los Cantos de Maldoror* de Lautréamont. El crimen suscitó un gran debate en la sociedad francesa, pero el papel de la feminidad no se vio particularmente registrado en los anales del surrealismo, no benefició de los homenajes que podía haber tenido Germaine Berton o la siguiente protagonista: Violette Nozière.

En el mismo año, 1933, en agosto, con dieciocho años, actuaba Nozière contra sus padres. En todo momento ella reconoció el parricidio, tras haber padecido abusos sexuales por parte de su padre. Pero Violette Nozière correspondía totalmente al tipo de mujer fatal, oscura y sádica propia del imaginario masculino. Se decía que era una prostituta sifilítica que robaba a su padre. Este retrato demoniaco fue apoyado por los comunistas, para quienes también por motivos de clase, ya que pertenecía a la clase obrera, esta mujer detestaba esa clase de vida y se había sentido inclinada a una forma más acorde con la moda y los caprichos del momento.

Violette Nozière mereció por parte de los surrealistas un panfleto y ocho poemas, entre los cuales se encuentra uno de Breton donde apunta, además de otros rasgos, el de *«La belle écolière du lycée Fénelon qui élevait des chauves-souris dans son pupitre»* («La bella escolar del Liceo Fénelon que criaba murciélagos en su pupitre»). La justificación que hacían del crimen era sencilla: un acto de venganza ante la violencia sufrida.

En el *Manifiesto,* publicado casi diez años antes de los hechos relatados, se plantea cómo se juzgarán los actos surrealistas de acuerdo con el credo que se enuncia en el programa. Es evidente que desde la subversión propuesta ante la justicia social definida por un sistema ideológico que se pretende destronar, solo una nueva moral podrá considerar delito la incitación al crimen o la violación, o no. Con respecto a esta idea, en una publicación colectiva presentada por José Pierre, *Recherches sur la sexualité [Investigaciones sobre la sexualidad]* y que forma parte de los archivos del surrealismo, se cuestiona el silencio de la mujer y se interpreta el paso al acto como algo legítimo, ya que es ella quien genera la tentación y el deseo. En dicho documento se introduce un diálogo entre Raymond Queneau pidiendo a varios miembros del grupo su opinión sobre la acción de violar. Benjamin Péret y André Breton se oponen totalmente. Yves Tanguy y Jacques Prévert la juzgan buena. Al propio Queneau es lo único que le interesa, y a Marcel Duhamel no le interesa nada.

El tono humorístico del texto fundador en que se aborda la imposibilidad de atribuir una autoría a lo que es del dominio surrealista, no contempla en su momento las paradojas y repercusiones que este discurso encontraría en un futuro no muy lejano.

No hay que olvidar que en el enjuiciamiento surrealista pesa la primacía de la revuelta, la admiración por la revolución, particularmente la de 1789, el reconocimiento de Sade entre sus precursores, así como la apología de la agresividad formulada por Lautréamont para derrocar los pilares de la sociedad.

Ayer y hoy

El debate sobre la violencia en el seno del surrealismo sigue siendo polémico. Una vez más debe incluirse en la cuestión de la actualidad (o inactualidad) del surrealismo. Y para ello es fundamental considerar el momento histórico.

Lo mismo sucede con los otros puntos desarrollados en el *Manifiesto:* la creencia, el heroísmo, el deseo de cambiar el mundo y la vida. En las entrevistas concedidas a André Parinaud en 1951 y cuando este le pregunta si en esta fecha se lanzaría al combate con el mismo entusiasmo, el primero responde:

> *La maladie que présente aujourd'hui le monde diffère de celle qu'il présentait durant les années 20. En France, par exemple, l'esprit était alors menacé de figement alors qu'aujourd'hui il est menacé de dissolution*[17].

El tema de la mujer tampoco puede abordarse de la misma manera desde los principios de la sociedad actual. Si en cuanto a la actuación femenina y su visibilidad el surrealismo no es innovador, sí puede reconocerse su asociación a los principios idealizadores que guían la empresa de transformación de la sociedad y del mundo: la libertad, el amor y la poesía.

Antes de terminar este capítulo quisiera recordar algo ya dicho, pero que resulta necesario repetir: el *Manifiesto del surrealismo* se concibió como prólogo a las historias del *Pez soluble,* donde si no aparece directamente nombrada la mujer, toda su escritura, automática, libre, es una emanación de lo femenino. Por otra parte, el texto hace referencia a un estado de *desmoralización* general entre los miembros del grupo reunidos y dispuestos a iniciar su actividad; a la vez que dicha actividad se concreta en una voluntad de no dejar espacio a esos momentos que no sean aquellos que merezcan la pena de ser realmente vividos.

Esta misma idea la encontramos en el poema de Breton «Le verbe être» («El verbo ser»), puntuado todo él por la afirmación *«Je connais le désespoir dans ses grandes lignes»* («Conozco el desaliento de forma general»). Una imagen poética lo ilustra:

---

[17] «La enfermedad que aqueja hoy al mundo difiere mucho de la que le aquejaba en los años veinte. En Francia, por ejemplo, el espíritu, entonces, se veía amenazado de estancamiento, mientras que hoy se ve amenazado de disolución».

Un collier de perles pour lequel on ne saurait trouver de fermoir et dont l'existence ne tient pas même à un fil, voilà le désespoir[18].

Y que nos lleva al final del *Manifiesto:* la metáfora del hilo. Sin hilos, existencia abierta, sin broche, que, también se presta a pasar a otra realidad: de collar a hilo, al hilo más precario de la existencia, que, no obstante, enhebra cuentas de perlas.

---

[18] «Un collar de perlas para el que no se podría encontrar broche, y cuya existencia no depende ni siquiera de un hilo. Eso es el desaliento».

IX. Final

Y aquí termina este cuento. Quisiera ser uno de esos «cuentos para adultos» soñados por el *Manifiesto*. Cuentos azules que se anticipaban a la época, y que, un siglo después, quizá pudiera recurrir a unas arañas que por entonces no habían encontrado su forma de decir, de cuestionar algo tan indecible e incuestionable como la poesía. Pues solo en clave de poesía pueden leerse en profundidad los escritos de André Breton. Quisiera que el texto ofrecido, más que una cavilación intelectual, filosófica y teórica, dejara un buen sabor de boca. Los avatares ideológicos que ha habido que tener en cuenta no deberían detener el impulso que empujaba su reflejo en actitudes concretas y necesarias de formular en el momento de su emisión: 1924.

Una auténtica aventura sobre la cual también se ha querido oír a aquellos que acompañaron la empresa y la prolongaron en la medida de lo posible, como un eco, pero también como una llamada a la lucidez sobre el momento de la historia actual. La respuesta de la literatura, del arte, de la poesía, de la vida. Lo que el hombre y la sociedad hacen al respecto.

Tras la lectura sopesada de lo que fue el surrealismo en su momento y su recepción, hoy quedan por atender preguntas que atañen al lugar que ocupan dichas expresiones del individuo y su situación ante el mundo actual.

El rechazo de la literatura en el *Manifiesto del surrealismo* queda claro que se refiere a la institución, al academicismo, a su comercialización, aspectos que rigen en la presente escena cultural.

Otra cosa es la diferenciación entre literatura y poesía, sobre la cual el surrealismo no llega a establecer una distancia pertinente al utilizar la escritura literariamente para transmitir su programa. Y en ese «literariamente» está la poesía, al conceder a la imagen el mayor poder de sugestión y de emoción. Esa imposibilidad de «clasificar», ordenar en géneros y categorías pertenece igualmente a la naturaleza de la poesía, incapaz de que se la describa ni de que se la filosofe: no admite ese discurso. De ahí la dificultad que ha sido intentar seguir a André Breton en su empeño de unir teoría y ciencia, realidades y sueños, en un momento decisivamente marcado histórica y políticamente.

Una contradicción más del surrealismo: desanclar la poesía del lenguaje y, al mismo tiempo, enunciar la necesidad de otro lenguaje adaptado a una nueva condición del ser humano en la realidad. Esta es el verdadero dilema que afecta al presente. Sumidos en un cambio de era por el avance de las nuevas tecnologías, la inteligencia artificial y la realidad virtual, el lenguaje sigue siendo –o deber seguir siendo–, la máxima realidad de identificación, por encima de la diferencia de épocas, lenguas y culturas. En el que pensaba Breton, como después de él Julien Gracq, late un inmenso potencial artístico, irreemplazable por sus conexiones internas, y supone un instrumento de armónicos en el que convergen la física y la música, el pasado y el presente, y que solicita una escucha orgánica, corporal, sensible.

Una cosa dijo también Breton a pesar de su rechazo a toda música que no fuera la del poema y la voz interior: «*Quand les couleurs n'auront plus aucun éclat, l'œil ira voir l'oreille*»[1]. Y ahí está también el presente. Muchos siglos de escritura dejan paso en la cultura actual a un mayor poder de las fuentes orales, vocales y rítmicas, universales y no exclusivas de una identidad. ¿Adónde vamos? La respuesta quizá la procura de nuevo Rimbaud, desde su juventud y sueño de la superación de toda traba, en un poema que paradójicamente se titula «Roman» («Novela»), y que dice: *«on n'est pas sérieux quand on a dix-sept ans»*[2].

---

[1] «Cuando los colores hayan perdido todo brillo, el ojo irá a ver al oído».
[2] «Cuando uno tiene diecisiete años, no es serio».

Bibliografía

Fuentes

BRETON, A. (1965), *Los Manifiestos del surrealismo,* trad. y ed. de Aldo Pellegrini, Buenos Aires, Nueva Visión [nueva ed.: Buenos Aires, Argonauta, 2001].

— (1969), *Manifiestos del surrealismo,* trad. de Andrés Bosch, Madrid, Guadarrama [nueva ed.: Madrid, Visor, 2009].

— (1988), *Œuvres complètes,* ed. de Marguerite Bonnet, París, Gallimard/La Pléiade.

— (2006), *Nadja,* ed. de José Ignacio Velázquez, Madrid, Cátedra.

— (2016), *Posición política del surrealismo,* trad. de Isidro Herrera, Madrid, Arena Libros.

Obra crítica esencial

AGRET, A.; DUROZOI, G. y PAÏNI, D. (2023), *Surréalisme au féminin,* París, In Fine éditions d'art.

ALEXANDRIAN, S. (1974), *Le surréalisme et le rêve,* París, Gallimard.

ARANDA, F. (1981), *El surrealismo español,* Barcelona, Lumen.

Béhar, H. (2005), *André Breton. Le grand indésirable,* París, Fayard.

Carreño, P. (2015), *Los surrealistas en Tenerife,* Santa Cruz de Tenerife, Pilar Carreño Corbella.

Casado, L. (2024), «Le *Manifeste du surréalisme* en Espagne», *Cahiers Breton* 1, pp. 88-104.

Chénieux-Gendron, J. (2002), *«Il y aura une fois». Une anthologie du Surréalisme,* París, Gallimard/Folio.

Daix, P. (1993), *La vie quotidienne des surréalistes (1917-1932),* París, Hachette.

De Diego, E. *et al.* (2025), *1924. Otros surrealismos,* Madrid, Fundación Mapfre.

Diaz, A. (comp.) (2016), *El encuentro de Breton y Trotsky en Méjico,* Buenos Aires, ISP.

Didi-Huberman, G. (2013), *La imagen superviviente: Historia del arte y tiempo de los fantasmas según Aby Warburg,* Madrid, Abada.

Domínguez Leiva, A. (2010), *Sexe, Opium et Charleston,* Auxonne, Éditions du Murmure.

García de la Concha, V. (ed.) (1982), *El Surrealismo,* Madrid, Taurus.

Gracq, J. (1989), *Œuvres,* ed. de B. Boie, París, Gallimard/La Pléiade.

Ivsic, R. (2021), *Recuérdelo, recuerde bien todo,* trad. de L. Vázquez, Madrid, Árdora.

Le Brun, A. (1991), *Qui vive. Considérations actuelles sur l'inactualité du surréalisme,* París, Ramsay/Jean Jacques Pauvert [París, Flammarion, 2024].

— (2014), *Sade. Attaquer le soleil,* París, Beaux Arts éditions.

— (2015), *Radovan Ivsic et la forêt insoumise,* París, Gallimard.

— (2018), *Lo que no tiene precio,* trad. de L. Vázquez, Madrid, Cabaret Voltaire.

Le Brun, A.; Pravdova, A. y Görgen-Lammers A. (2022), *Toyen. L'écart absolu,* París, Paris Musées.

Martínez, L. (coord.) (2022), *Bellas damas sin piedad, Mujeres del surrealismo,* Madrid, Enclave de Libros.

Morris, C. B. (2000), *El surrealismo en España,* trad. de F. Escribano, Madrid, Espasa Calpe/Austral.

Murat, M. (2013), *Le Surréalisme,* París, Librairie Générale Française/Le Livre de Poche.

Polizzotti, M. (2020), *André Breton. La biografía,* Madrid, Turner.

Rocha, S. (2012), *La facción caníbal. Historia del vandalismo ilustrado,* Madrid, La Felguera.

Sowels, K.; Ottinger, D. y Sarré, M. (2024), *Surréalisme,* París, Centre Pompidou.

Índice

Agradecimientos 7

Introducción 9

Manifiesto del surrealismo 17

Cien años después 71

I. El *Manifiesto del surrealismo* en la trayectoria
   de André Breton 73
     Pez soluble 82
     Manifiesto del surrealismo 86
     Nadja 89
     Definiciones 93
     Prolongaciones 97

II. Una aventura espiritual 103
    Romanticismo 103
    Rimbaud 109
    Práctica de la poesía 111
    Vanguardias 120

III. Actividad política del surrealismo 133

Del *Manifiesto del surrealismo* al congreso
de escritores (1925-1935) 133

España, México, Segunda Guerra Mundial
(1936-1945) 142

De la posguerra a la muerte de Breton (1946-1966) 149

IV. La escritura del pensamiento 155

Automatismo 155

Analogía 164

El signo ascendente 167

Imágenes privilegiadas 171

Contra la literatura 176

V. Una búsqueda artística 179

Poemas, *collages,* pintores 179

El ojo salvaje 189

Ernst, Ray, Duchamp 192

Klee, Miró, Masson, Tanguy 200

Dalí 205

El cine y Buñuel 212

Exilios 219

VI. Más allá de París 225

La recepción del *Manifiesto del surrealismo*
en España 225

Entre Viejo y Nuevo Mundo 234

De isla a isla 246

VII. ¿Qué pasa después? 257
    Ausencias.. 257
    1949….. 260
    Muere Breton 264
    Actualidad (o inactualidad) del surrealismo 272

VIII. Ellas, dentro y fuera del bosque 285
    Anunciadas.. 285
    Artistas 292
    Las mujeres de Breton 304
    Criminales.. 309
    Ayer y hoy 314

IX. Final.. 317

Bibliografía.. 321